U0592803

海洋环境隧道结构的多场耦合分析及应用

HAIYANG HUANJING SUIDAO JIEGOU DE DUOCHANG OUHE FENXI JI YINGYONG

程选生 杜修力 张尚龙 苏佳轩 编著

兰州大学出版社
LANZHOU UNIVERSITY PRESS

图书在版编目（CIP）数据

海洋环境隧道结构的多场耦合分析及应用 / 程选生
等编著. -- 兰州 : 兰州大学出版社，2024. 12.
ISBN 978-7-311-06729-8

Ⅰ. U459.5

中国国家版本馆 CIP 数据核字第 2024LD2263 号

责任编辑　牛涵波　　陈红升
封面设计　汪如祥

书　　名　海洋环境隧道结构的多场耦合分析及应用
　　　　　HAIYANG HUANJING SUIDAO JIEGOU DE DUOCHANG OUHE FENXI JI YINGYONG
作　　者　程选生　杜修力　张尚龙　苏佳轩　编著
出版发行　兰州大学出版社　〔地址:兰州市天水南路222号　730000〕
电　　话　0931-8912613(总编办公室)　0931-8617156(营销中心)
网　　址　http://press.lzu.edu.cn
电子信箱　press@lzu.edu.cn
印　　刷　西安日报社印务中心
开　　本　787 mm×1092 mm　1/16
成品尺寸　185 mm×260 mm
印　　张　20.25
字　　数　462千
版　　次　2024年12月第1版
印　　次　2024年12月第1次印刷
书　　号　ISBN 978-7-311-06729-8
定　　价　89.00元

（图书若有破损、缺页、掉页,可随时与本社联系）

序

随着现代交通建设的快速发展，为了有效缓解我国沿海、沿江河地区的地上交通压力，实现这些地区城市间的互联互通，这些地区在地下交通建设方面迎来了前所未有的发展机遇。在沿海、沿江河地区进行水下隧道的建设，面临着地质条件复杂，需要控制地层沉降、克服高水压渗流等问题，同时对隧道开挖面稳定性的控制也提出了较高的要求。而且，部分建设项目处于高烈度地震区，一旦发生地震，水下隧道就会失稳、损坏，将会造成巨大的经济损失和极不利的社会影响。水下隧道的安全程度能否满足正常运营是一个非常重要的问题，因此，如何控制海洋隧道建设中的地层沉降、开挖面的稳定性和地震动稳定问题是设计人员和科研工作者亟待解决的难题。

本书作者长期从事隧道工程及其相关领域的研究工作，在隧道工程领域有很深厚的知识积累。作者始终秉持锲而不舍的钻研精神和求真务实的学术态度，勇于创新，在海洋环境隧道稳定性研究方面也颇有建树，已取得了大量的研究成果。

本书介绍了渗流作用下海底隧道结构的流固耦合地震动响应，评价了考虑渗流、温度、波浪、地震共同作用时，海底隧道结构的稳定性问题，进而介绍了海底减震隧道的地震动响应和地震动稳定，提出了海底隧道的减震处理技术。本书采用的动力有限元静力强度折减法，不仅适用于隧道工程的研究，还可延伸到水利工程、边坡工程和基坑支护工程等的分析中。同时，书中还介绍了渗流作用下滨海软土区水下隧道施工沉降预测、开挖面稳定性的控制。书中反映出的学术思想很有前瞻性，书中的研究成果对海洋隧道动力灾变问题的控制及预防具有重要的意义，对海洋环境隧道的建设和运营将产生显著的经济和社会效益。

本书的出版是对海洋环境隧道稳定性问题的一次有益探索，为海洋隧道的开挖面稳定性和地震动稳定研究提供了理论依据，同时，也为海洋隧道结构在渗流、波浪、地震等影响下的工程设计及灾害防治提供了有益的思路。

编著者

2024年6月

前　言

随着现代交通建设的快速发展，海洋隧道的修建解决了横跨海峡、海湾、海岛之间的相互通行问题，并有利地推动了区域经济、社会的发展。目前，我国已建成并运营的海底隧道有多条，如厦门翔安海底隧道、青岛胶州湾海底隧道、广州狮子洋海底隧道等。海洋环境中的隧道处于复杂的地质系统中，而且大多又位于地震高发地带，一旦因抗震性能不足而发生破坏，将会造成大量的人员伤亡和巨大的经济损失，并且会带来极不利的社会影响。因此，地震对海洋隧道的潜在威胁不容忽视，有必要对其进行深入的研究。

本书作者长期从事海洋环境隧道及其相关领域研究，在隧道工程领域有较深的知识沉淀。本书关于海底隧道结构的动力响应和稳定性的介绍，是作者长时间研究成果的精粹，在一定程度上反映了该领域研究的最新进展。

本书共10章，第1章绪论，介绍了海洋环境隧道的发展史、海洋环境隧道面临的问题及其发展趋势；第2章渗流作用下海底隧道结构的流固耦合地震动响应，介绍了考虑渗流影响的海底隧道的地震动响应，分析了渗流作用对海底隧道结构稳定性的影响；第3章波浪作用下海底隧道结构的地震动响应，介绍了波浪作用对海底隧道结构动力响应的影响；第4章渗流和温度作用下海底隧道结构的地震动稳定，介绍了考虑温度、渗流和地震共同作用时，海底隧道结构的稳定性问题；第5章海底减震隧道结构的地震动响应，介绍了对海底隧道进行减震处理的分析方法及目前的隔震技术；第6章海底减震隧道结构的地震动稳定，分析了设置减震层时海底隧道的动力稳定性；第7章滨海软土区盾构隧道结构的流固耦合施工沉降分析，介绍了施工阶段流固耦合作用对海洋环境隧道的沉降影响；第8章滨海软土区盾构隧道结构的流固耦合施工沉降预测，介绍了施工阶段流固耦合作用下海洋环境隧道的沉降预测和沉降控制措施；第9章渗流作用下滨海软土区盾构隧道结构开挖面的稳定性判别与理论，介绍了渗流作用下软土区盾构隧道开挖面稳定性分析的相关理论；第10章渗流作用下滨海软土区盾构隧道结构的开挖面稳定性，结合瓯江北口隧道工程实例，进行了滨海软土地层大直径盾构隧道开挖面稳定性的分析，并介绍了工程应用。

目前，国内关于海洋环境隧道结构的多场耦合分析及其应用的专著尚不多见，随着现代交通体系的快速发展，海洋隧道结构的动力响应、动力稳定、沉降和开挖面稳定性控制在隧道工程领域受到的关注日益增加。对于从事结构工程类研究、设计的技术人员，以及结构工程类专业的教师、本科生和研究生，本书的出版可提供重要的概念、实验依据、理论分析的方法和参考等。

本书在编写过程中得到了许多同行、学者的倾力相助，在此对他们表示衷心的感谢，特别感谢上海隧道工程有限公司、温州市交通工程管理中心和温州市交通工程试验检测有限公司对本书中工程应用研究内容提供的指导；另外，本书还参考了许多国内外专家和同行、学者的论文及专著，对他们也表示诚挚的感谢。特别感谢"国家重点基础研究发展计划"（973计划）项目"近海重大交通工程地震破坏机理及全寿命性能设计与控制"、浙江省交通质监行业科技计划项目（ZJ201906）"强潮汐环境下盾构穿越江底关键技术和变形监测研究"对本书研究内容的资助。

至今，关于海洋环境隧道结构的多场耦合力学特性的研究，相应的理论分析、设计和计算方法等还不够完善，许多问题有待更深入、更广泛的试验及理论研究。由于作者的试验研究手段尚不完善，认识水平和理论分析能力有限，书中难免存在不足之处，敬请读者批评指正。

编著者

2024 年 6 月

目　录

第1章 绪 论

1.1 海洋环境隧道工程的发展历程

经济全球化的不断深入和人类活动范围的不断拓展，加速了海峡两岸的通行。最常见的连接海峡两岸的方式主要有三种：轮渡、跨海大桥及海洋隧道。传统的轮渡因其耗时长、风险高、便捷程度低等越来越受到时代进步的挑战；跨海大桥有其自身的优势，但是其应用有着很大的局限性，尤其不适用于地震多发、海水较深、风浪较大、跨度较长、海运繁重的海峡地区。随着科学技术的不断进步，如何利用有限的资源建造出符合社会发展要求和世界可持续发展观的交通设施，是21世纪土木工程建设人员面临的核心问题。

海洋隧道是为了解决人们横跨海峡、海湾之间的交通问题，在不妨碍船舶航运的条件下，建造在海下供人员及车辆通行的海洋构筑物。与海上桥梁相比，海洋隧道可以接通海峡两岸，在通行上给人们带来诸多便利；同时，海洋隧道不占地或少拆迁，建造时不妨碍航行，不影响生态环境，不影响景观，交通不受大风、大雾影响等，是一种非常安全的全天候的海峡通道，是一种更好的交通设施。海洋隧道工程是一个系统的多学科工程，它涉及土力学、材料力学、基础工程、结构力学、水力学、工程地质学、水文地质学等诸多学科领域。

截至目前，全球范围内已建成了一系列的海洋隧道，如1942年日本关门海底隧道竣工通车、1988年日本青函海底隧道正式投入运营、1994年英吉利海峡隧道顺利开通、2011年青岛胶州湾海底隧道正式开通运营、2017年港珠澳大桥海底隧道顺利贯通等。海洋隧道因其在实现地域间互联互通等方面的优势，已被科学界和工程界越来越认可和重视。目前，世界上单线最长的海底隧道是日本的青函海底隧道，它的正式通车结束了日本本州与北海道之间只靠海上运输的历史，大大方便了日本其他各岛与北海道之间的联系。著名的英法海底隧道的建成将大不列颠岛与欧洲大陆紧密地连系起来，把伦敦至巴黎的陆上旅行时间缩短了一半，填补了欧洲铁路网中短缺的一环，极大地方便了欧洲各大城市之间的来往。近年来，国际上对于海底隧道的建设设想了许多宏伟的项目蓝图，如俄罗斯和美国之间的白令海峡通道、爪哇岛和苏门答腊岛之间的巽他海峡通道、西班牙和摩洛哥之间的直布罗陀海峡通道及跨越马六甲海峡的通道等，这些都成为引人注目的设想，随着各国经济实力的增长和海底隧道工程技术的进步，这些设想都将可能成为现实。

我国有着辽阔的海疆和众多的岛屿，千百年来，人们总是用"一衣带水"来形容陆地和这些岛屿之间的关系，但仅仅就是这一水之隔，却带给人们无尽的相思和企盼，近代跨海工程的兴起给了人们结束这种思念的机会。海底隧道的研究和建设在国内起步相对较晚，2010年5月7日，我国自行设计和施工的第一条海底隧道——厦门翔安海底隧道顺利建成通车。厦门翔安海底隧道于2006年5月开工建设，采用钻爆法暗挖方案修建，完全由我国自主设计和施工。隧道采用带服务隧道的三孔隧道方案，按双向标准六车道建设，两侧为行车主洞，各设置了三车道，中孔为服务隧道。隧道全长8.70 km，其中海底隧道长6.05 km，跨越海域宽4.20 km，隧道最大纵坡3%，最深处约70 m。2011年6月30日建成通车的青岛胶州湾海底隧道全长7.80 km，分为陆上和海底两部分，其中海底部分长3.95 km。该隧道位于胶州湾湾口，连接青岛主城区和黄岛两地，设计为双向六车道。隧道通车后，结束了胶州湾两岸的人员往来依靠轮渡的时代，形成了东西岸半小时都市圈。

目前，大连湾、渤海湾、琼州海峡的海底隧道等已经引起了人们的热烈讨论，将逐渐被列入国家交通建设长期发展愿景，如2021年贯通的温州瓯江北口滨海隧道、2020年开工建设的杭州秦望隧道等，这些大型海洋工程的建设对我国隧道建设技术的进步和发展、缩小我国水平与世界先进水平的差距必将起到里程碑式的作用，同时，也为新时代的土木工程从业人员带来了机遇和挑战，对于地区经济进步和社会发展同样具有十分重要的积极意义。

1.2 海洋环境隧道面临的问题及影响因素

与跨江或者跨海大桥相比，海洋隧道有着明显的优点：海洋隧道的修建不影响航道的通航；对于沿海地区的海洋隧道来说，其基本不会受到恶劣天气的干扰，能够保证通行稳定；同时，海洋隧道可与通信、天然气等基础设施形成共享管网体系；相比之下，海洋隧道具有更加优良的抗震性能。虽然海洋隧道有许多优点，但是因其所处的复杂地质环境和海洋环境，海洋隧道的建设与维护亦存在着非常明显的困难。因此，海洋隧道在建设过程中和运营期间的稳定性形式、特征及影响因素也一直备受关注。

1.2.1 面临的问题

①海洋隧道在建设过程中要承受比较高的水压，要求衬砌结构具有良好的密封性；尤其是大直径隧道顶、底之间存在较高压力差，保持盾构结构施工期的地层沉降比较难。

②海洋隧道在穿越江河湖海时一般都存在斜坡，坡度或大或小，需要穿越存在软硬差异的地层及不同深度的地层，隧道开挖面上的维稳压力存在较大差异，难以确保盾构姿态的稳定性和开挖面的稳定性。

③水位受到降雨、汛期等情况的影响较大，尤其在沿海地区存在强潮汐现象，会导致覆水的水位快速改变，使盾构过程中的水压及后期衬砌结构的承载压力发生突变，不利于结构的稳定。

④一些海洋隧道处于复杂的地质环境和海洋环境中，并且这些隧道又处于地震高发地带，一旦在地震中发生破坏，就可能造成大量的人员伤亡和巨大的经济损失，而且会造成极坏的社会影响。

1.2.2　影响因素

海洋隧道的稳定性破坏有静力条件下的破坏（即静力稳定性破坏）和动力条件下的破坏（即动力稳定性破坏）两种。静力条件下的破坏一般是由临空围岩结构的自重力、地应力和动水压力等引起的破坏，动力条件下的破坏一般是由地震、环境震动、火山爆发和爆炸等引起的破坏，其中地震作用是海洋隧道破坏的主要地质灾害原因之一。

（1）静力稳定性破坏的主要影响因素

1）地质

①岩体结构的影响：长期的地质运动形成岩体结构，岩石的完整程度或碎石的数量可以用来描述围岩的状态，这种描述方式既包括岩石中岩块的大小，又包括空间中岩块的组合。所以，可以用岩石的完整程度或岩石的疏密程度来表示岩体受地质运动影响的程度，岩石不完整或稀疏同时也是围岩失稳的主要原因。工程实例表明，在其他条件相同时，岩体组成结构越完整、越密集，隧道结构的安全稳定性就越好。

②工程地质的影响：岩石的矿物成分、组成和构造成因多种多样，所以其影响也是复杂多变的。地质影响在工程上主要指的是岩石强度的影响，所以强度在地下工程岩体稳定性分析中是起主要作用的。在工程地质研究中，土体既服从连续介质力学的规律，又有其特殊的应力-应变关系和特殊的强度，是一种不同于一般物质的变形体。同时，由于固结沉降及气温的变化，土体中细小颗粒沉积造成了体积收缩，此时会形成一些软弱结构面，这些结构面的形成与土体的力学性能和渗水性能有着很大的关系，甚至会影响到整个围岩结构的安全稳定性。

③地质构造的影响：地质结构对土体的影响主要表现为改变土体的宏观结构，即通过影响土体的组成成分，影响土体的力学性能、渗水性能等，最后对围岩结构的稳定性造成影响。

因此，如果地质条件在开挖过程中遭到破坏或地质条件不好，开挖过程就会引起或导致隧道上部地层沉降或坍塌。隧道的破坏如图1-1、图1-2、图1-3和图1-4所示。

图1-1　隧道上部破坏

图1-2　隧道内壁整体破损

图1-3　隧道顶部围岩破坏

图1-4　隧道内部坍塌

2）地应力水平

围岩地应力对隧道工程围岩稳定性的影响是众所周知的，特别是高初始应力的存在。岩石强度与初始应力之比大于一定值时，可以认为其对洞室围岩稳定性不起控制作用；当这个比值小于一定值时，再加上洞室周边的应力集中现象，其对围岩稳定性或变形破坏的影响表现显著。海洋隧道由于处于海底，围岩前期固结压力较大，岩体在海水压力和自重应力下已经固结，即使是浅海地区，海水压力也有几百千帕。海底软岩或含软弱结构面的岩体中岩石强度较低，岩石强度与初始应力的比值较小，隧道拱底两侧会发生严重的应力集中现象，软弱层内部会出现较大面积的塑性区。随着围岩地应力水平的增大，隧道结构会在内部产生整体或较大局部变形、局部开裂及破损（图1-5至图1-8）。

图1-5 隧道内部二衬变形过大

图1-6 隧道内部二衬侧向变形过大

图1-7 隧道顶部的破裂

图1-8 隧道侧壁的横向破裂

3）地下水

地下水的存在及活动会在隧道周围产生水利学的、力学的、物理的和化学的作用，这些作用不利于洞室稳定。这些不利的作用大致体现在三个方面：一是由于洞室开挖，地下水有了新的排泄通道，因此在洞周会产生渗压梯度，而且经常是不对称指向洞内的附加体积力，这增加了周围岩石向洞内的挤压力；二是润滑作用；三是软化作用。

海水渗透所引起的突水防治工程中，一旦出现工程事故，后果就不堪设想。国内外专家和学者针对渗流场对海洋隧道围岩的应力状态、分布规律及稳定性，进行了相关理论和试验研究，并取得了相应的成果[1-9]。地下水对隧道的影响主要表现在水压力对隧道结构的荷载作用及其引发的灾害和水的渗流作用，以及渗流场、应力场与温度场的多场耦合作用等方面，这些问题已被公认为国内外隧道工程建设所面临的主要难题之一。1964年动工开建的日本青函隧道在建设中两度严重渗水，不仅造成大量的人员伤亡和财产损失，也使得工程建设进入长期停滞状态；1988年，国际隧道协会把"水与隧道"作为当年度马德里国际会议的主题，自此，地下水对隧道工程的影响开始逐步进入人们的视线；1994年，国际性隧道工程会议在埃及开罗举行，会上再一次重点强调了地下水对地层的影响，进而联系到地下水对隧道开挖面稳定性的影响，隧道工程结构的开挖引起地层沉降和地下水渗流，进而对隧道开挖面稳定性产生影响这一点开始被工程界和学者们所重视；1998年在巴西举行的国际性隧道会议上，大量提交的论文仍然集中于地下水渗流对隧道稳定性影响的讨论；

"我们最害怕的就是水啊，虽然说人们的生活离不开水。"

图1-9为两种常见不同情况的隧道结构渗水。

（a）衬砌漏水　　　　　　　　　（b）衬砌接环处渗水

图1-9　隧道结构渗水

4）人为因素

隧道结构的形状和尺寸对隧道静力稳定性的影响较大。一般而言，圆形、椭圆形和拱形隧道的应力集中程度较小，破坏也少，岩体比较稳定，围岩压力也较小；矩形断面隧道的应力集中程度较大，尤其是转角处最大，因而围岩压力也比其他形状的围岩压力要大些。从一些围岩压力计算公式中可知，压力与跨度呈正比，但是根据经验，这种正比关系只适用于跨度不大的隧道；对于跨度很大的隧道，由于其往往容易发生局部坍塌和承受不对称的压力，围岩压力与跨度之间不一定呈正比。根据我国铁路隧道的调查，单线隧道与双线隧道的跨度相差80%，而围岩压力相差50%左右。所以，在有些情况下，对大跨度隧道根据围岩压力与跨度呈正比的关系去修建会造成衬砌过厚，从而导致浪费。而且，在稳定性很差的岩体内开挖隧道时，实际的围岩压力往往可能比按常用方法计算出的压力大得多。

此外，围岩压力的大小与隧道的施工方法和施工速度也有较大关系。海洋隧道的施工方法主要有钻爆法（图1-10）、沉管法（图1-11）、掘进机法（图1-12）和盾构法（图1-13）。施工方法主要是指掘进的方法。在岩体较差的地层中，如果采用钻眼爆破（尤其是放大炮）或高猛度的炸药爆破，都会引起围岩的破碎而增加围岩压力，而采用掘岩机掘进、光面爆破、减少超挖量等合理的施工方法则可以减少围岩压力。在易风化的岩层（例如，泥灰岩、片岩、页岩等）中，需加快施工速度并迅速进行衬砌，以尽可能地减少这些地层与水的接触，减轻它们的风化过程，避免围岩压力增长。通常，施工作业暴露时间过长、衬砌施工较晚、回填不实或者回填材料不好（使用易压缩的材料）都会引起围岩压力的增大。

图1-10 隧道钻爆法施工

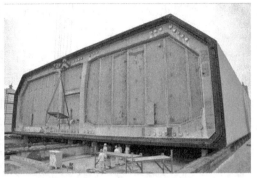

图1-11 隧道沉管法施工

图1-12 隧道掘进机法施工

图1-13 隧道盾构法施工

5）时间因素

由于岩体具有流变性，塑性区会随着时间的推移而扩大，变形也随之扩大，同时扩大的还有松动区和破裂区。此外，围岩的劣化是一个过程，随着时间的推移，这一过程会加剧。时间因素对围岩稳定性的影响不是很大，是否考虑此因素，主要根据工程的重要性和服务年限等决定。

（2）动力稳定性破坏的主要影响因素

1）地震因素

地震作用是破坏海洋隧道衬砌结构的一个主要地质灾害。世界上半岛、岛屿广泛分布的三大地震带（环太平洋地震带、欧亚地震带、海岭地震带），是世界上地震活动最频繁、最活跃的地区。我国的海岸线恰好处于环太平洋地震带上及大陆断裂地震带边缘，根据现有资料统计，环太平洋地震带是全球分布最广、地震最多的地震带，其所释放的能量占全球的80%以上。换句话说，全球约90%的地震都发生在环太平洋地震带上，而7级以上的强震有80%以上发生在这一区域。20世纪60年代末，美国旧金山海湾地区在建设快速地铁运输系统时，对地下结构的抗震性能进行了深入的研究；1995年日本阪神地震后，首次出现地铁主体结构的震害，过去被认为具有良好抗震性能的地下隧道结构的抗震问题逐渐引起众多工程界人士和学者的关注，与地下隧道结构抗震相关的研究出现了前所未有的热潮，成为地震工程界重要的研究方向；2008 年，中国汶川大地震使得许多地铁和公路隧道严重破损，映秀至日隆公路在建花岩子隧道、龙山隧道均有开裂现象，都江堰至映秀绕坝公路友谊隧道与白云顶隧道开裂变形破坏非常严重，都江堰至映秀高速公路在建紫坪铺、龙洞子和龙溪隧道开裂变形破坏也比较严重，所幸这些隧道不是海洋隧道。根据四川省交通厅公路规划勘察设计研究院的调查统计，汶川地震中四川灾区的 56 座隧道发生了不同程度的损坏。

2）波浪因素

波浪是一种海水受外力作用而产生波动的自然现象，然而它的形成却有着复杂的原因。一般所说的波浪是指海洋中由风产生的波浪。广义上讲，天体引力、海地地震、火山爆发、大气压变化及海水密度变化等均可以引起海水的波动。由于受力的不规律性，波浪的大小形状也时时刻刻发生着变化。不同的力作用在海水上会产生不同的波浪，波浪荷载的复杂性、特殊性使得海洋隧道处于复杂的应力状态下。由于海水表面存在着张力，在张力的作用下水体恢复到原有状态时会产生微小的振动，当波浪继续受风的作用时，海水从风中不断地获取能量，波浪的波高也随之增加，波长逐渐加长，从而形成重力波。波浪的形式多样，对海洋隧道的稳定性和结构安全必然会产生一定的影响，特别是在与地震耦合作用时，影响比较明显。

综合上述因素可知，同陆上隧道相比，海洋隧道在设计和施工方面均存在更大的风险和挑战，其设计和施工有着如下的技术特点：

①对海洋进行地质勘察较陆地难度大、花费高，而且容易出现漏勘现象；

②岩体有着较高渗透性，在施工开挖过程中容易发生工程事故，施工中的排水处理也非常困难；

③海洋隧道有着特殊的施工环境，布设竖井的难度较高，导致在施工过程中连续单口掘进的长度加大，同时也加大了施工的难度；

④由于存在渗水问题，海洋隧道围岩的力学性能也受到了影响，岩体强度的降低会导致海洋隧道结构失稳；

⑤为了保证支护结构不开裂及防水排水的性能，工程对衬砌结构的防水排水性能有着较高的要求；

⑥围岩衬砌结构长期受到海水浸泡的影响，使得工程对衬砌结构的混凝土性能和抗渗方面的配置工艺有着严格的要求，对混凝土结构的安全性、耐久性和可靠性的相关要求也较陆上隧道更高，隧道内辅助设施的防潮去湿难度也更大；

⑦城市跨海盾构隧道内部的通风照明设施、消防设施和交通监控设施，必须经过严谨的设计并得到有力的技术措施保证；

⑧海洋隧道穿越地带多为地震高发地带，因此，需要特别注意地震作用对围岩稳定性的影响。

海底的饱和岩体之上覆盖着较厚的软土层，地质条件较差，有着非常复杂的工程地质环境。海底斜坡、谷底、海洋软土和饱和裂隙岩体的存在造成了海底工程地质环境的复杂性，特别是海洋软土（如琼州海峡海底的深厚海洋软土层可能厚达300 m）的存在，其与海底饱和裂隙岩体横向夹杂，增加了施工的难度。跨海隧道如果因为地震等因素发生坍塌、突水等事故，将造成不可挽回的人员和经济损失。随着我国社会主义经济建设的快速发展，海洋隧道必定在不久的将来在交通运输中占据举足轻重的地位。

1.3　国内外研究现状

1.3.1　海洋环境隧道结构的多场耦合研究现状

海洋环境隧道结构处于复杂的地质系统中，温度、渗流、波浪、地震等因素的影响，对建设、运营阶段的隧道结构的安全及稳定提出了较高的要求。目前，国内外学者从不同角度对隧道结构的力学特性展开了研究。

（1）温度作用对隧道结构力学特性的影响

貂祖国等[10]以新疆某水电站高地温引水隧洞为依托，采用有限元方法对不同工况下高地温引水隧洞围岩及衬砌结构的稳态温度场特性进行了分析，得出受洞口及掌子面影响，围岩及衬砌温度随洞深增大可分为平缓段和骤升段两个阶段，并且呈非线性变化，衬砌腰拱与顶拱内表面温差随洞深增大逐渐减小等结果，该研究成果可为高地温引水隧洞热力耦合分析及其洞室稳定性研究提供理论依据。王明年等[11]通过三维热分析和现场温度测试，研究了高岩温铁路隧道施工过程中，围岩、初期支护和二次衬砌的温度变化规律，结果表明：隧道开挖对围岩温度场的影响与围岩初始温度呈正相关；隧道周边围岩的降温方式可分为突变式和渐变式，突变式降温是指围岩温度在0～5 d内急剧降低，在5～60 d内缓慢降低，渐变式降温是指围岩温度在0～60 d内较均匀地逐渐降低；隧道周边围岩的降温幅度与围岩初始温度、围岩位置有关。王玉锁等[12]以某隧道工程为例，用数值模拟方法分析了埋深为1000 m、地热温度为60 ℃的环境条件下，隔热层设置对隧道支护结构体系受力特征及安全性的影响，结果表明隔热层的设置对支护结构内力分布形式、初期支护和混凝土模筑支护结构内力的影响较小，但对二次衬砌受力有显著改善作用，设隔热层后二次衬砌的最小安全系数由2.0提高到了4.0。姜海波等[13]结合新疆某电站引水隧洞工程，研究了高地温对围岩力学参数的影响，分析了围岩和喷层的热力学参数随温度变化时对喷层的温度和应力的影响，为高地温区围岩喷层结构的设计和施工中采取合理的温控措施提供了理论依据。郭瑞等[14]为分析寒区隧道内纵向温度场的分布规律及影响因素，研制了一种模拟寒区隧道纵向温度场分布的室内模型试验装置，分析了隧道长度、洞口气温和风速对寒区隧道纵向温度场分布的影响及其规律，结果表明洞口风速越小、洞口温度越高时，隧道长度对洞内纵向负温长度的影响越小，洞口风速越大、隧道长度越短时，洞口温度对洞内纵向负温长度的影响越小。李天斌等[15]基于现有岩石损伤劣化统计本构模型研究，引入三参量Weibull分布、热损伤、Drucker-Prager屈服准则和残余强度修正系数，经过严密的数学推导，建立了考虑岩石起裂应力的热-力-损伤本构模型，并确定了其参数表达式。Cheng等[16]采用强度折减法对某海底隧道在渗流和温度作用下的地震动稳定性进行了分析。

（2）渗流作用对隧道结构力学特性的影响

依托青岛海底隧道工程，马莘[17]研究了围岩渗透系数、注浆圈厚度、注浆效果、初期支护厚度及渗透系数对初期支护外水压力及其折减系数的影响，根据研究结果，该团队认为围岩渗透系数、注浆圈厚度、注浆效果是水压力折减系数的主要影响因素，并给出了青岛海底隧道水压力折减系数选取表，对实际工程设计具有指导意义。周文锋等[18]为了研究海底盾构隧道"T字缝"密封垫的接触应力及防水性能，根据数值模拟结果和试验数据建立了"T字缝"渗漏临界水压公式，研究表明"T字缝"的环纵缝交点处易发生渗漏，渗流形态与平均接触应力分布有关。郭玉峰等[19]采用理论分析与数值模拟方法对水下双线平行隧道的稳态渗流场进行了推导，对隧道间距、埋深对双孔平行隧道渗流场水头分布、渗流量的影响进行了理论分析。王建华[20]采用有限元方法研究了渗流作用对水下隧道衬砌结构的地震响应位移、速度和加速度的影响，得出对于衬砌结构上的某一点，渗流作用使得其地震响应位移、速度和加速度的峰值减小了20%～35%。张佑钧等[21]进行了海底隧道开挖流固耦合分析，对比分析了多种防排水设计方案，考虑超前帷幕注浆等止水变形控制措施，得到了海底隧道围岩的渗流场和位移场的分布规律，同时对优化合理的海底隧道防排水设计方案进行了有效分析。乔彤[22]研究了渗透各向异性、成层土、不良弱透水体、非圆形截面隧道、流固耦合等不同因素对水下隧道渗流量和衬砌外水压力的影响，研究结果表明渗透各向异性能够改变地下水渗流路径，进而改变水头分布，对衬砌各部位外水压力和隧道渗流量的影响较大，对地表沉降的影响相对较小。同时，部分文献[23-24]通过理论分析与数值模拟的方法，推导得出了适用于不同水下隧道的渗流效应对隧道影响的解析解，为实际工程设计及施工提供了理论参考依据。

（3）波浪作用对隧道结构力学特性的影响

张治国等[25]对浅水区复杂波动水力环境中的海底隧道进行了研究，考虑了海洋波浪力对衬砌结构腐蚀的促进作用，得到了更加准确的安全储备系数。罗刚等[26]运用三阶Stokes波浪方程和Morison方程计算了波浪力，分析了水下爆炸-波浪联合作用对悬浮隧道响应的影响，分析得出水下爆炸-波浪联合作用对悬浮隧道系统的动力响应影响显著。邹鹏旭等[27]采用CFD方法研究了悬浮隧道管体-锚索耦合系统在波浪作用下的动力响应特征，并分析了浸没深度、浮重比（BWR）、系泊角度（IMA）、锚索刚度、锚索系统布置形式、锚索系统预张力分配及波浪参数等对悬浮隧道水动力特性的影响。李若雨等[28]基于有限元理论，建立了求解悬浮隧道在波浪作用下的时域耦合水弹性动力分析模型，对双排隧道的动力响应进行了分析，研究了波高、波浪与隧道所成角度对隧道动力响应的影响。侯志莹等[29]采用基于SHEAR7模型的理论开发出来的VIV模型，分析了管体-锚索耦合作用下悬浮隧道的涡激振动响应。周卓炜等[30]基于既有研究给出的波浪作用下悬浮隧道运动位移解析表达式，进一步推导得到了忽略缆索垂度效应的弹振判断式，可作为悬浮隧道设计起步时最小净浮力或浮重比的初始取值，并可用于指导缆索布置方案的比选。李勤熙等[31]以琼州海峡跨海通道工程为背景，设计了一种双向六车道悬浮隧道交通结构，开展了9种不同工况下的水力物理模型试验，分析了悬浮隧道结构在不同波浪高度、不同波浪周期下的迎浪面、背浪面和上下表面的压强变化特性。巫志文等[32]提出了随机波浪力激励作用下悬浮隧道锚索频域动力响应的理论研究，分析了波浪参数及结构参数对振动系统在平稳和非平稳随机激励作用下的动力响应参数影响作用，研究成果可为随机波浪力激励作用下的悬浮隧道及其锚索的工程设计及施工提供理论参考依据。

（4）地震作用对隧道结构力学特性的影响

学者对地震作用下地下结构的稳定进行了大量的研究，目前，研究地下结构抗震性能的主要途径有原型观测、模型试验和理论方法。通过地震观测（即原型观测），得到影响地下结构地震反应的是地基变形，而不是地下结构的惯性力。模型试验有人工震源试验和振动台试验：人工震源试验起振力较小，实验结果很难反映出结构物的非线性和周围介质等对地下结构地震反应的影响；振动台试验能较好地反映地下结构的地震反应特性、地下结构与周围介质之间的相互作用等，因此得到了广泛应用，但也存在着尺度效应、实验室条件与地下结构所处的现场条件不同等缺陷。理论方法大致分为解析法、半解析半数值法和数值法，例如：地震系数法[33]、福季耶娃法[34]、John法[35]、Shukla法[36]、反应位移法[37]、BART法[38]、递推衍射法[39]、时程响应法[40]、行波法[41]、等代地震荷载法[42]、数值方法[43]。

此外，蔚立元等[44]以舟山灌门水道海底隧道为背景，选取隧道典型横断面研究了用钻爆法施工时围岩的稳定性。张欣和李术才[45]以青岛胶州湾海底隧道为背景，模拟爆破施工荷载，将爆破荷载以等效应力的方式加载于模拟炮孔之上，依据不同围岩类型和岩层覆盖厚度设计值选取隧道左、右线典型段，采用有限单元法分析了覆盖岩层各监测点的振动速度、加速度变化趋势。潘世建等[46]以厦门翔安海底隧道工程为背景，对工程勘察、设计、施工、运营管理过程中的工程建设经验和创新技术进行了系统的总结提炼，但未对海底隧道在复杂地质环境中的力学特性开展研究。朱赛男[47]采用解析方法系统地研究了不同条件下水下隧道的地震响应规律，揭示了地震作用下水-土-结构体系的动力流固耦合机理，研究成果可为水下隧道抗震设计提供理论支撑。赵凯等[48]考虑了海床土体的动力非线性特性、盾构隧道管环间纵向螺栓连接及盾构隧道-竖井柔性接头等因素，建立了苏埃海底隧道工程盾构隧道-竖井连接区段三维精细化有限元模型，研究了海底盾构隧道结构端部效应及抗减震措施，结果表明隧道结构端部效应随地震动强度的增大而呈非线性增大趋势，盾构隧道端部效应影响范围与盾构隧道-竖井节点自身结构特性相关，受地震波类型及幅值的影响较小。Rodríguez等[49]提出采用间接边界元法（IBEM）对浮式和地下隧道的薄弱部位进行地震放大计算，结果表明这一类型问题中涉及多种重要因素，如地震波的类型（即压缩波和畸变波）、土的类型及地震波的入射角等。Liu等[50]建立了穿越正断层的深埋隧道三维计算模型，研究了水平地震作用下隧道的非线性地震损伤特性，结果表明岩体与断层之间的相对错动是导致衬砌损伤破坏的主要因素，为穿越断层隧道的抗震设防提供了有效的技术支撑。陈炜昀等[51]建立了海水-海床-隧道动力相互作用的有限元模型，研究了在不同地震动输入、不同地震激励方向、不同上覆水深条件下海底隧道的地震响应规律，结果表明相较于高频丰富的地震动，低频丰富的地震动输入对海底隧道的影响更大，海底隧道地震损伤随着水深增加逐渐减小，研究结果有助于其他研究者更好地掌握实际海底隧道地震响应规律。朱俊等[52]以饱和土场地中圆形隧道为例，研究了地下隧道对场地地表地震动加速度的放大效应，研究表明地震波斜入射时的场地地表地震动加速度放大系数显著大于地震波垂直入射时的情况。欧阳志勇等[53]建立了隧道-土-流体相互作用的力学模型，讨论了P波作用下有无水的情况以及水深、水域隧道埋深、海床土性质和地震波入射角等因素对隧道及其周围海床应力的影响，结果表明地震波特性和海床土特性对隧道的内应力和海床土的孔隙水压力均有较大影响，地震动的入射角对隧道的内应力和隧道附近土层的孔隙水压力均有较大影响。Shekari等[54]针对二维流固耦合问题进行了数值模拟，以考查水中悬浮隧道（SFT）系统在双向地震作用下的动力响应，提出的耦合数值程序表明不同烈度等级的地震反应谱对大跨度SFT的反应有影响。Vo-Minh和Nguyen[55]采用基于稳定节点的光滑有限元法（SNS-FEM），研究了水平和竖向地震力对黏性土中圆形隧道稳定性的影响，针对不同的土性参数、内摩擦角和隧道深径比，重点研究了地震稳定系数随水平地震加速度系数变化的规律，并总结了地震稳定性系数的特点。史世波等[56]利用FLAC³ᴰ中的FINN模块建立了土层三维模型，在重力平衡和水压力平衡后施加合理的地震波，进行动力计算，计算模型的每个单元在计算过程中的最大超孔压比，结果表明不同位置处液化深度不同，液化范围也不同，该液化判别结果与用规范法得出的液化判别结果一致。徐龙军等[57]基于大型有限元分析软件ABAQUS建立了海底隧道穿岛通风竖井结构的数值模型，利用时程分析法计算了竖井在垂直于隧道轴向的水平地震作用下的动力响应，得出了竖井内力及位移沿深度的分布特点，通过考虑不同类型的岩土材料，得到了竖井结构动力响应随场地剪切波速变化的规律。Cheng等[58]以青岛胶州湾海底隧道为背景，考虑围岩土体中的应力场和渗流场的耦合效应，采用谐波模拟海浪，讨论了海底隧道在海浪和地震作用下的动力响应。

综上所述，大多数研究针对地下隧道或水下隧道仅进行温度、渗流、波浪、地震等单因素作用下的力学特性研究。水下隧道结构处于复杂的地质环境和海洋环境中，隧道结构力学特性的表征往往是多重因素耦合作用的结果，水下隧道结构的失稳不仅是生命财产安全的巨大损失，还会造成极严重的社会影响。所以，目前对以上因素耦合作用下的水下隧道结构力学特性的研究还不够充分，对渗流-地震、波浪-地震、渗流-温度-地震等耦合作用下的水下隧道结构的稳定性，以及水下隧道结构在多场耦合作用下的减震研究等还有待进一步深入。此外，对海洋环境隧道结构的多场耦合研究亦不可忽视，该研究迫在眉睫，需引起高度关注。

1.3.2 隧道结构的施工沉降研究现状

隧道施工产生的扰动不可避免地会导致周围土层发生位移，扰动过大时会影响周边建筑物或者邻近构筑物的安全，并且不利于隧道后期结构的稳定。因此，隧道盾构施工过程所引起的地层位移向来备受研究人员和工程人士的关注。

（1）理论分析

目前，用于预测地层横断面位移使用最广泛的是 Peck 公式（见式 1-1）（经验公式法），Peck [59] 依据收集的大量工程实测数据，对实测隧道施工地表沉降进行了归纳分析，结果表明，在无黏性土层和有黏性土层情况下，隧道施工地层沉降槽的形状均呈现出误差函数形态或正态分布曲线形态。因概念明确且计算简单，该公式被广泛应用于实际工程中，后续一些学者对此公式进行了不断完善[60-65]。

$$\begin{cases} s(x) = s_{max} \exp(-\dfrac{x^2}{2i^2}) \\ s_{max} = \dfrac{\pi R^2 V_1}{\sqrt{2\pi i}} \end{cases} \tag{1-1}$$

式中，$s(x)$ 为距隧道中心水平净距 x m 处地表的沉降量；s_{max} 为地面最大沉降量；i 为地面沉降槽拐点到隧道中心线的距离；R 为隧道半径；V_1 为地层损失率。

在不排水的情况下，盾构施工引起地层沉降的理论解析解基本都是基于弹性力学的Mindlin 解进行推导的。Sagaseta[66] 假定土壤在半无限空间内是均质各向同性且不可压缩的线弹性材料，结合 Mindlin 解与流体力学的虚拟镜像技术，推导得到地层损失所引起的地层位移的解析解，计算表达式如下：

$$\begin{cases} s_x = -\dfrac{V_s}{2\pi}\dfrac{x}{x^2+z_0^2}(1+\dfrac{y}{\sqrt{x^2+y^2+z_0^2}}) \\ s_y = \dfrac{V_s}{2\pi}\dfrac{y}{\sqrt{x^2+y^2+z_0^2}} \\ s_z = \dfrac{V_s}{2\pi}\dfrac{z_0}{x^2+z_0^2}(1+\dfrac{y}{\sqrt{x^2+y^2+z_0^2}}) \end{cases} \tag{1-2}$$

式中，S_x、S_y 和 S_z 分别为地面任意一点 x、y 和 z 方向在隧道施工时被引发的位移；V_s 为在平面应变条件下隧道单位掘进长度的地层损失。

梁荣柱等[67] 基于 Mindlin 解考虑了盾构施工隧道掌子面上的支护力、盾构掘进过程中盾壳与土体之间产生的不均匀分布的侧摩擦力、盾尾注浆设定的注浆压力和施工操作所造成的土体损失等因素对地表沉降的影响，然后将各个因素所产生的影响叠加，得出了盾构施工掘进过程中地层竖向和水平的位移预测计算公式。Lee 与 Rowe 等[68-69] 提出用间隙参数

（Gap Parameter）$g^* = G_p + u^*_{3D} + \omega$ 来预测地层损失，进一步推导得到了地表沉降解析解，其中，间隙参数的组成分为三部分：盾尾间隙的差值、支护力不足导致的地层侵入、施工操作造成的土体损失。魏纲[70]基于Lee提出的两圆相切的不均匀分布间隙地层损失模型，建立了统一的土体移动模型，得出了地表最大沉降量的上、下限解，将以上两种计算方法的结果都包含在内。朱才辉等[71]在Rowe等提出的间隙参数的基础上，引入隧道开挖面支护压力比、盾构机的偏心率、盾尾注浆填充质量等代表施工工艺的参数，并基于Loganathan等提出的地表沉降模型，量化分析了各种施工工艺产生的地层沉降差异，结果可以反映各种施工工艺的好坏。Xiang等[72]采用理论方法提出了盾构施工的地层分层沉降模式，对盾构隧道施工的地层沉降特性进行了研究。王非等[73]基于地层损失间隙参数考虑了注浆压力和掌子面推力的影响，提出了考虑施工过程影响参数的地层沉降计算公式，并将实际工程实测数据与之进行对比，证明了此种修正方法的合理性。刘宝琛等[74]首次将随机介质理论用于隧道施工过程所引发的地表沉降预测，并给出了二维和三维的沉降预测解析式，与实际工程的实测值进行对比，验证了理论计算结果的准确性。后续，又有一些研究人员分析了不同的土层、施工条件等因素对盾构隧道地层沉降的影响，进一步发展了此理论[75-77]。

（2）数值分析

Rowe与Kack等[78-79]使用有限元软件模拟了盾构施工过程中的地面沉降，分析了管片重量、土壤参数、地层损失量、周围土体与管片的相互作用、盾尾灌浆等对地层沉降的影响。Lee和Rowe[80-81]对软土隧道的盾构施工过程进行了3D弹塑性仿真计算，分析了盾构施工过程中各个阶段的沉降，考虑了盾尾间隙和施工模拟步骤设置的影响，所得到的结果有较好的模拟效果，此次有限元模型分析对今后的盾构隧道开挖模拟有着引领的作用。丁春林等[82]采用弹塑性二维有限单元法，利用地应力释放方法，研究了广州地铁二号线盾构隧道围岩的塑性区分布及关键部位的变形，结果表明逐步释放地应力后，隧道逐渐趋向于不稳定，地表的沉降也大大增加。Chen等[83]以我国台湾省台北市捷运中的多管隧道为例，利用经验公式（假设隧道上方的沉降曲线为高斯分布曲线）和有限元分析法，对该路段的双管隧道和四管隧道的横向地表沉降进行了反向分析，研究了叠加原理在分析中的适用性，以及绿地（未开发土地）和棕地（已开发土地）的地表沉降特征。Dias和Kastner[84]通过对比里昂地铁D线的延伸线的垂直和水平移动观测结果，分析了二维和三维建模数据分析的精确性，认为三维数值模拟计算是模拟隧道施工过程中的所有物理过程中最精确的方法，但过程更加复杂。Gao等[85]将三维非线性有限元模型应用于盾构隧道施工过程的模拟，对通过数值模拟得到的纵向和横向沉降数据采用多项式拟合，并将拟合公式所得结果与Peck等经验公式进行了对比分析，结果表明Peck等经验公式可以用于预测盾构施工过程中的地表沉降。卢健等[86]使用MIDAS/GTS软件对上软下硬地层的双洞单线隧道的施工过程进行了模拟，并将模拟结果和现场实测数据与Peck公式的修正公式进行了对比，证明了其可靠性，即该公式可以用于类似双洞单线隧道的地表沉降的预测。Lu等[87]以广州地铁8号线盾构隧道工程（从同德围站到上步路站）为研究背景，利用有限元仿真法，结合工程现场监测数据，研究了上软下硬复合地层的盾构施工沉降，得到在盾构施工上软下硬复合地层的情况下，随着软硬岩层高度比（软岩高度/硬岩高度）的减小，地面沉降值减小，沉降槽变浅。Cheng 等[88]采用有限差分方法，考虑了高水压作用下水下盾构隧道围岩内的流固耦合效应，分析了盾构隧道的变形和力学特性。

目前，国内外学者的研究主要集中于地层沉降，对地层水平位移的研究相对较少，预测结果只能反映盾构施工后的沉降，不能反映盾构推进过程对土层的扰动；理论解是在简化假设为单一地层的条件下推出的；地层的变形具有区域性的特点，现有理论不能与瓯江北口隧道地层沉降相吻合，需要进一步研究。因此，本书进一步推导出了与实际工程相符合的计算地层沉降的理论公式，并结合数值模拟来分析隧道掘进过程中地层的响应，以提出合理的措施来控制施工对地层的扰动，为未来类似工程的实施提供理论参考。

1.3.3　隧道结构的开挖面稳定性研究现状

虽然隧道的发展史已有 150 多年，科研人员已取得了不少隧道开挖面稳定性的研究成果，在隧道掌子面稳定性方面进行了大量的实验研究和数值分析，但相比于国外的施工技术和科学研究，国内接触隧道施工的时间较短，对隧道盾构施工的科学技术与理论分析研究均起步较晚，许多工程中面临的科学问题还处于初步的探究阶段，施工期遭遇的问题未能得到完全解决，还需要大量工程经验的积累，因此，对这一方面的研究尚需加大力度。开挖面稳定性研究主要包括两个方面的内容：第一个方面，发生失稳时盾构开挖面破坏机理及其失稳模式的研究；第二个方面，处于极限状态下的隧道掌子面临界支护压力的确定。目前，研究人员采用理论分析、数值模拟和模型试验验证的方式来研究盾构开挖面的稳定性。

（1）理论分析

理论分析可以分为三种方法：第一种是基于临界破坏状态的微观破坏分析法，第二种是基于弹塑性极限分析法的上、下限解，第三种是基于滑动面上静力平衡的极限平衡法。目前，国内外学者主要采用后两种方法进行分析计算。

1）微观破坏分析法

微观破坏是指在盾构开挖面上，某个土体颗粒或者某个土体颗粒集合（颗粒块）与周围土体发生失稳脱离的现象。在这种情况下，盾构切削土体后开挖面上的土体发生应力重分布，表面的土体颗粒或者某个土体颗粒集合会在重力作用下发生脱落，当这个过程持续发生时，就会导致盾构开挖面围岩局部失稳，甚至开挖面整体失稳破坏，其力学分析模型如图 1-14[89]所示。为了维持盾构工作面的稳定性，需要在开挖面上设定一个最小梯度压力来防止这种情况的发生。此方法常常被用于确定在无黏性土或低黏性土盾构施工过程中，维持开挖面稳定所需的最小梯度应力。

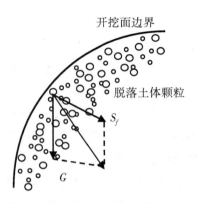

注：S_f为泥浆渗透区域停滞梯度力。

图1-14　微观稳定性力学分析模型

Kirchenbauer[90]对采用泥水盾构技术的开挖面进行了微观破坏分析，根据无黏性土情况下开挖面上某个土体颗粒会受掌子面的支护力和自身重力的共同作用，并依据土体颗粒黏滞阻力梯度与泥浆液屈服强度之间的关系，得到土体颗粒保持稳定时，开挖面上的泥浆所需要的屈服强度为

$$\tau_F \geqslant \frac{r_p \gamma'}{2\tan\varphi} \tag{1-3}$$

式中，τ_F为配比泥浆液应满足的最小屈服强度；r_p为毛细作用下隧道盾构掌子面上土体的等价孔径；γ'为泥水盾构机中所配制的泥浆的重度；φ为盾构所施工土层的内摩擦角。

后来，许多学者对毛细作用下盾构开挖面上土体的等价孔径r_p的取值方式进行了研究，发现当r_p取值不同时，会计算得到不同的泥浆屈服强度。例如，Kilchert[91]认为可将取值定为$r_p = 2(n-1)d_{10}$，即泥浆屈服强度的计算公式为

$$\tau_F \geqslant \frac{(n-1)d_{10}\gamma'}{\tan\varphi} \tag{1-4}$$

式中，d_{10}代表小于该粒径的泥浆质量与泥浆总质量之比为0.1时所对应的泥浆粒径；n为泥浆的流变指数。

泥浆屈服强度不仅会对某一个土体颗粒的稳定性产生影响，还会影响泥浆液在隧道开挖面前方土体的入渗范围，进而在宏观上影响隧道开挖面的稳定性。

对于黏性土土层的盾构施工来说，相比于整个结构的宏观稳定性，某一个土体颗粒的微观稳定性是可以忽略的，应更多关注影响开挖面宏观稳定性的因素。但是，当泥水平衡盾构的工作舱内出现压力梯度时，表明舱内设置的泥水压力是低于静水压力的，这使得土体向隧道内部迁移，不利于结构的稳定。微观破坏分析法从单一土体颗粒的稳定性来分析隧道开挖面上土体的局部受力情况，存在较多的局限性，从宏观角度看，整个开挖面的临界破坏状态实际上是一个三维失稳破坏问题，因此，该种方法在工程实际和理论研究上并未被广泛地应用和推广。

2）极限分析法

极限分析法是基于建立的运动许可速度场（上限解）及静力容许应力场（下限解）的情况进行的，该方法也被后续众多学者所扩展。塑性极限分析法事先根据相应的破坏机理确定开挖面的破坏模式，并设定盾构开挖面临界破坏状态下破坏土体滑动的几何形状，再基于极限分析法确定合适的分析模型，最后计算得到开挖面最大和最小支护压力。这种方法被更多应用于浅埋隧道开挖面的稳定性分析中。

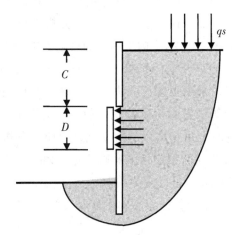

注：C为隧道上覆土层厚度；D为隧道外径。

图1-15　开挖面的稳定模型

Broms 和 Bennermark[92]首次采用极限分析法对黏土地层开挖工作面的稳定性进行了研究，并设定了一个指标来判断工作面的稳定性——将稳定系数 N 作为指标来判断盾构开挖面的稳定性（模型见图1-15），即在不排水的条件下 N 的计算式为

$$N = (\sigma_z - \gamma H - \sigma_t)/S_u \qquad (1-5)$$

式中，σ_z 为隧道盾构施工区域的地表所承担的负载；γ 为盾构穿越中心线平面以上土体的重度；H 为隧道中心线平面与地平面之间的距离；σ_t 为盾构机械在隧道掌子面上所设定的泥水压力；S_u 为在不排水的情况下隧道施工区域土体的抗剪强度。

Davis 等[93]首次采用极限分析上限法，考虑了无黏土地层中盾构开挖所引起的倒塌、沉浮等破坏机理，使用 Tresca 破坏准则研究了平面应变土体的稳定性。随后，Schofield[94]采用离心试验验证了 Davis 所提出方法的合理性。Leca 和 Dormieux[95]针对砂土地层采用极限分析法建立了隧道开挖面的三维破坏模型，根据破坏机理，假设开挖面失稳时滑移体由一个剪切带和两个刚性截圆锥组成，得到了维持隧道开挖工作面稳定性所需要的最大和最小支护力，其计算结果可以与试验结果很好地吻合。考虑到上述提出的极限状态下浅埋隧道开挖面的三维破坏模型仍略简单，Soubra[96]考虑了隧道开挖表面的塌陷和隆起，提出了两种改进的破坏模型，使掌子面前方两个锥形体之间可以实现平稳过渡，从而得到了优化的上限解。

Lee等[97]考虑了孔隙水压的影响，使其在掌子面上产生渗流力，最终隧道掌子面在极限状态下最小的临界支护压力等于通过土体有效应力求解出的临界有效支护力的上限解和在隧道掌子面上作用的渗流力之和。Mollon等[98-99]提出了一个对数螺旋滑移破坏模型，采用极限分析法，分别从二维和三维角度利用空间离散法和Matlab软件，计算出了隧道开挖面因塌陷而发生主动破坏时（最小）和因隆起而发生被动破坏时（最大）的极限支护力，但其计算过程极为烦琐，不可广泛地应用于实际工程。Tang等[100]考虑了实际工程中土层分层的情况，研究了在分层土体条件下隧道掌子面的稳定性，并提出了相应的维持开挖工作面稳定性的最小支护压力的计算方法。Han等[101]基于极限分析理论，进一步提出了一种新的三维破坏机制来分析多层黏性-摩擦土的盾构工作面的极限支护压力。李清川等[102]基于实际工程中上覆流沙地质情况下的隧道开挖面失稳形式，建立了隧道开挖面临界状态失稳模型，基于塑性极限分析的上限解，采用强度折减法分析了隧道开挖面的稳定系数，并研究了不同土体参数、不同隧道直径等因素对隧道开挖面稳定性的影响。Cheng等[103]采用有限差分方法，考虑了盾构隧道掘进时围岩土体中的流固耦合效应，分析了水位、隧道埋深、隧道直径和土体物理性质对隧道开挖面稳定性的影响规律。Zhang等[104-105]采用塑性极限上限方法，建立了考虑高水压渗流的水下盾构隧道开挖面失稳模型，得出了考虑渗流影响的开挖面极限支护压力的解析解，并采用数值方法和文献理论方法进行了验证分析。

3）极限平衡法

与极限分析法相比，极限平衡法的应用时间更长，该方法是由筒仓理论演化而来的。求解过程如下：先基于筒仓理论建立土体失稳破坏力学模型，假设围岩失稳破坏时土体会沿着一个滑动面滑动侵入隧道面，其中滑面可以依据土层性质设定为对数螺旋面、斜向平面及圆弧面，最后通过对每一个土体滑动块进行力学平衡分析，求得极限状态下隧道掌子面上的稳定安全系数或者极限支护力。

Horn[106]根据Janssen的筒仓理论首次提出并介绍了一个三维楔形-筒仓模型，该模型假设下部的滑动楔形体被开挖面上方的棱柱体加载，通过研究模型中下部楔形体的平衡，可求出开挖面上支护力的大小。Monnet和Chaffois等[107]基于三维楔形体模型，研究了砂砾土层中孔隙水压变化、掌子面有效支护力及泥浆渗入土体的距离等因素对隧道掌子面稳定性的共同影响，得出的结果较为合理。Anagnostou等[108]先基于建立的极限状态下隧道开挖面失稳的3D楔形体模型，分析了地下水渗流产生的渗透力对隧道掌子面稳定性的影响，之后于2012年依据条分法得到了隧道开挖面极限支护力的预测公式，并通过模型试验和数值模拟验证了其结果的合理性[109]。

魏纲[110]根据实际情况修正了此前的三维楔形体模型，使用梯形棱柱体替代了模型中上部的正方形棱柱体，得出的结果相比于修正前的结果偏小，但更加接近于试验的结果。吕玺琳等[111]将提出的三维楔形体极限破坏模型的稳定系数与数值模拟的结果进行对比，发现二者可以很好地吻合，证明了其方法的合理性。Chen等[112]将此前的模型试验结果与考虑土工效应的三维楔形-筒仓模型的计算结果进行对比，发现考虑土工效应时的结果更加精确。

Yu 等[113]基于改进的三维楔形体模型，假设下部楔形体的滑动面为对数螺旋面，分析了维持工作面稳定性的极限支护压力在不同土体参数和几何参数下的变化，并证明了此模型具有良好的精度和效率，在实际浅埋隧道工作面的稳定性分析中具有广泛的适用性。

（2）数值模拟

计算机技术的更新换代及推广应用，使得许多研究人员开始使用计算机来研究盾构隧道开挖面的稳定性。计算机可以对实际工程中复杂地层条件下的隧道盾构开挖过程进行模拟仿真，并可分析多工况条件下的差异，而且便于后期观察计算的结果。目前，对于隧道开挖面稳定性的数值模拟，主要采用以下两种方法：有限元法（FDM）和离散元法（DEM）。

1）有限元法

在三维计算分析中，通常通过在开挖面单元上施加应力来模拟开挖面上作用的支护力，主要模拟软件有 ANSYS、ADINA、ABAQUS 等。

Buhan 等[114]首次利用计算机技术建立了 EPB 盾构隧道开挖面的 3D 有限元计算模型，引入地下水后发现渗流对盾构隧道掌子面上安全系数的影响与土体重量的改变相关性很小，其只与水平渗透系数和垂直渗透系数的比值有关。Lee 等[115]使用数值模拟软件计算出了隧道掌子面前方土层的水平向渗透力分布，再将数值代入所建立的计算模型中，分析了渗透力对隧道开挖面上极限支护力的影响。Vermeer 等[116]利用有限元软件 PLAXIS 3D 对无水条件下隧道掌子面的稳定性问题进行了研究，选取 Mohr-Coulomb 破坏准则作为土体本构模型，发现在模拟计算过程中，隧道开挖面的临界支护力只与模拟时设置的围岩黏聚力和内摩擦角有关，弹性模量、初始侧压力系数、泊松比、膨胀角等其他参数不会影响支护力的计算结果，而且增大弹性模量可以提高计算效率。吕玺琳等[117]针对粉砂地层盾构隧道，利用模型试验和数值仿真相结合的方法分析了盾构开挖过程中隧道掌子面的稳定性。朱成等[118]采用 FLAC 3D 软件模拟了大断面反拱隧道，研究了最大主应力分布对围岩的破坏控制作用，并提出了评价塑性区发展范围与围岩稳定性的方法，采用 151 种模拟方案分析了三种构造应力在不同侧压力系数和不同主应力的夹角下对大断面巷硐围岩稳定性的影响。Cheng 等[119]采用有限差分方法，建立了考虑渗流影响的数值分析模型，分析了河床上覆水体水位、隧道埋深、隧道直径和土体渗透系数等对水下盾构隧道开挖面失稳特性的影响。

2）离散元法

有限元法是在传统连续介质力学中宏观连续性假设的前提下计算的，但离散元法克服了这一缺陷，将土体微观颗粒结构与宏观力学结合在一起，以更好地反映盾构开挖面上土体的宏观破坏模式和微观土体颗粒的滑移拉伸破坏模式。

Kamata 和 Masimo[120]利用二维块状颗粒程序模拟了掌子面发生失稳破坏的情况，将围岩颗粒发生脱离作为判定开挖面开始发生失稳的临界点，相比于有限元法，离散元法判断发生失稳破坏的标准更加明确；同时指出，在应用离散元法时需要注意，破坏面的位置和形状会随着颗粒排列形式的不同而发生改变。Karim[121]针对 Chambon 离心模型试验，利用离散元软件建立了三维球状颗粒模型（也称颗粒流），将得到的模拟结果与之相比，验证了其结果的正确性。

（3）模型试验

理论分析结果的正确性和数值模拟过程的准确性都需要验证，虽然实际现场的结果可以检验其合理性，但是为了避免实际工程中出现不必要的失稳破坏，许多学者更偏向于采用模型试验的方法去验证。在隧道掌子面的失稳破坏研究方面，模型试验有很强的合理性和准确性，现象更加直观，结果更加具有说服力和代表性，但由于模型试验的试验设备配置困难、试验花费昂贵、模型设计复杂，并且采集试验数据烦琐、耗时耗工，模型试验并未被广泛应用。在模型试验中，研究人员可以采用简单的缩尺模型来分析盾构隧道开挖面的稳定性问题，并且验证理论方法的合理性。随着科学技术的发展，借助先进的测量仪器和图像处理技术，如X射线扫描仪和CT扫描仪[122]、数字图像相关技术（digital image correlation，DIC）和粒子图像测速技术（particle image velocimetry，PIV）[123-124]，科研人员在试验中可以清楚地记录隧道工作面的三维破坏行为。

1.4　本书主要内容

本书共分10章，第1章结合海洋环境隧道的实际工程提出了海洋环境隧道在建设、运营期间存在的问题，以及本书的主要研究内容。第2章至第6章采用动力分析方法，分析了海底隧道在渗流、波浪、温度和地震等多场耦合作用下的动力响应特性和稳定特性，进而提出海底隧道的减震措施，并进行了海底减震隧道的稳定性分析。第7章至第10章采用静力分析方法，探讨分析了水下盾构隧道建设中在地层沉降和渗流作用下开挖面稳定性的问题，并结合工程实例进行了地层沉降和开挖面稳定性的分析，对海底隧道的设计、建设和安全运营具有重要的理论指导意义。具体如下：

第1章为绪论。本章主要介绍了海洋环境隧道在建设、运营期间面临的问题，以及影响其安全施工和稳定运营的因素，对目前海洋环境隧道结构的多场耦合、隧道结构的施工沉降、隧道结构的开挖面稳定性等的研究现状进行了概述，并对本书的主要研究内容进行了介绍。

第2章为渗流作用下海底隧道结构的流固耦合地震动响应。本章分析了考虑围岩含水率和渗透性的流固耦合地震动响应问题，利用有限元软件ADINA，考虑边界条件变化问题，建立了计算模型，研究了渗流作用下的海底隧道结构的地震动响应，分析了其对海底隧道结构安全性和稳定性的影响。

第3章为波浪作用下海底隧道结构的地震动响应。本章以胶州湾海底隧道为工程背景，利用有限元软件ADINA，分别建立了结构场模型和流体场模型。考虑了黏弹性人工边界、地震及波浪的影响，利用两个模型进行了流固耦合动力分析，研究了不同的海水深度下地震、波浪对海底隧道的动力响应及其变化规律。

第4章为渗流和温度作用下海底隧道结构的地震动稳定。本章以青岛胶州湾海底隧道为研究背景，研究了渗流、温度和单向地震作用及双向地震作用下，上覆海水深度、上覆岩层厚度及渗透系数的改变对海底隧道结构稳定性的影响，利用有限元软件ADINA及黏弹性人工边界，采用强度折减法，进行地震作用下的动力分析，得到了模型边界顶点的最大水平位移；建立了温度场模型，对结构进行了热分析，将得到的结构各节点的温度值以外荷载的形式施加到折减模型中，并且输入顶点水平位移最大时刻的两侧竖向边界节点的水平位移值和重力进行静力分析，通过不断折减抗剪强度参数，得到了海底隧道结构的安全系数，以及安全系数随上覆海水深度、上覆岩层厚度和渗透系数的变化规律。最后，对单向和双向地震作用下海底隧道结构的稳定性进行了对比。

第5章为海底减震隧道结构的地震动响应。本章对海底隧道进行隔震处理，选取了在军事工程领域广泛应用的泡沫混凝土材料和在隔震建筑中应用比较成熟的橡胶材料，作为海底隧道的隔震材料。利用有限元软件ADINA，在综合考虑了渗流、动水压力的情况下，分析了海底隧道在双向地震波激励下的地震动响应，给出了其地震动响应的基本规律和特点。

第6章为海底减震隧道结构的地震动稳定。本章以胶州湾跨海隧道为工程背景，在现有关于陆上隧道地震动稳定研究及跨海隧道静力稳定分析的基础上，利用有限元软件ADI-NA建立了结构场模型和流体场模型。考虑了黏弹性人工边界及地震、渗流的影响，使用两个模型进行流固耦合动力分析，研究了上覆海水深度、上覆岩层厚度和渗透系数对跨海隧道动力稳定安全系数的影响，以及跨海隧道塑性区的变化规律。同时，还研究了有无减震层时跨海隧道围岩结构安全系数的变化情况，进而得到了设置减震层对跨海隧道安全系数的影响。

第7章为滨海软土区盾构隧道结构的流固耦合施工沉降分析。本章主要采用数值方法，考虑了围岩土体内的流固耦合作用，进行了围岩土体内的渗流场、位移场、应力场分析，并结合瓯江北口隧道工程实例，分析了滨海软土区水下盾构隧道在流固耦合作用下施工过程中的沉降变形规律。

第8章为滨海软土区盾构隧道结构的流固耦合施工沉降预测。本章主要采用理论分析方法，基于Peck公式提出了盾构施工的地层分层沉降模式，推导了隧道盾构施工过程所引发的地层沉降预测公式，探讨了滨海软土区大直径盾构施工中隧道上部围岩地层沉降的影响因素，并提出了控制盾构隧道施工沉降的合理化建议。

第9章为渗流作用下滨海软土区盾构隧道结构开挖面的稳定性判别与理论。本章主要采用弹塑性极限分析，建立了渗流作用下滨海软土区大直径盾构隧道开挖面的失稳破坏模型，通过相关联的流动法建立了运动许可的速度场，推导了极限状态下考虑渗流作用的滨海软土地层大直径盾构隧道开挖面极限支护力的计算公式，并验证了计算方法的合理性。

第10章为渗流作用下滨海软土区盾构隧道结构的开挖面稳定性。本章主要采用有限差分法确定了水下盾构隧道施工过程中开挖面的极限支护力，验证了理论计算结果的准确性，并结合瓯江北口隧道工程实例，进行了滨海软土地层大直径盾构隧道开挖面稳定性的分析。

参考文献

[1]JUN S,KAZUHIRO N,KIYOSHI K,et al. Numerical evaluation of the effect of permeability decrease on the undersea tunnel[J]. Journal of Japan Society of Civil Engineers,Ser. F1（Tunnel Engineering）,2011,67(3):125-132.

[2]金波,胡明,方棋洪.考虑渗流效应的深埋海底隧道围岩与衬砌结构应力场研究[J].力学学报,2022,54(5):1322-1330.

[3]张雨.海底隧道水力流态特性研究及工程应用[D].北京:北京交通大学,2021.

[4]HE J. Research on deepening design and construction of cross-sea tunnel based on the principle of prefabricated building[C]. IOP Conference Series: Earth and Environmental Science,2020,598(1): 012016.

[5]张顶立,孙振宇,宋浩然.海底隧道突水演化机制与过程控制方法[J].岩石力学与工程学报,2020,39(4):649-647.

[6]王帅,王渭明,王晓杰.平行三孔海底隧道渗流场解析解及影响参数[J].中国科技论文,2018,13(13):1481-1487.

[7]杜朝伟,王梦恕,谭忠盛.水下隧道渗流场解析解及其应用[J].岩石力学与工程学报,2011,30(S2):3567-3573.

[8]赵建平,李建武,毕林,等.富水区隧道渗流场解析解及合理支护参数[J].浙江大学学报(工学版),2021,55(11):2142-2150.

[9]任毅.渗流和温度作用下海底隧道结构的地震动稳定分析[D].兰州:兰州理工大学,2013.

[10]貊祖国,姜海波,后雄斌.高地温隧洞温度场三维数值模拟分析[J].水利水电技术,2017, 48(11):57-62.

[11]王明年,唐兴华,吴秋军,等.高岩温隧道围岩-支护结构温度场演化规律[J].铁道学报,2016, 38(11):126-131.

[12]王玉锁,叶跃忠,杨超,等.高地热大埋深环境隧道支护结构受力分析[J].西南交通大学学报, 2014,49(2):260-267.

[13]姜海波,吴鹏,张军.温度变化下围岩参数对隧洞喷层结构温度和应力的影响[J].石河子大学学报(自然科学版),2017,35(1):46-51.

[14]郭瑞,郑波,方林,等.寒区隧道纵向温度场分布特征的模型试验研究[J].现代隧道技术,2021, 58(5):129-139.

[15]李天斌,高美奔,陈国庆,等.硬脆性岩石热-力-损伤本构模型及其初步运用[J].岩

土工程学报,2017,39(8):1477-1484.

[16]CHENG X S,LI D,REN Y,et al. Seismic stability analysis of subsea tunnels under the effects of seepage and temperature [J]. Marine Georesources & Geotechnology, 2017, 35(6): 806-816.

[17]马芹. 海底隧道复合式衬砌水压力分布规律及结构受力特征研究[D]. 北京:北京交通大学,2021.

[18]周文锋,廖少明,门燕青. 盾构隧道"T字缝"接触应力与防水性能研究[J]. 岩土工程学报,2020,42(12):2264-2270.

[19]郭玉峰,王华宁,蒋明镜. 水下浅埋双孔平行隧道渗流场的解析研究[J]. 岩土工程学报,2021,43(6):1088-1096.

[20]王建华. 渗流作用下海底隧道结构流-固耦合地震动响应研究[D]. 兰州:兰州理工大学,2013.

[21]张佑钧,刘志春,孙晓迈. 不同防排水形式下高水压海底隧道物理场分布规律研究[J]. 国防交通工程与技术,2022,20(2):29-32,80.

[22]乔彤. 渗透各向异性土体中水下隧道渗流量及衬砌外水压力研究[D]. 杭州:浙江大学,2022.

[23]朱成伟. 常动态水位水下隧道水土压力响应研究[D]. 杭州:浙江大学,2020.

[24]明冬雨,唐翌,王少锋,等. 水下浅埋无压圆形隧道衬砌合理渗水模式分析[J]. 武汉大学学报(工学版),2021,54(4):283-289.

[25]张治国,叶铜,朱正国,等. 波浪作用下海底隧道氯离子侵蚀劣化时变分析[J]. 岩土工程学报,2023,45(7):1323-1332.

[26]罗刚,郭正儒,张玉龙,等. 水下爆炸-波浪联合作用下悬浮隧道响应分析[J]. 振动与冲击,2022,41(6):256-264.

[27]邹鹏旭,刘孟源,陈良志. 波浪作用下悬浮隧道管体-锚索耦合系统水动力特性研究[J]. 现代隧道技术,2021,58(3):154-162.

[28]李若雨,滕斌,丛龙飞,等. 波浪作用下悬浮隧道动力响应的有限元分析模型[J]. 港工技术,2020,57(6):1-7.

[29]侯志莹. 波流对悬浮隧道作用的水动力分析模型[D]. 大连:大连理工大学,2020.

[30]周卓炜,林巍,刘傲祥,等. 悬浮隧道波浪作用下弹振工程分析方法研究[J]. 中国港湾建设,2020,40(2):49-54.

[31]李勤熙,蒋树屏,丁浩,等. 波浪作用下椭圆形横截面悬浮隧道管段压强特性试验[J]. 隧道建设(中英文),2018,38(1):57-64.

[32]巫志文,梅国雄,刘济科,等. 随机波浪力激励作用下悬浮隧道锚索频域动力响应[J]. 现代隧道技术,2017,54(6):174-179.

[33]林皋. 地下结构抗震分析综述(下)[J]. 世界地震工程,1990,3:1-10.

[34]福季耶娃.地震区地下结构物支护的计算[M].徐显毅,译.北京:煤炭出版社,1986.

[35]JOHN C M S, ZAHRAH T F. Aseismic design of underground structures[J]. Tunnelling and Underground Space Technology,1987,2(2):165-197.

[36]SHUKLA D K, RIZZO P C, STEPHENSON D E. Earthquake load analysis of tunnel sand shafts[C]. Proceeding of the Seventh World Conference on Earthquake Engineering,1980,8:20-28.

[37]川岛一彦.地下构筑物的耐震设计[M].日本:鹿岛出版会,1994.

[38]THOMAS R K. Earthquake design criteria for subways[J]. Journal of the Structural Division, Procreedings of ASCE, 1969,95(6):1213-1231.

[39]于翔,陈启亮,赵跃堂,等.地下结构抗震研究方法及其现状[J].解放军理工大学学报,2000,1(5):63-69.

[40]韩大建,周阿兴,黄炎生.珠江水下沉管隧道的抗震分析与设计(I)——时程响应法[J].华南理工大学学报(自然科学版),1999,11(27):115-121.

[41]韩大建,周阿兴,黄炎生.珠江水下沉管隧道的抗震分析与设计(II)——行波法[J].华南理工大学学报(自然科学版),1999,11(27):122-130.

[42]郑永来,刘曙光,杨林德,等.软土中地铁区间隧道抗震设计研究[M].地下空间,2003,23(2):111-114.

[43]孙铁成,高波,叶朝良.地下结构抗震减震的理论与计算现状研究(一)[J].路基工程,2008(1):26-27.

[44]蔚立元,李术才,徐帮树.舟山灌门水道海底隧道钻爆法施工稳定性分析[J].岩土力学,2009,30(11):3453-3459.

[45]张欣,李术才.爆炸荷载作用下青岛胶州湾海底隧道覆盖岩层稳定性分析[J].岩石力学与工程学报,2007,26(11):2348-2355.

[46]潘世建.厦门翔安海底隧道工程技术丛书[M].北京:人民交通出版社,2011.

[47]朱赛男.考虑水-饱和土-结构动力相互作用的水下隧道地震响应解析分析[D].北京:北京交通大学,2021.

[48]赵凯,卢艺静,王彦臻,等.海底盾构隧道结构端部效应及抗减震措施研究[J].振动与冲击,2022,41(16):33-42.

[49]RODRÍGUEZ C A, MARTÍNEZ C V, IBARRA P F, et al. Seismic response of underground and floating tunnels[J]. Pure and Applied Geophysics,2022,179(3): 973-992.

[50]LIU G Q, ZHANG Y H, REN J Q, et al. Seismic response analysis of tunnel through fault considering dynamic interaction between rock mass and fault[J]. Energies, 2021, 14(20):6700-6700.

[51]陈炜昀,吕振宇,徐令宇,等.考虑海水-海床耦合效应的海底隧道地震响应研究[J].工程地质学报,2021,29(6):1878-1886.

[52]朱俊,李小军,梁建文,等.地震波三维斜入射作用下隧道对场地地表地震动的影响[J].土木工程学报,2020,53(S1):318-324.

[53]欧阳志勇,李培杰,罗若帆,等.水域隧道地震响应分析[J].地震学报,2020,42(2):231-243,245.

[54]SHEKARI M R, AMIRI S M, ZAREIFARD M R. A numerical approach for coupled analysis of the seismic response of a cable-moored submerged floating tunnel[J]. Marine Structures, 2022,83:103156.

[55]VO-MINH T, NGUYEN H C. Seismic stability of a circular tunnel in cohesive-frictional soils using a stable node-based smoothed finite element method[J]. Tunnelling and Underground Space Technology incorporating Trenchless Technology Research,2022,130:104606.

[56]史世波,陈必光,舒恒,等.水下盾构隧道地震液化数值分析[J].长江科学院院报, 2020,37(4):85-89.

[57]徐龙军,王泽民,赵国臣.海底隧道穿岛通风竖井地震作用下动力分析[J].世界地震工程,2020,36(1):17-24.

[58]CHENG X S, LI G L, CHEN J, et al. Seismic response of a submarine tunnel under the action of a sea wave[J]. Marine Structures,2018,60:122-135.

[59]PECK R B. Deep excavations and tunneling in soft ground[J]. Proc. of 7th ICSMFE, Mexico,1969.

[60]MAIR R J, TAYLOR R N, BRACEGIRDLE A. Subsurface settlement profiles above tunnels in clays[J]. Géotechnique,1993,43(2):315-320.

[61]CELESTINO T B, GOMES R A M P, BORTOLUCCI A A. Errors in ground distortions due to settlement trough adjustment[J]. Tunnelling and Underground Space Technology,2000,15(1):97-100.

[62]姜忻良,赵志民,李园.隧道开挖引起土层沉降槽曲线形态的分析与计算[J].岩土力学,2004,25(10):1542-1544.

[63]李忠超,陈仁朋,孟凡衍,等.软黏土中盾构掘进地层变形与掘进参数关系[J].浙江大学学报(工学版),2015,49(7):1268-1275.

[64]申玉生,何永辉,赵乐,等.软土地区矩形隧道地表施工沉降的Peck公式修正[J].铁道科学与工程学报,2017,14(6):1270-1277.

[65]LU D C, LIN Q T, TIAN Y, et al. Formula for predicting ground settlement induced by tunnelling based on Gaussian function[J]. Tunnelling and Underground Space Technology,2020,103:103443.

[66]SAGASETA C. Analysis of undrained soil deformation due to ground loss[J]. Géotechnique,1987,38(7):301-320.

[67]梁荣柱,夏唐代,林存刚,等.盾构推进引起地表变形及深层土体水平位移分析[J].

岩石力学与工程学报,2015,34(3):583-593.

[68]LEE K M,ROWE R K,LO K Y. Subsidence owing to tunneling Ⅰ Estimating the gap parameter[J]. Canadian Geotechnical Journal,1992,29(6):929-940.

[69]ROW R K,LEE K M. Subsidence owing to tunneling Ⅱ Evaluation of a prediction technique[J]. Canadian Geotechnical Journal,2011,29(6):941-954.

[70]魏纲.盾构法隧道统一土体移动模型的建立[J].岩土工程学报,2007,29(4):554-559.

[71]朱才辉,李宁,柳厚祥,等.盾构施工工艺诱发地表沉降规律浅析[J].岩土力学,2011,32(1):158-164.

[72]XIANG Q M,SU J X,GAO Y Q,et al. Construction settlement prediction of shield tunnel in soft-soil area[J]. Jordan Journal of Civil Engineering,2022,16(3):1-9.

[73]王非,缪林昌,黎春林.考虑施工过程的盾构隧道沉降数值分析[J].岩石力学与工程学报,2013,32(S1):2907-2914.

[74]刘宝琛,张家生.近地表开挖引起的地表沉降的随机介质方法[J].岩石力学与工程学报,1995,14(4):289-296.

[75]阳军生,刘宝琛.挤压式盾构隧道施工引起的地表移动及变形[J].岩土力学,1998,19(3):10-13.

[76]方焘,徐向春.采用随机介质理论改进方法计算平行双线盾构隧道的沉降[J].城市轨道交通研究,2015,18(5):19-23.

[77]刘波,杨伟红.考虑时间效应的隧道开挖三维沉降预测模型及应用[J].矿业科学学报,2019,4(5):384-393.

[78]ROWE R K,LO K Y,KACK G J. A method of estimating surface settlement above tunnels constructed in soft ground[J]. Canadian Geotechnical Journal,1983,20(1):11-22.

[79]ROWE R K,KACK G J. A theoretical examination of the settlements induced by tunnelling:four case histories[J]. Canadian Geotechnical Journal,1983,20(2):299-314.

[80]LEE K M,ROWE R K. Finite element modelling of the three-dimensional ground deformations due to tunnelling in soft cohesive soils:Part I—Method of analysis[J]. Computers and Geotechnics,1990,10(2):87-109.

[81]ROWE R K,LEE K M. An evaluation of simplified techniques for estimating three-dimensional undrained ground movements due to tunnelling in soft soils[J]. Canadian Geotechnical Journal,1992,29(1):39-52.

[82]丁春林,朱世友,周顺华.地应力释放对盾构隧道围岩稳定性和地表沉降变形的影响[J].岩石力学与工程学报,2002,21(11):1633-1638.

[83]CHEN S L,GUI M W,YANG M C. Applicability of the principle of superposition in estimating ground surface settlement of twin- and quadruple-tube tunnels[J]. Tunnelling and Under-

ground Space Technology,2012,28:135-149.

[84]DIAS D,KASTNER R. Movements caused by the excavation of tunnels using face pressurized shields—Analysis of monitoring and numerical modeling result [J]. Engineering Geology, 2013,152:17-25.

[85]GAO L X,YANG X J,QIN L K. Finite element analysis of the surface settlement induced by the shield tunnel construction[J]. Applied Mechanics and Materials,2014,501-504:111.

[86]卢健,姚爱军,郑轩,等. 地铁双线隧道开挖地表沉降规律及计算方法研究[J]. 岩石力学与工程学报,2019,38(S2):3735-3747.

[87]LU J B,LI X L,FU H L,et al. Influence of shield tunnel construction on ground surface settlement under the condition of upper-soft and lower-hard composite strata[J]. Journal of Vibroengineering,2020,22(5):1126-1144.

[88]CHENG X S,ZHANG S L,QI L, et al. Fluid-solid coupling response of shield tunnel lining structure under high water pressure[J]. Marine Georesources & Geotechnology. 2021, 40(10): 1151-1161.

[89]CHAMBON P,CORT J F. Shallow tunnels in cohesionless soil stability of tunnel face[J]. Journal of Geotechnical Engineering,1994,120(7):1148-1165.

[90]KIRCHENBAUER H M. Stability of slurry trenches in inhomo-geneous subsoil[C]. In: the 9th International Conference on Soil Mechanics and Foundation Engineering,the Japanese Society of Soil Mechanics and Foundation Engineering. Tokyo,1977:125-132.

[91]KILCHERT M,KARSTEDT J. Schlitzwande als trag-und dichtungwande[J]. Standsicherheitberechnung von Schlitzwanden,1984:28-34.

[92]BROMS B B,BENNERMARK H. Stability of clay at vertical openings[J]. Journal of the Soil Mechanics and Foundations Division,1967,96(1):71-94.

[93]DAVIS E H,GUNN M J,MAIR R J,et al. The stability of shallow tunnels and underground openings in cohesive material[J]. Géotechnique,1980, 30(4):397-416.

[94]SCHOFIELD A N. Cambridge geotechnical centrifuge operations [J]. Géotechnique, 1980,30(3), 227-268.

[95]LECA E,DORMIEUX L. Upper and lower bound solutions for the face stability of shallow circular tunnels in frictional material[J]. Géotechnique,1990,40(4):581-606.

[96]SOUBRA A H. Three-dimensional face stability analysis of shallow circular tunnels[C]. In: International conference on geotechnical and geological engineering. Melbourne,2000:19-24.

[97]LEE I M,NAM S W,AHN J H. Effect of seepage forces on tunnel face stability[J]. Revue Canadienne De Géotechnique,2003,40(2):342-350.

[98]MOLLON G,DIAS D,SOUBRA A H,et al. Face stability analysis of circular tunnels driven by a pressurized shield[J]. Journal of Geotechnical & Geoenvironmental Engineering,2010,136

（1）：215-229.

［99］MOLLON G, DIAS D, SOUBRA A H. Rotational failure mechanisms for the face stability analysis of tunnels driven by a pressurized shield［J］. International Journal for Numerical and Analytical Methods in Geomechanics, 2011, 35（12）：1363-1388.

［100］TANG X W, LIU W, ALBERS B, et al. Upper bound analysis of tunnel face stability in layered soils［J］. Acta Geotechnica, 2014, 9（4）：661-671.

［101］HAN K H, ZHANG C P, ZHANG D L. Upper-bound solutions for the face stability of a shield tunnel in multilayered cohesive-frictional soils［J］. Computers and Geotechnics, 2016, 79：1-9.

［102］李清川, 李术才, 王汉鹏, 等. 上覆流沙层隧道开挖面稳定性分析与数值试验研究［J］. 岩土力学, 2018, 39（7）：2681-2690.

［103］CHENG X S, ZHANG S L, ZHOU X H, et al. Parameter analysis of excavation face stability of shield tunnel under high water pressure seepage［J］. Physics and Chemistry of the Earth, 2022：128.

［104］ZHANG S L, CHENG X S, QI L, et al. Face stability analysis of large diameter shield tunnel in soft clay considering high water pressure seepage［J］. Ocean Engineering, 2022, 253：111283.

［105］ZHANG S L, CHENG X S, ZHOU X H, et al. Face stability analysis of large-diameter underwater shield tunnel in soft-hard uneven strata under fluid-solid coupling［J］. Geomechanics and Engineering, 2023, 32（2）：145-157.

［106］HORN M. Horizontal earth pressure on perpendicular tunnel face［C］. Hungarian National Conference of the Foundation Engineer Industry. Budapest, 1961：7-16.

［107］MONNET J, CHAFFOIS S, CHAPEAU C, et al. Theoretical and experimental studies of a tunnel face in a gravel site［J］. Numerical Models in Geomechanics, 1989：497-504.

［108］ANAGNOSTOU G, KOVARI K. Face stability conditions with Earth-Pressure-Balanced shields［J］. Tunneling and Underground Space Technology, 1996, 11（2）：165-173.

［109］ANAGNOSTOU G. The contribution of horizontal arching to tunnel face stability［J］. Geotechnik, 2012, 35（1）：34-44.

［110］魏纲. 顶管工程土与结构的性状及理论研究［D］. 杭州：浙江大学, 2005.

［111］吕玺琳, 李冯缔, 黄茂松, 等. 三维盾构隧道开挖面极限支护压力数值及理论解［J］. 同济大学学报（自然科学版）, 2012, 40（10）：1469-1473.

［112］CHEN R P, TANG L J, YIN X S, et al. An improved 3D wedge-prism model for the face stability analysis of the shield tunnel in cohesionless soils［J］. Acta Geotechnica, 2015, 10（5）：683-692.

［113］YU L, ZHANG D, FANG Q, et al. Face stability of shallow tunnelling in sandy soil considering unsupported length[J]. Tunnelling and Underground Space Technology,2020,102:1-10.

[114]BUHAN P,CUVILLIER A,DORMIEUX L,et al. Face stability of shallow circular tunnels driven under the water table:A numerical analysis[J]. International Journal for Numerical and Analytical Methods in Geomechanics,1999,23(1):79-95.

[115]LEE C J,WU B R,CHEN H T, et al. Tunneling stability and arching effects during tunneling in soft clayey soil[J]. Tunneling and Underground Space Technology,2006,21(2):119-132.

[116]VERMEER P A,RUSE N M,MARCHER T. Tunnel heading stability in drained ground [J]. Felsbau,2002,20(6):8-18.

[117]吕玺琳,周运才,李冯缔. 粉砂地层盾构隧道开挖面稳定性离心试验及数值模拟 [J]. 岩土力学,2016,37(11):1-6.

[118]朱成,袁永,袁超峰,等. 深部大断面巷硐围岩稳定性评价与布置方式研究[J]. 采矿 与安全工程学报,2020,37(1):11-22.

[119]CHENG X S,ZHANG S L,ZHOU X H,et al. Parameter analysis of excavation face stability of shield tunnel under high water pressure seepage[J]. Physics and Chemistry of the Earth, 2022,128 (Suppl C):103218.

[120]KAMATA H,MASIMO H. Centrifuge model test of tunnel face reinforcement by bolting [J]. Tunnnelling and Underground Space Technology,2003,18(2):205-212.

[121]KARIM M A. Three-dimensional discrete element modeling of tunneling in sand[D]. Edmonton:University of Alberta,2007.

[122]TAKANO D,OTANI J,NAGATANI H,et al. Application of X-ray CT on boundary value problems in geotechnical engineering: research on tunnel face failure [C]. In:GeoCongress 2006:Geotechnical Engineering in the Information Technology Age. Atlanta,2006:1-9.

[123]IDINGER G,AKLIK P,WU W,et al. Centrifuge model test on the face stability of shallow tunnel[J]. Acta Geotechnica,2011,6(2):105-117.

[124]LU X L,ZHOU Y C,HUANG M S,et al. Experimental study of the face stability of shield tunnel in sands under seepage condition[J]. Tunnelling and Underground Space Technology, 2018,74:195-205.

第2章 渗流作用下海底隧道结构的流固耦合地震动响应

2.1 海底隧道结构的动力分析基本理论

2.1.1 混凝土的本构关系

截至目前，研究者们已提出了若干混凝土的本构关系，比较典型的有 Hognestad、Saenz 和 Sargin 等建议的混凝土本构模型[1-2]。Hognestad 建议的混凝土本构模型（应力-应变曲线）如图 2-1 所示。

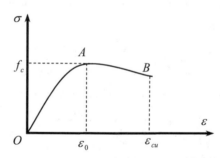

图 2-1 Hognestad 建议的应力-应变曲线

模型的上升段为二次抛物线，下降段为斜直线，即

$$\begin{cases} \sigma = f_c \left[2 \cdot \dfrac{\varepsilon}{\varepsilon_0} - \left(\dfrac{\varepsilon}{\varepsilon_0} \right)^2 \right] & \varepsilon \leqslant \varepsilon_0 \\[4mm] \sigma = f_c \left(1 - 0.15 \dfrac{\varepsilon - \varepsilon_0}{\varepsilon_{cu} - \varepsilon_0} \right) & \varepsilon_0 \leqslant \varepsilon \leqslant \varepsilon_{cu} \end{cases} \tag{2-1}$$

式中，f_c 表示棱柱体的极限抗压强度；ε_0 表示棱柱体的极限抗压强度对应的应变；ε_{cu} 表示极限压应变。

Saenz 等建议的混凝土本构模型（应力-应变曲线）如图 2-2 所示。

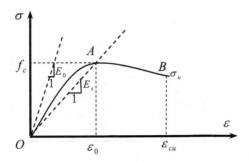

图 2-2 Saenz 等建议的应力-应变曲线

模型的一般数学表达式为

$$\sigma = \frac{\varepsilon}{C_1 + C_2\varepsilon + C_3\varepsilon^2 + C_4\varepsilon^2} \tag{2-2}$$

式中，C_1、C_2、C_3 和 C_4 为常数。

边界条件为

$$
\begin{cases}
\varepsilon = 0, \sigma = 0 \,;\; \varepsilon = 0, \dfrac{\mathrm{d}\sigma}{\mathrm{d}\varepsilon} = E_0 \\[2mm]
\varepsilon = \varepsilon_0, \sigma = \sigma_0 \,;\; \varepsilon = \varepsilon_0, \dfrac{\mathrm{d}\sigma}{\mathrm{d}\varepsilon} = 0 \\[2mm]
\varepsilon = \varepsilon_u, \sigma = \sigma_u
\end{cases}
\tag{2-3}
$$

式中，E_0 为原点切线模量；ε_u=0.003～0.004。

将式（2-3）代入式（2-2），并令

$$R = \frac{\dfrac{E_0}{E_s}\left(\dfrac{\sigma_0}{\sigma_u} - 1\right)}{\left(\dfrac{\varepsilon_u}{\varepsilon_o} - 1\right)^2} - \frac{\varepsilon_0}{\varepsilon_u}$$

得

$$\sigma = \frac{E_0\varepsilon}{\left[1 + \left(R + \dfrac{E_0}{E_s} - 2\right)\dfrac{\varepsilon}{\varepsilon_0} - 2(2R - 1)\left(\dfrac{\varepsilon}{\varepsilon_0}\right) + C_3\varepsilon^2 + R\left(\dfrac{\varepsilon}{\varepsilon_o}\right)^3\right]} \tag{2-4}$$

式中，E_s 为应力达到峰值时的割线模量。

Sargin 对 Saenz 等建议的混凝土本构模型进行了修改[3]，如图 2-3 所示。

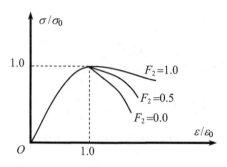

图2-3　Sargin等建议的应力-应变曲线

模型的一般数学表达式为

$$\sigma = k_3 f_c \frac{F_1 \dfrac{\varepsilon}{\varepsilon_0} + \left(F_2 - 2\right)\left(\dfrac{\varepsilon}{\varepsilon_0}\right)^2}{1 + \left(F_1 - 2\right)\dfrac{\varepsilon}{\varepsilon_0} + F_2\left(\dfrac{\varepsilon}{\varepsilon_0}\right)^2} \tag{2-5}$$

式中，$F_1 = \dfrac{E_0}{E_s}$；k_3为侧向约束对强度的影响系数；F_2为主要影响下降段的参数。

本章选用Saenz等建议的混凝土本构模型。

2.1.2　岩(土)体弹塑性强度理论

岩（土）体强度理论是研究岩（土）体在各种应力状态下的强度准则的理论。强度准则又称为破坏判据，它表征了岩（土）体在极限状态下（破坏条件）的应力状态和岩（土）体强度参数之间的关系。目前，科研人员已经提出了多种岩（土）体强度理论，包括最大正应力理论（Rankine理论）、最大正应变理论、最大剪应力理论、八面体剪应力理论、莫尔-库伦（Mohr-Coulomb）强度理论、德鲁克-普拉格（Drucker-Prager）准则、格里菲斯（Griffith）理论及其修正、伦特堡（Lundborg）理论、霍克-布朗经验准则（H-B准则）等。

莫尔-库伦强度理论是岩体力学中重要的强度理论之一，它不仅能反映岩体的脆性破坏特征，还能反映其塑性破坏特征。由于它简单实用，强度参数也容易测定，因而在岩体力学和塑性理论中得到了广泛的应用。莫尔-库伦材料模型是基于理想弹塑性莫尔-库伦屈服函数、非相关流动法则和拉伸截止的模型。

（1）莫尔-库伦强度理论

1）库伦准则

库伦准则是指库伦（Coulomb C.A.）于1773年提出的摩擦准则。库伦认为，岩（土）体的破坏主要是剪切破坏，岩（土）体的强度等于岩（土）体本身抗剪切的黏聚力和剪切面上法向应力产生的摩擦力之和，即

$$\tau = \sigma \tan\varphi + c \tag{2-6}$$

2）莫尔-库伦强度准则

莫尔（Mohr C. O.）在库伦准则的基础上将其推广到了三向应力状态，并认识到材料本身仍是应力的函数，即

$$\tau = f(\sigma) \tag{2-7}$$

式（2-7）在坐标系中为一条对称于 σ 轴的曲线，它可以通过实验方法求得，对应于各种应力状态（单轴拉伸、单轴压缩及三轴压缩）下的破坏莫尔应力圆的包络线。利用这条包络线，可以判断岩（土）体中的某一点是否会发生剪切破坏。目前，已提出的包络线形式有斜直线型、二次抛物线型和双曲线型等。其中，斜直线型的强度包络线实质和库伦准则的方程式一致，因此，这个准则常被称为莫尔-库伦强度准则，它是目前岩体力学中用到的最多的强度理论。该直线方程可以用库仑公式表示为

$$\tau \geqslant \tau_f = \sigma \tan\varphi + c \tag{2-8}$$

式中，τ 为岩（土）体内任一平面上的剪应力。

莫尔-库伦强度准则比较全面地反映了岩（土）体的强度特征，它既适用于塑性岩（土）体的剪切破坏，也适用于脆性岩石的剪切破坏，同时也反映了岩（土）体的抗拉强度远小于抗压强度这一特性。其缺点是忽略了中间主应力 σ_2 的影响，故只适用于剪切破坏。

（2）弹塑性本构关系

塑性特征是在荷载卸载以后存在不可恢复的永久变形。与弹性本构关系相比，塑性本构关系具有的特征如下：首先，是应力-应变关系的多值性。对于同一应力，往往有多个应变值与其对应，因此，通常需要建立应力增量与应变增量之间的关系。其次，是本构关系的复杂性。描述塑性阶段的本构关系通常包括三个方程组——屈服条件，加、卸载准则，本构方程[4]。

1）屈服条件

由弹性状态开始第一次屈服的条件称为初始屈服条件，它可以表示为

$$f(\sigma_{ij}) = 0 \tag{2-9}$$

当产生了塑性变形时，屈服条件的形式就发生了变化，此时的屈服条件为后继屈服条件，其表达式为

$$f(\sigma_{ij}, \sigma_{ij}^p, x) = 0 \tag{2-10}$$

式中，σ_{ij} 为总应力；σ_{ij}^p 为塑性应力；x 为标量的内变量，它可以代表塑性功、塑性体积应变或等效塑性应变等。

屈服条件在几何上可以看成是应力空间中的超曲面，即屈服面。按屈服面的大小和形状是否发生变化，塑性材料可以分为理想塑性材料和硬化材料两种。随着塑性应变的出现和发展，屈服面的大小和形状不发生变化的材料称为理想塑性材料。岩土塑性力学中最常用的屈服条件是莫尔-库伦屈服条件，它是一种等向硬化-软化模型，当材料内部某平面的剪应力达到某一特定值时，材料就开始进入屈服状态。这一特定值不仅与材料自身的性质

有关，还与该平面上的正应力 σ 有关，一般可以表示为

$$\tau = c + \sigma_n \tan\varphi \tag{2-11}$$

式中，σ_n 为正应力。

当满足 $\sigma_1 \geqslant \sigma_2 \geqslant \sigma_3$ 时，可以表示为

$$f(\sigma_1,\sigma_2,\sigma_3) = \frac{1}{2}(\sigma_1 - \sigma_3) - \frac{1}{2}(\sigma_1 + \sigma_3)\sin\varphi - c\cdot\cos\varphi = 0 \tag{2-12}$$

2）加、卸载准则

在塑性状态下，材料对所施加的应力增量的反应一般有三种情况：第一种是塑性加载，即对材料施加应力增量后，材料从一种塑性状态变化到另一种塑性状态，并且有新的塑性变形出现；第二种是中性变载，即对材料施加应力增量后，材料从一种塑性状态变化到另一种塑性状态，但没有新的塑性变形出现；第三种是塑性卸载，即对材料施加应力增量后，材料从塑性状态退回到弹性状态。塑性加载条件如图2-4所示：

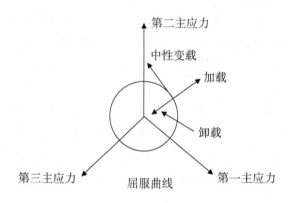

图2-4　塑性加载条件

加载时，材料从一种塑性状态变化到另一种塑性状态，应力点始终保持在屈服面上，因而有 dF=0；卸载时，材料从塑性状态退回到弹性状态，因而对卸载有 dF<0。因此，理想塑性材料的加、卸载准则为

$$l = \frac{\partial f}{\partial \sigma_{ij}}\mathrm{d}\sigma_{ij}\begin{cases} < 0,\text{卸载} \\ = 0,\text{加载} \end{cases} \tag{2-13}$$

3）本构方程

塑性本构方程是塑性状态下的应力-应变关系。根据塑性力学的增量理论，假设应变的变化可分成弹性应变和塑性应变两部分，则

$$\mathrm{d}\varepsilon_{ij} = \mathrm{d}\varepsilon_{ij}^e + \mathrm{d}\varepsilon_{ij}^p \tag{2-14}$$

式中，ε_{ij}^e 为弹性应变；ε_{ij}^p 为塑性应变。

根据广义 Hooke 定律，弹性应变增量可表示为

$$\mathrm{d}\varepsilon_{ij}^e = D^e \mathrm{d}\sigma_{ij}^e \tag{2-15}$$

式中，D^e 为弹性刚度；σ_{ij}^e 为弹性应力。

塑性应变增量由塑性势理论给出，类似于弹性介质应变能或余能的概念。对于弹塑性介质，存在塑性势函数 Q，它是应力状态和塑性应变的函数，使得

$$Q \mathrm{d}\varepsilon_{ij}^{p} = \lambda_{c} \frac{\partial Q}{\partial \sigma_{ij}} \tag{2-16}$$

式中，λ_{c} 为一正的待定量，其具体数值和材料硬化法则有关。

对于理想塑性材料，当塑性势函数 Q 与屈服函数 F 不同时，材料遵循非相关流动法则。总应变增量可以表示为

$$\mathrm{d}\varepsilon_{ij} = D^{e} \mathrm{d}\sigma_{ij} + \lambda_{c} \frac{\partial Q}{\partial \sigma_{ij}} \tag{2-17}$$

根据一致性条件，令屈服面上的屈服函数 $F \equiv 0$，可以推导出待定量为

$$\lambda_{c} = \frac{1}{A_{0}} \frac{\partial F}{\partial \sigma_{ij}} \mathrm{d}\sigma_{ij} \tag{2-18}$$

对于理想塑性材料，$A_{0} = 0$，对于硬化材料，则

$$A_{0} = -\frac{\partial F}{\partial \sigma_{ij}} \left(D^{e}\right)^{-1} \frac{\partial Q}{\partial \sigma_{kl}} - \frac{\partial F}{\partial w} \sigma_{ij} \frac{\partial Q}{\partial \sigma_{ij}} \tag{2-19}$$

式中，w 为塑性功。

因此，加载时的本构方程为

$$\mathrm{d}\varepsilon_{ij} = \left(D^{e} + \frac{1}{A_{0}} \frac{\partial Q}{\partial \sigma_{ij}} \frac{\partial F}{\partial \sigma_{kl}}\right) \mathrm{d}\sigma_{kl} \tag{2-20}$$

2.1.3　边界条件

近40多年来，国内外学者提出了许多种人工边界方法[5]，应用较多的人工边界主要有透射边界、黏性边界、一致边界、Simth叠加边界及黏弹性边界等，但在工程界应用比较普遍的边界主要为透射边界、黏性边界及一致边界。一致黏弹性人工边界和黏弹性人工边界单元是由刘晶波等人提出的，刘晶波等人推导出了二维的黏弹性人工边界单元刚度矩阵和阻尼矩阵，并且使用矩阵等效原理，通过数值算例实现了二维黏弹性边界单元均匀半空间和成层半空间情况，进而证明了黏弹性边界单元与集中黏弹性人工边界有相同的精度，应用方便。

一致人工边界是根据弹性波动场在刚性基底成层弹性介质中的传播规律导出的。基于水平成层场地模型和每层土中的位移线性变化假设，Waas于1972年提出了成层场地特征值问题的频域表达式，特征值问题被分解为两类解耦的代数特征值问题：Rayleigh波特征值问题和Love波特征值问题。二维问题的一致边界条件[6]可由Rayleigh波特征值问题的解确定。

黏弹性人工边界可以等效为连续分布的并联弹簧-阻尼器系统，人工边界上法向与切向的弹簧刚度和阻尼系数可按下列公式取值[7]：

$$K_{BN} = \alpha_{N} \frac{G}{R}, C_{BN} = \rho c_{P} \tag{2-21}$$

$$K_{BT} = \alpha_T \frac{G}{R}, C_{BT} = \rho c_S \tag{2-22}$$

式中，K_{BN}、K_{BT}分别为法向与切向弹簧刚度；C_{BN}、C_{BT}分别为法向与切向阻尼器的阻尼系数；R为波源至人工边界点的距离；c_P、c_S分别为介质的P波和S波的波速；G为介质剪切模量；ρ为介质的质量密度；α_N、α_T分别为法向与切向黏弹性边界修正系数。

黏弹性人工边界模拟的是人工边界应力条件，这是一种连续分布的人工边界条件，当采用有限元法或其他离散方法将人工边界所包围的计算区离散化时，人工边界也随之离散化，此时可以采用有限元的形函数将连续分布的人工边界物理原件化为耦联的人工边界，称为一致黏弹性人工边界；也可以简单采用集中处理的方法，形成解耦的人工边界，称为集中黏弹性人工边界。本章建立的黏弹性边界即为一致黏弹性人工边界。

2.1.4 孔隙介质的渗流定律

(1) 孔隙介质渗流的基础理论——达西定律

达西定律是由法国学者亨利·达西（Henry Darcy）在达西实验的基础上于1856年提出的，表示单位时间内垂直过水断面上的水流流经单位过水断面上的水的体积，即渗流速度：

$$v = KJ \tag{2-23}$$

式中，v为地下水的渗流速度；K为渗透系数；J为水力梯度。

(2) 均质各向同性多孔介质的三维渗流定律

在达西定律的基础上进行扩展，当多孔介质为均质各向同性时，K为标量，则三维渗流方程为

$$v = KJ = -K\nabla H \tag{2-24}$$

式中，H为渗流场水头函数；v为渗流速度矢量，可分为v_x、v_y、v_z三个分量；$J = -\nabla H$，在x、y、z三个方向上的分量分别为

$$J = \left(J_x, J_y, J_z\right)^T = -\left(\frac{\partial H}{\partial x}, \frac{\partial H}{\partial y}, \frac{\partial H}{\partial z}\right)^T \tag{2-25}$$

则，达西定律可扩展为

$$v = \left(v_x, v_y, v_z\right)^T = -K\left(\frac{\partial H}{\partial x}, \frac{\partial H}{\partial y}, \frac{\partial H}{\partial z}\right)^T \tag{2-26}$$

$$v_x = -K\frac{\partial H}{\partial x}, \quad v_y = -K\frac{\partial H}{\partial y}, \quad v_z = -K\frac{\partial H}{\partial z} \tag{2-27}$$

如果用流体压力p表示，均质各向同性多孔介质三维渗流的达西定律可以表示为

$$\begin{cases} v = -\dfrac{\kappa}{\iota}\left(\nabla p - \rho g\right) \\ g = -g \cdot I_z \end{cases} \tag{2-28}$$

式中，ι为液体黏度；g为重力加速度矢量；I_z为笛卡尔坐标系中z轴上的单位矢量；κ

为渗透率。在笛卡尔坐标系中，也可以写成分量形式，即

$$v_x = -\frac{\kappa}{\iota}\frac{\partial p}{\partial x}, \quad v_y = -\frac{\kappa}{\iota}\frac{\partial p}{\partial y}, \quad v_z = -\frac{\kappa}{\iota}\frac{\partial p}{\partial z} \tag{2-29}$$

2.1.5　饱和岩（土）体的动力控制方程

（1）岩（土）体工程问题的总控制方程

根据岩（土）体所处环境的不同，大多数岩（土）体或多或少地存在裂隙、孔隙。地下岩（土）体孔隙、裂隙中一般都赋存有孔隙水，为了研究地下工程岩（土）体的力学特性，一般采用两种介质力学的分析方法：连续介质力学的分析方法和非连续介质力学的分析方法[8]。如果岩（土）体中的节理、裂隙比较少，则可以将岩（土）体模拟为多孔连续介质模型；如果岩（土）体中的节理、裂隙比较多，甚至有断层现象，则可以将岩（土）体模拟为等效多孔连续介质模型。在外荷载作用下，岩（土）体中将产生应力，岩（土）体骨架将发生位移或运动，而孔隙水在随着岩（土）体骨架运动的同时，还做相对于岩（土）体骨架的渗流运动。本章基于Biot动力固结方程，采用均质各向同性等效多孔连续介质模型模拟海底隧道围岩。

基于Biot动力固结方程的基本假定：①岩（土）体是完全饱和的各向同性材料；②岩（土）体的变形是微小的；③岩（土）体和孔隙水不可压缩；④孔隙水相对于岩（土）体骨架的渗流运动服从达西定律，其惯性力可不计；⑤应力应变的正负号法则与弹性力学相反；⑥孔隙中流体的渗流速度很小，不计其相对于岩（土）体骨架运动的惯性力。

根据岩（土）体动力平衡方程、物理方程、几何方程、有效应力原理、孔隙流体平衡方程、连续方程等，可推导出总控制方程[8]，即各向同性饱和岩（土）体的Biot动力固结方程为

$$\left. \begin{array}{l} d_{11}\dfrac{\partial^2 u}{\partial x^2} + d_{44}\dfrac{\partial^2 u}{\partial y^2} + d_{55}\dfrac{\partial^2 u}{\partial z^2} + (d_{12}+d_{44})\dfrac{\partial^2 v}{\partial x \partial y} + (d_{13}+d_{55})\dfrac{\partial^2 w}{\partial x \partial z} - \dfrac{\partial p}{\partial x} = \rho\ddot{u} \\[2mm] d_{44}\dfrac{\partial^2 v}{\partial x^2} + d_{11}\dfrac{\partial^2 v}{\partial y^2} + d_{55}\dfrac{\partial^2 v}{\partial z^2} + (d_{12}+d_{44})\dfrac{\partial^2 u}{\partial y \partial x} + (d_{13}+d_{55})\dfrac{\partial^2 w}{\partial y \partial z} - \dfrac{\partial p}{\partial y} = \rho\ddot{v} \\[2mm] d_{55}\dfrac{\partial^2 w}{\partial x^2} + d_{55}\dfrac{\partial^2 w}{\partial y^2} + d_{33}\dfrac{\partial^2 w}{\partial z^2} + (d_{13}+d_{55})\dfrac{\partial^2 u}{\partial z \partial x} + (d_{13}+d_{55})\dfrac{\partial^2 v}{\partial z \partial y} - \dfrac{\partial p}{\partial z} + \rho g = \rho\ddot{w} \\[2mm] \dfrac{\partial}{\partial x}\left(k_h\dfrac{\partial p}{\partial x}\right) + \dfrac{\partial}{\partial y}\left(k_h\dfrac{\partial p}{\partial y}\right) + \dfrac{\partial}{\partial z}\left[k_v\left(\dfrac{\partial p}{\partial z} - \rho_w g\right)\right] - \rho_w g\dfrac{\partial}{\partial t}\left(\dfrac{\partial u}{\partial x} + \dfrac{\partial v}{\partial y} + \dfrac{\partial w}{\partial z}\right) + \\[2mm] \rho_w\left[\dfrac{\partial}{\partial x}(k_h\ddot{u}) + \dfrac{\partial}{\partial y}(k_h\ddot{v}) + \dfrac{\partial}{\partial z}(k_h\ddot{w})\right] = 0 \end{array} \right\} \tag{2-30}$$

式中，u、v、w分别为微元体岩土骨架沿x、y、z正方向的位移分量；$\ddot{u}$、$\ddot{v}$、$\ddot{w}$分别为相应的运动加速度；ρ_w为水的密度；p为岩（土）体中的孔隙水压力；k_h、k_v分别为岩（土）体的水平向和竖向渗透系数。

在微元体上作用的有总应力、体力和惯性力。总应力的6个分量分别为σ_x、σ_y、σ_z、

τ_{xy}、τ_{yz}、τ_{zx}。体力方向向下,大小为ρg〔ρ为岩(土)体密度,g为重力加速度〕。惯性力沿x、y、z三个方向的分量依次为$\rho\ddot{u}dxdydz$、$\rho\ddot{v}dxdydz$、$\rho\ddot{w}dxdydz$,作用方向与位移方向相反。孔隙水相对于岩(土)体骨架的渗流运动惯性力很小,忽略不计。其他系数计算如下:

$$\left.\begin{array}{ll} d_{11} = \dfrac{n - \mu_{hv}^2}{(1 - \mu_{hh})^2}E_{sa} ; & d_{12} = \dfrac{n\mu_{hh} + \mu_{hv}^2}{(1 - \mu_{hh})^2}E_{sa} \\[3mm] d_{13} = \dfrac{\mu_{hv}}{1 - \mu_{hh}}E_{sa} ; & d_{33} = E_{sa} \\[3mm] d_{44} = G_h ; & d_{55} = G_v \\[3mm] E_{sa} = \dfrac{E_v(1 - \mu_{hh})}{1 - \mu_{hh} - 2n\mu_{vh}^2} ; & n = \dfrac{E_h}{E_v} \end{array}\right\} \tag{2-31}$$

式中,E_{sa}为横观各向同性土的侧限压缩模量;E_h、E_v分别为岩(土)体的水平向和竖向弹性模量;G_h、G_v分别为岩(土)体的水平向和竖向剪切模量;μ_{hh}为水平向应力引起水平向应变的泊松比;μ_{hv}为水平向应力引起竖向应变的泊松比;μ_{vh}为竖向应力引起水平向应变的泊松比。

当对岩(土)体进行动力分析时,用张量形式表示的Biot动力固结方程[9]〔即岩土(体)动力分析的基本方程〕为

$$\left.\begin{array}{l} \Delta\sigma'_{ij+1} + \Delta p_i\delta_{ij} + \rho\Delta g_i = \rho\Delta\ddot{u}_j \\[2mm] \Delta\dot{u}_{i,z} - k_{ij}^*\Delta p_{ij} + k_{ij}^*\rho_f\Delta g_{i,j} - k_{ij}^*\rho_f\Delta\ddot{u}_{i,j} + \Delta\dot{p}/\Gamma = 0 \\[2mm] \Delta\sigma'_{ij} = D_{ijkl}\Delta\varepsilon_{kl} \end{array}\right\} \tag{2-32}$$

式中,σ'_{ij}为总应力张量;g_i为单位质量土体的体力加速度分量;k_{ij}^*为有效渗透系数张量;p为孔隙水压力,可取为$(1-n)\rho_s + n\rho_f$,ρ_s为岩(土)体固相密度,ρ_f为液相密度,n为孔隙率;$\ddot{u}_i$为岩(土)体骨架的速度分量,即$\ddot{u}_i = \dfrac{\partial^2 u_i}{\partial t^2}$;$\Gamma$为不排水体积模量;$\delta_{ij}$为Kronecker记号,即

$$\delta_{ij} = \begin{cases} 1 & (i = j) \\ 0 & (i \neq j) \end{cases} \tag{2-33}$$

岩(土)体介质的阻尼作用能使波的能量逸散而损耗,工程上一般将这种阻尼效应分为粘滞阻尼和内摩阻尼。能量的耗散主要取决于所考虑的波传播的区域,而波的传播所引起的能量耗散都与波的频率有关,因此,在动力分析中考虑阻尼时常主要考虑粘滞阻尼作用。在前面推导方程的过程中,为了考虑岩(土)体介质中粘滞阻尼的作用,引入了与应变速率有关的项,并定义$\Delta A_j = \left(\Delta u_{1j}, \Delta u_{2j}, \Delta u_{3j}, \Delta p_j\right)^{\mathrm{T}}$(其中,$j$从1到NE,NE为单元的节点数),代入计算模型的初始条件,并在空间上把计算域进行有限元离散,建立有限元方程,可将方程写成矩阵形式,即

$$\bar{M}\Delta A + \bar{C}\Delta A + \bar{K}\Delta A = \Delta\bar{F}(t) \tag{2-34}$$

式中,$\bar{M}$、$\bar{C}$和$\bar{K}$分别为考虑岩(土)体介质中的水时的质量矩阵、阻尼矩阵和刚度矩

阵，$\Delta \bar{F}(t)$ 为外荷载向量。

（2）饱和岩（土）体的动力控制方程及其解法

前面所述的动力控制方程式（即公式 2-30），在进行有限元离散时会产生耦合的质量矩阵，这就增加了在时域上进行数值积分求解的难度。为了解决这个问题，Zienkiewcz 和 Shiomic 用流体的总位移来代替流体的达西位移，然后以其为变量，基于 Biot 动力固结理论建立了动力控制方程的矩阵形式[7]，即

$$Ma + Cv + K_p d = F \tag{2-35}$$

式中，a 为节点加速度矢量；v 为节点速度矢量；d 为节点位移矩阵；M 为质量矩阵；C 为阻尼矩阵；K_p 为孔隙流体刚度矩阵；P 为内力矢量；F 为外荷载矢量。

在求解方程（2-35）时，常用的是 Newmark-β 法，但由于 Newmark-β 法无法同时达到对高额成分的最优能量耗散和对方程解的最优精确值（二阶精度），Hilber 等人于 1977 年提出了 Hilber-Hughes-Taylor-α 法，这一方法很好地解决了上述问题。当该法采用 α、β、γ 三个参数，取 $-\frac{1}{3} \leqslant \alpha \leqslant 0$、$\gamma = \frac{1}{2}(1-2\alpha)$ 和 $\beta = \frac{1}{4}(1-\alpha)^2$ 时，此解法对线性问题不但无条件稳定，而且具有对高频成分较好的阻尼性能和二阶精度，与其他解法相比对低频成分的畸变效应也比较小。

2.1.6 海底隧道渗流场与应力场耦合的计算方法

对于海底隧道，其衬砌结构和围岩受上覆岩体和海水的共同作用。一方面，岩体的孔隙和裂隙结构改变地下水的流动通道，从而影响岩体及结构的渗流分布，同时，岩体应力状态的改变引起岩体结构的变化，进而改变岩体的渗透性能；另一方面，岩体内赋存的地下水通过物理、化学和外部力学作用（如地震）对岩体的结构亦产生相关作用，主要表现在这些作用施加给岩体静水压力和动水压力，从而影响岩体的应力场和位移场的分布。

（1）渗流场与应力场的相互力学作用

对于富水岩层或岩体，随着地下水的渗流，地下水和岩石固体之间不断地发生相互的力学作用[10]，主要表现在静水压力、动水压力和孔隙水压力等方面。这些力的叠加作用可能使岩体的节理、孔隙、裂隙扩展，从而产生应力变形和位移；同时，岩石固体的变形和位移反过来又影响地下水的渗流，从而增加岩体中的孔隙度和连通性，使岩体的渗透率增大。

1）渗流场对应力场的影响

①静水压力：

根据渗流力学理论，假定某种情况下岩体介质中的水头分布为 ψ，则静水压力的表达式为

$$p = \rho_w g(\psi - z) \tag{2-36}$$

式中，ρ_w 为地下水密度；z 为位置水头。

根据静水压力，可以计算出渗流区域的渗透体积力分布为

$$
\begin{cases}
f_x = \dfrac{\partial p}{\partial x} = \rho_w g \dfrac{\partial \psi}{\partial x} \\[2mm]
f_y = \dfrac{\partial p}{\partial y} = \rho_w g \dfrac{\partial \psi}{\partial y} \\[2mm]
f_z = \dfrac{\partial p}{\partial z} = \rho_w g \left(\dfrac{\partial \psi}{\partial z} - 1 \right)
\end{cases}
\tag{2-37}
$$

②动水压力：

动水压力是指在地下水头差或外部荷载的作用下，地下水沿岩体的孔隙、裂隙运动产生阻力，为了克服阻力而产生的对孔隙、裂隙壁的作用力，其大小取决于水头差或外部荷载。岩体单位体积上所承受的动水压力可以表述为

$$
p_d = -\frac{\partial p}{\partial S} = -\rho_w g \frac{\partial}{\partial S}(\psi - z)
\tag{2-38}
$$

式中，S 为地下水的渗流路径长度。

③孔隙水压力：

孔隙水压力是指多孔介质孔隙中的充水压力，孔隙水压力在净水条件下、渗流条件下及外部荷载（如地震）条件下产生。因此，孔隙水压力由静水压力、渗流孔压力和超孔隙水压力组成。由静水压力和渗流孔压力所组成的孔隙水压力为原生孔隙水压力，而由外部荷载引起的超孔隙水压力有其自身的产生和消散规律。在地震荷载的作用下，岩石介质中的孔隙水压力可表述为

孔隙水压力=静水压力+渗流孔压力+超孔隙水压力

2）应力场对渗流场的影响

岩体的渗透性和岩体的孔隙率密切相关，一般来说，孔隙率越大，渗透系数也越大，渗透性便越强。岩体内应力的变化引发岩体自然结构的重新整合，从而使岩体的孔隙率也随之变化，因此，应力场环境对渗流场的影响主要体现在应力场对岩体孔隙率的影响上。

假定微元体的体积为 V，体积的变化为 ΔV，孔隙率为 n，则岩体的体积变化为

$$
\Delta V_s = (1 - n)\Delta V
\tag{2-39}
$$

两边求导可得

$$
\mathrm{d}\Delta V_s = (1 - n)\mathrm{d}\Delta V + \Delta V \mathrm{d}(1 - n)
\tag{2-40}
$$

忽略固体颗粒的体应变，则上式可化为

$$
\mathrm{d}n \approx (1 - n)\mathrm{d}\varepsilon_v
\tag{2-41}
$$

式中，$\mathrm{d}\varepsilon_v$ 为微元体的体应变。

根据地下水的力学性质和质量守恒定律，可得

$$
\mathrm{d}\rho_w = \frac{\rho_w \mathrm{d}p}{E_w}
\tag{2-42}
$$

式中，E_w 为地下水的体积弹性模量；p 为微元体中地下水的渗透压强。

两端同时对 t 求导，可得

$$\frac{\partial \rho_w}{\partial t} = \frac{\rho_w}{E_w} \frac{\partial p}{\partial t} \tag{2-43}$$

假定 ρ_w 为常数，岩体孔隙介质渗流量均衡，则联立式（2-41）和式（2-43），并化简整理可得

$$d\varepsilon_v = \frac{n}{E_w} dp \tag{2-44}$$

当岩体的体应变 ε_v 和地下水的渗透压强 p 为单值函数时，式（2-44）两端取定积分得

$$\begin{cases} \Delta\varepsilon_v = \dfrac{n\rho_w}{E_w} \Delta\psi \\[3mm] \Delta p = \dfrac{E_w}{n} \Delta\varepsilon_v \end{cases} \tag{2-45}$$

（2）耦合分析的数学模型

目前，在建立岩体渗流场与应力场耦合的数学模型时存在多种建模方式，主要有机理分析法、混合分析法及辨识系统法等，本章应用机理分析法，通过岩体与地下水相互力学作用的机理分析，运用力学和数学的手段，建立海底隧道岩体系统渗流场与应力场的耦合计算模型。在流固耦合的过程中，流体的作用施加到固体上，结构的变形反过来影响流体区域。通过对海底隧道岩体进行机理分析，考虑等效连续介质岩体渗流场和应力场的相互影响，将海底隧道渗流场与应力场耦合分析的数学模型用有限元矩阵形式[7]可以表示为

$$\begin{cases} K\psi + Q = S\dfrac{d\psi}{dt} \\[3mm] \Delta\boldsymbol{\varepsilon}_v = \dfrac{n\rho_w}{E_w} \Delta\psi \\[3mm] \boldsymbol{\sigma} = \boldsymbol{D}^e (\boldsymbol{\varepsilon} + \Delta\boldsymbol{\varepsilon}_v) \end{cases} \tag{2-46}$$

式中，K 为总渗透矩阵；Q 为源相列阵；S 为储水矩阵；$\boldsymbol{\sigma}$ 为岩体的应力列阵；$\boldsymbol{\varepsilon}$ 为不考虑渗透压力的应变矩阵；$\Delta\boldsymbol{\varepsilon}_v$ 为渗透水压力引起岩体变形的应变列阵；$\boldsymbol{D}^e$ 为弹性矩阵，可以表示为

$$D^e = \frac{E(1-\mu)}{(1+\mu)(1-2\mu)} \begin{bmatrix} 1 & \dfrac{\mu}{1-\mu} & \dfrac{\mu}{1-\mu} & 0 & 0 & 0 \\ & 1 & \dfrac{\mu}{1-\mu} & 0 & 0 & 0 \\ & & 1 & 0 & 0 & 0 \\ & 对 & & \dfrac{1-2\mu}{2(1-\mu)} & 0 & 0 \\ & 称 & & & \dfrac{1-2\mu}{2(1-\mu)} & 0 \\ & & & & & \dfrac{1-2\mu}{2(1-\mu)} \end{bmatrix} \quad (2\text{-}47)$$

（3）耦合分析的数值方法

渗流场和应力场的耦合分析一般采用有限元法即可求解，但应先求出渗流场的解，再依据渗流场和应力场的相互作用求出应力场的解。运用迭代法，逐步重复迭代计算，直至计算满足精度要求，即可计算出耦合分析的渗流场水头分布和应力场分布，分别为

$$\begin{cases} \psi(x,y,z) = \dfrac{\psi_n(x,y,z) + \psi_{n+1}(x,y,z)}{2} \\ \sigma_{ij}(x,y,z) = \dfrac{\sigma_{ij}^n(x,y,z) + \sigma_{ij}^{n+1}(x,y,z)}{2} \end{cases} \quad (2\text{-}48)$$

式（2-48）便是海底隧道渗流场与应力场耦合作用的数值解。需要注意的是，海底隧道渗流场与应力场在地震动力作用下的耦合计算并不是独立的，地震动力作用作为外荷载，在进行耦合计算时应充分考虑。

2.2 渗流作用下海底隧道结构的流固耦合地震动响应

2.2.1 计算模型及模态分析

（1）计算模型

1）计算参数

本节的研究重点是地震和渗流耦合作用下围岩对衬砌结构的影响，以及衬砌周围多孔介质围岩中动水压力的变化。对于衬砌混凝土的本构模型选用常用的线弹性本构模型，为了更好地模拟岩体对隧道结构的动力反应，对于围岩的本构关系选用莫尔-库伦材料模型，该模型基于理想塑性莫尔-库伦屈服函数、非相关流动法则和拉伸截止。取海水密度为 $1.025 \times 10^3 \, \text{kg/m}^3$，衬砌材料的参数如表2-1所示。本节将围岩考虑为各向同性多孔连续介质，增加了其渗透系数和孔隙率，围岩材料的参数如表2-2所示。

表2-1　衬砌材料的参数

衬砌类别	弹性模量 E/GPa	泊松比 v	重度 γ/(kN·m⁻³)
初衬砌	25	0.17	25.00
二衬砌	30	0.20	25.00

表2-2　围岩材料的参数

围岩性质	弹性模量 E/GPa	剪切模量 G/MPa	泊松比 v	重度 γ/(kN·m⁻³)	黏聚力 c/kPa	内摩擦角 φ/(°)	渗透系数 K/(m·d⁻¹)	孔隙率 n/%
多孔介质	20	7000	0.33	26	500	50	0.2	0.5
非多孔介质	20	7000	0.35	26	500	50	—	—

2）计算范围

考虑围岩稳定性的影响范围，从海底隧道围岩结构半无限空间域中切取一个隔离体，参考青岛胶州湾海底隧道的相关资料，计算模型取上覆海水深度为20 m，上覆岩层厚度为25 m，隧道高度为11.5 m，跨度为14.5 m，围岩计算范围为两侧分别取5倍洞室跨度，底部取5倍洞室高度，建立二维平面分析模型，如图2-5所示。

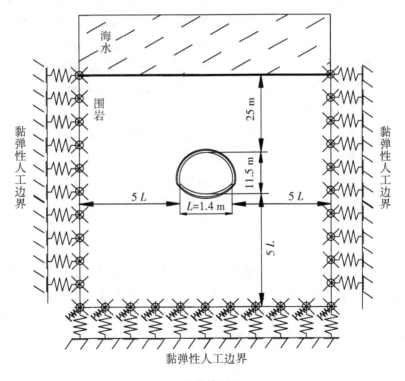

图2-5　计算模型图

数值分析中设置了 8 个关键点，分布于拱顶、拱肩、拱脚和仰拱中点处，通过分析这 8 个关键点的地震响应数值，可以对隧道的安全性和稳定性做出评价。关键点的分布如图 2-6 所示。为方便作图对比，在二衬外边界关键点 5 处沿顺时针方向旋转一周的所有 40 个边界网格节点设置了 40 个索引号，索引号为 1～40，节点号与索引号的对应关系详见各表。

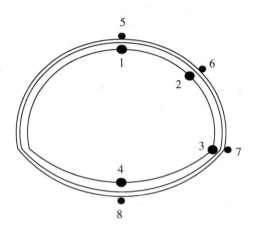

图 2-6 关键点布置图

3）边界条件

考虑海面海浪运动的影响，在 ADINA 软件中将海面设为自由液面；考虑地震动作用下海水对海床表面的动水压力作用，将海水与上覆岩层的接触面定义为流固耦合边界；考虑黏弹性边界对地震波的吸收能力，将围岩的位移边界设置为黏弹性人工边界。自由液面和流固耦合边界在 ADINA 软件中都可以直接设置，二维一致黏弹性边界的基本参数为 K_{BN}=7.44×10⁷ N·s/m，K_{BT}=3.72×10⁷ N·s/m，C_{BN}=1.2×10⁷ N·s/m，C_{BT}=7.58×10⁶ N·s/m。

4）单元选择与网格划分

在 ADINA 软件中，单元的重要特点是单元算法与材料本构相互独立，因此，选择单元的主要依据为模型的几何形态及其具备的功能。ADINA 软件中提供了 12 大类的单元类型，本节主要选用 2-D 四边形实体单元来模拟隧道围岩与衬砌，选用 2-D 四边形流体单元来模拟上覆海水，选用弹簧单元来模拟黏弹性人工边界单元。

5）加载与求解

①荷载选择：

在对模型施加荷载时主要有两种荷载：首先是重力荷载，施加于整个模型；其次是地震荷载，将地震荷载从模型底部沿水平方向输入，只考虑水平地震作用。EI-Cento 波是世界上第一条成功完整记录了全程数据的地震波，本书选用了 EI-Cento SN 波，持续时间为 10 s，地震加速度时程曲线如图 2-7 所示。

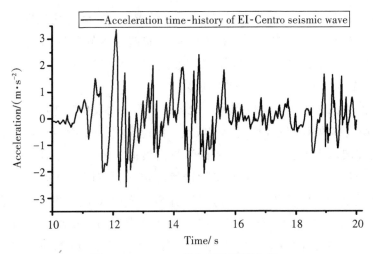

图2-7　EI-Centro波加速度时程曲线

②分析类型与求解：

ADINA软件中提供了三种动力分析类型，分别是频域分析、直接积分和随机振动分析。本节在进行动力计算时选用了隐式直接积分的瞬态动力分析。在ADINA软件中，结构场选取非稀疏求解器，采用改进的牛顿迭代法；流体场选取基于GAUSS消去法的稀疏求解器进行计算，可以得到比较理想的结果。对于含有地下水岩体变形的计算，必须考虑孔隙水压力对岩体应力与变形的影响，隧道建成之后，作用于隧道衬砌的围岩压力与孔隙水压力已趋于稳定，此时，岩体孔隙中已不再存在超孔隙水压力，为了模拟计算结果的真实性，首先通过固结计算模拟海底岩层固结沉降完成的过程，并且消除岩体中的超孔隙水压力，再在此基础上重新启动，加入地震荷载进行动力计算，计算过程为：

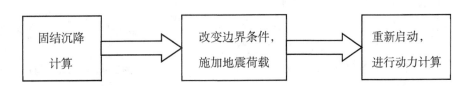

③迭代方法和收敛准则：

ADINA软件包含三种迭代方法，分别是Full Newton Method、Modified Newton Method和BFGS Matrix Update Method。本节计算选用Full Newton Method，它是求解非线性有限元方程最常用、最基本的方法，其典型特征是每一步迭代都需要重新计算切向刚度矩阵。主要求解过程如式（2-49）、式（2-50）和式（2-51）所示：

$$\Delta R^{(i-1)} = {}^{t+\Delta t}R - {}^{t+\Delta t}F^{(i-1)} \tag{2-49}$$

$$^{t+\Delta t}K^{(i-1)}\Delta U^{(i)} = \Delta R^{(i-1)} \tag{2-50}$$

$$^{t+\Delta t}U^{(i)} = {}^{t+\Delta t}U^{(i-1)} + \Delta U^{(i)} \tag{2-51}$$

在每个迭代步中，上述三个方程都将有限元的求解进行线性化处理。式（2-49）中的 R 表示外荷载，F 表示节点内力，$\Delta R^{(i-1)}$ 表示当前迭代步的荷载向量。式（2-50）中的 $^{t+\Delta t}K^{(i-1)}$ 表示当前迭代步的切向刚度矩阵。通过式（2-50）可以求得下一步的位移增量 $\Delta U^{(i)}$，通过式（2-51）可以求得下一步的位移。

ADINA 软件中包含能量、能量和力、能量和位移、力及位移等的收敛准则，在岩土力学模型中，选用位移收敛准则才能使模型收敛，因此，本节选用位移收敛准则。

考虑海面波浪运动的影响，将海面设为自由液面；考虑地震动作用下海水对海床表面的动水压力作用，将海水与上覆岩层的接触面定义为流固耦合边界；考虑黏弹性边界对地震波的吸收能力，将围岩的位移边界设置为黏弹性人工边界；考虑地震作用下多孔介质围岩中海水与围岩的运动存在相位差，将计算模型的孔隙水压力边界设置为透水边界。其中，透水边界在 ADINA 软件中可以直接设置，二维一致黏弹性边界的基本参数为 $K_{BN}=7.44\times10^7$ N·s/m、$K_{BT}=3.72\times10^7$ N·s/m、$C_{BN}=1.2\times10^7$ N·s/m、$C_{BT}=7.58\times10^6$ N·s/m。由于将围岩定义为各向同性连续多孔介质，在建立流体计算有限元模型时，应将多孔介质围岩部分划分为流体有限元网格以进行流固耦合计算，划分网格后的流体计算有限元模型和结构计算有限元模型分别如图2-8和图2-9所示。

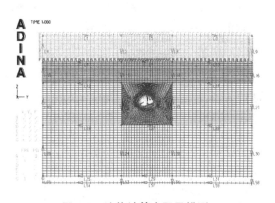
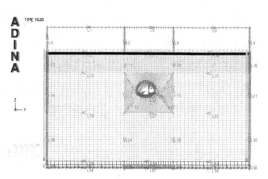

图2-8　流体计算有限元模型　　　　　　图2-9　结构计算有限元模型

（2）模态分析

动力分析系统中将所有消耗系统机械能的因素都定义为阻尼，它不仅是材料特性，还是系统的固有特性。一般情况下，阻尼表现为材料的耗能能力。结构的阻尼只与结构的材料特性、固有频率和边界条件有关。在进行结构动力学分析时，一般假定结构的阻尼矩阵是质量矩阵和刚度矩阵的线性组合，而所求的模态阻尼指的是结构解耦后的模态阻尼，其与结构的质量矩阵和刚度矩阵有关，也就是说，结构的阻尼和结构的边界有关。实际阻尼包括线性阻尼和非线性阻尼。对于非线性阻尼，在数值模拟计算时，为了工程上的应用方便，常用的做法是将非线性阻尼线性化。线性化的基本思想是让系统线性化阻尼系数和实际的非线性阻尼系数在一个周期内消耗的能量相等，工程计算中使用的阻尼大多是线性阻尼。ADINA 软件中可以指定的阻尼有 Rayleigh 阻尼、振型阻尼比、弹簧单元阻尼和集中阻尼。本书将重点介绍施加于总体结构模型的Rayleigh阻尼。

Rayleigh阻尼应用广泛，它基于结构中刚度或质量的总量是总阻尼的一种度量。阻尼矩阵可按下式计算：

$$[C] = \alpha[M] + \beta[K] \tag{2-52}$$

通常无法直接得到α和β的值，而是通过使用振型阻尼比ξ_i和模态的固有频率ω_i计算得来，ξ_i指的是某个振型i的实际阻尼和临界阻尼之比，ω_i指的是模态i的固有角频率，α和β满足下式：

$$\xi_i = \frac{\alpha}{2\omega_i} + \frac{\beta\omega_i}{2} \ (i = 1, 2, \cdots, n) \tag{2-53}$$

一般情况下，假设黏性阻尼比ξ为0.03~0.05，并假定$\xi_1 = \xi_2 = \xi$，然后代入频率范围的下限和上限，通过求解联立方程来计算α和β。可计算得

$$\begin{cases} \alpha = \dfrac{2\omega_1\omega_2\xi}{\omega_1 + \omega_2} \\ \beta = \dfrac{2\xi}{\omega_1 + \omega_2} \end{cases} \tag{2-54}$$

模态分析采用Subspace Iteration法，提取海底隧道结构的前100阶频率，如表2-3所示。

表2-3 模态分析的固有频率

单位：Hz

振型	频率	振型	频率	振型	频率	振型	频率
1	0.041	26	0.367	51	0.537	76	18.434
2	0.078	27	0.376	52	0.537	77	18.922
3	0.108	28	0.384	53	0.551	78	19.997
4	0.131	29	0.392	54	0.575	79	21.223
5	0.151	30	0.400	55	0.600	80	22.025
6	0.167	31	0.408	56	0.624	81	22.246
7	0.182	32	0.416	57	0.646	82	23.019
8	0.195	33	0.425	58	0.665	83	23.063
9	0.207	34	0.432	59	0.680	84	23.419
10	0.219	35	0.440	60	0.690	85	24.155
11	0.230	36	0.448	61	2.096	86	24.857

续表2-3

振型	频率	振型	频率	振型	频率	振型	频率
12	0.241	37	0.455	62	4.096	87	25.518
13	0.251	38	0.464	63	6.600	88	25.996
14	0.261	39	0.471	64	6.980	89	27.217
15	0.270	40	0.478	65	8.040	90	27.735
16	0.280	41	0.486	66	9.130	91	28.257
17	0.289	42	0.492	67	11.143	92	28.469
18	0.298	43	0.499	68	12.606	93	28.601
19	0.307	44	0.506	69	13.070	94	29.371
20	0.316	45	0.511	70	13.490	95	29.863
21	0.325	46	0.519	71	14.333	96	30.370
22	0.334	47	0.522	72	17.111	97	31.134
23	0.342	48	0.528	73	17.255	98	32.622
24	0.350	49	0.531	74	17.504	99	32.888
25	0.359	50	0.533	75	18.101	100	33.096

由表2-3可知，前60阶仍为海水的水波模态，第60阶以后的模态为围岩及隧道结构振型的高阶模态。仍取$\xi_1=\xi_2=\xi=0.05$，将表2-3中的第61阶和第62阶频率代入式（2-54）计算可得，黏弹性边界条件下的$\alpha=0.1387$，$\beta=0.0161$。

2.2.2　地震动响应

分别将不同烈度的地震波导入模型进行动力计算，可以得到不同烈度下海底隧道结构的地震动响应，本节仍以9度设防地震为例，给出其应力、位移、速度、加速度及孔隙水压力的计算结果。对于不同烈度下的地震动响应，将在2.3节中做详细对比分析。

（1）应力计算结果及分析

地震加速度在12.12 s时达到最大峰值，此时隧道结构的地震动响应最大，本节仍选用12.12 s时的地震动响应结果进行分析。此时，隧道地震动响应的应力结果分别如图2-10、图2-11、图2-12和图2-13所示。

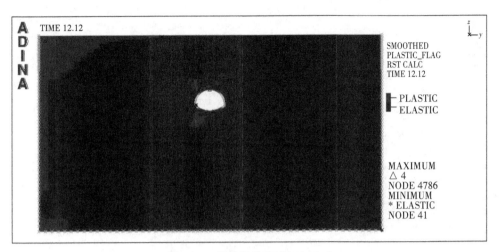

图2-10 塑性区分布图(12.12 s)

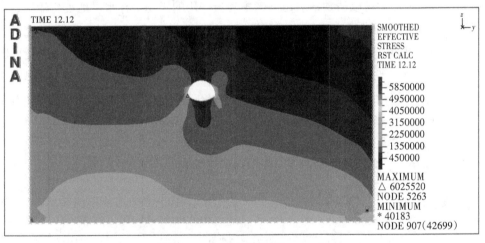

图2-11 有效应力云图(12.12 s)

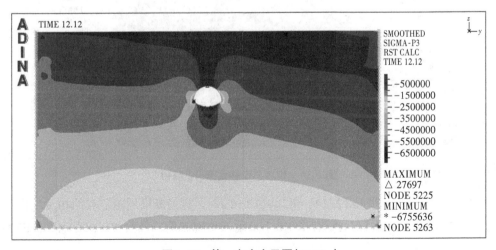

图2-12 第一主应力云图(12.12 s)

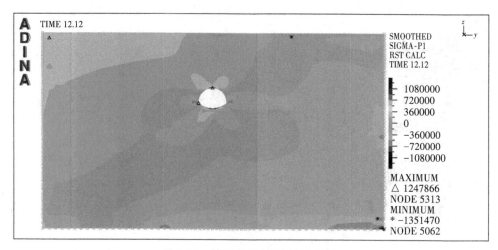

图2-13　第三主应力云图(12.12 s)

从上述应力云图中可以清楚地看出，考虑渗流作用的影响，在水平地震作用下，12.12 s时，隧道衬砌断面周围已经出现大片的塑性区，塑性区主要分布在拱肩和拱脚处，最大有效应力位于与关键点3对称的左侧拱脚节点5263上，其值为6025.520 kPa；隧道受压区主要分布于衬砌两侧（关键点2~3的部位），最大压应力为6755.636 kPa，位于与拱脚关键点3相对称的左侧拱脚节点5263处；受拉区主要分布在拱顶和拱底部位（关键点1和4的部位），最大拉应力为1247.866 kPa，位于关键点1（拱顶节点5313）处。

（2）位移计算结果及分析

地震动响应的位移结果如图2-14、图2-15、图2-16、图2-17及表2-4所示。

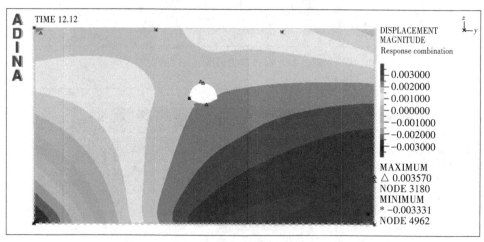

图2-14　相对总位移云图(12.12 s)

根据相对总位移云图（图2-14）可知，12.12 s时，隧道断面周围节点的相对总位移主要集中在2~5 mm区，在拱顶、拱脚和仰拱中点附近出现极值，最大相对总位移为3.570 mm。

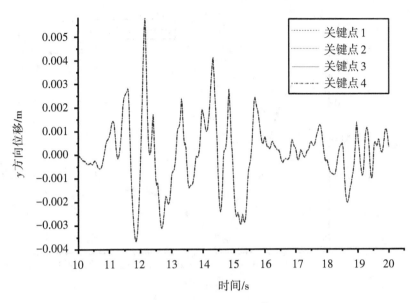

图 2-15　关键点 1～4 的 y 方向位移时程曲线

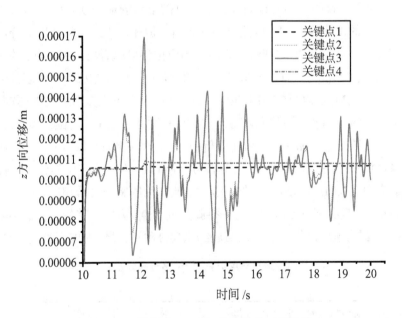

图 2-16　关键点 1～4 的 z 方向位移时程曲线

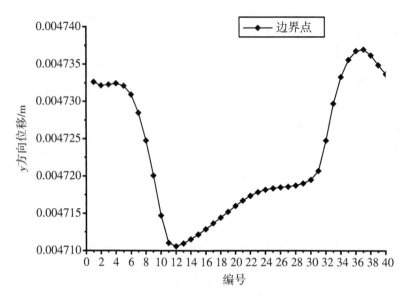

图2-17　初衬外边界节点群 y 方向位移分布曲线（12.12 s）

由图2-15和图2-16可以看出，与不考虑渗流作用的地震动响应一样，关键点1～4在 y 方向和 z 方向有独立一致的位移时程曲线，隧道衬砌结构的地震动响应位移与地震加速度密切相关，各关键点的位移均在12.12 s附近出现峰值，但相对于地震加速度的峰值存在一定的时程滞后；对比关键点1～4在 y 方向和 z 方向的响应位移可以看出，关键点3的响应位移值均为最大，最大 y 方向响应位移为6.2 mm，所以，拱脚节点（关键点3）可以表征隧道结构对地震作用的最大位移响应点。由图2-16和图2-17可知， y 方向位移远远大于 z 方向位移，二者至少相差一个数量级，因此，可以判断隧道结构的位移主要由 y 方向位移决定， z 方向位移可以忽略不计，在后续速度、加速度非对比分析中， z 方向的相关参数本章均不再阐述。对照图2-17和表2-4中的相应各点数据可知，初衬外边界节点 y 方向响应位移分布比较均匀，相差很小，其差值集中在0.01～0.02 mm；与不考虑渗流作用的影响恰恰相反，由拱顶至拱脚，其边界节点 y 方向位移具有逐点递减的趋势，拱脚附近节点 y 方向位移最小，最小响应位移节点位于关键点3处，最大响应位移节点位于拱顶的关键点1附近，最大响应位移为4.73369E-03 m。

表2-4　初衬外边界节点群 y 方向位移对应分布表（12.12 s）

单位：m

索引号	对应节点号	位移	索引号	对应节点号	位移
1	4791	4.73262E-03	21	4895	4.71674E-03
2	4796	4.73214E-03	22	4890	4.71736E-03
3	4801	4.73227E-03	23	4885	4.71784E-03
4	4806	4.73242E-03	24	4880	4.71816E-03

索引号	对应节点号	位移	索引号	对应节点号	位移
5	4811	4.73210E-03	25	4875	4.71835E-03
6	4816	4.73092E-03	26	4870	4.71848E-03
7	4821	4.72846E-03	27	4865	4.71858E-03
8	4826	4.72477E-03	28	4860	4.71873E-03
9	4831	4.72007E-03	29	4855	4.71901E-03
10	4836	4.71473E-03	30	4850	4.71950E-03
11	4841	4.71104E-03	31	4741	4.72070E-03
12	4940	4.71060E-03	32	4746	4.72478E-03
13	4935	4.71097E-03	33	4751	4.72970E-03
14	4930	4.71154E-03	34	4756	4.73329E-03
15	4925	4.71217E-03	35	4761	4.73558E-03
16	4920	4.71289E-03	36	4766	4.73677E-03
17	4915	4.71366E-03	37	4771	4.73698E-03
18	4910	4.71444E-03	38	4776	4.73619E-03
19	4905	4.71523E-03	39	4781	4.73489E-03
20	4900	4.71601E-03	40	4786	4.73369E-03

（3）速度和加速度计算结果及分析

地震动响应的速度计算结果如图2-18、图2-19、图2-20及表2-5所示，加速度计算结果如图2-21、图2-22、图2-23及表2-6所示。

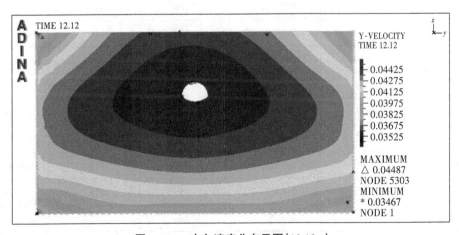

图2-18 y方向速度分布云图(12.12 s)

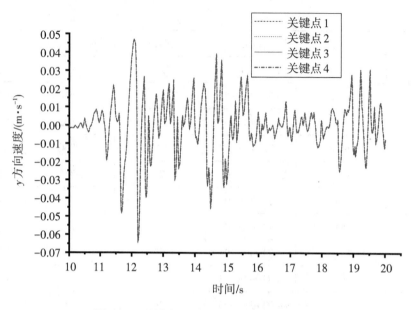

图2-19 关键点1～4的y方向速度时程曲线

表2-5 初衬外边界节点群y方向速度对应分布表（12.12 s）

单位：m/s

索引号	对应节点号	速度	索引号	对应节点号	速度
1	4791	4.48300E−02	21	4895	4.47122E−02
2	4796	4.48255E−02	22	4890	4.47144E−02
3	4801	4.48222E−02	23	4885	4.47161E−02
4	4806	4.48185E−02	24	4880	4.47171E−02
5	4811	4.48123E−02	25	4875	4.47179E−02
6	4816	4.48020E−02	26	4870	4.47185E−02
7	4821	4.47870E−02	27	4865	4.47192E−02
8	4826	4.47675E−02	28	4860	4.47208E−02
9	4831	4.47440E−02	29	4855	4.47242E−02
10	4836	4.47182E−02	30	4850	4.47297E−02
11	4841	4.46992E−02	31	4741	4.47391E−02
12	4940	4.46953E−02	32	4746	4.47655E−02
13	4935	4.46948E−02	33	4751	4.47954E−02
14	4930	4.46956E−02	34	4756	4.48185E−02

索引号	对应节点号	速度	索引号	对应节点号	速度
15	4925	4.46970E-02	35	4761	4.48347E-02
16	4920	4.46990E-02	36	4766	4.48452E-02
17	4915	4.47014E-02	37	4771	4.48500E-02
18	4910	4.47041E-02	38	4776	4.48483E-02
19	4905	4.47068E-02	39	4781	4.48424E-02
20	4900	4.47096E-02	40	4786	4.48366E-02

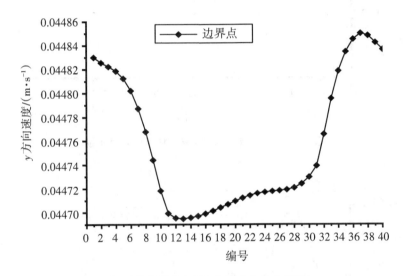

图2-20　初衬外边界节点群y方向速度分布曲线（12.12 s）

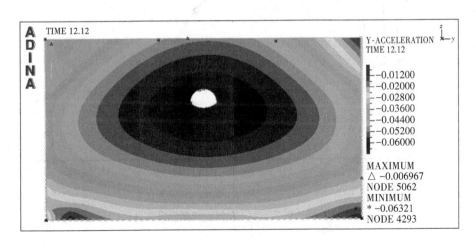

图2-21　y方向的加速度云图（12.12 s）

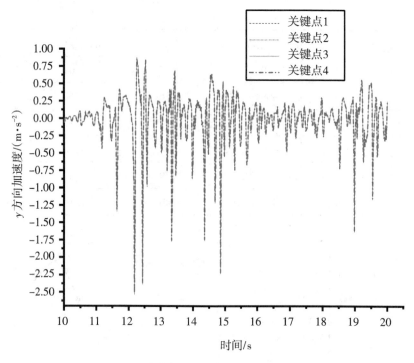

图2-22 关键点1～4的y方向加速度时程曲线

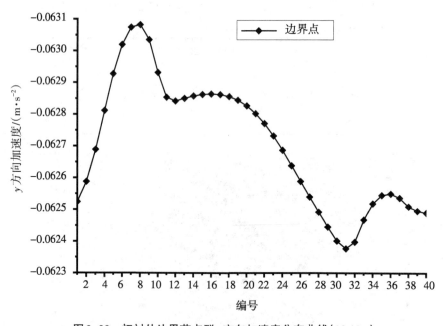

图2-23 初衬外边界节点群y方向加速度分布曲线(12.12 s)

表2-6　初衬外边界节点群 y 方向加速度对应分布表（12.12 s）

单位：m/s²

索引号	对应节点号	加速度	索引号	对应节点号	加速度
1	4791	−6.25243E−02	21	4895	−6.28024E−02
2	4796	−6.25876E−02	22	4890	−6.27710E−02
3	4801	−6.26888E−02	23	4885	−6.27321E−02
4	4806	−6.28114E−02	24	4880	−6.26867E−02
5	4811	−6.29273E−02	25	4875	−6.26380E−02
6	4816	−6.30194E−02	26	4870	−6.25883E−02
7	4821	−6.30739E−02	27	4865	−6.25396E−02
8	4826	−6.30819E−02	28	4860	−6.24919E−02
9	4831	−6.30348E−02	29	4855	−6.24450E−02
10	4836	−6.29321E−02	30	4850	−6.24009E−02
11	4841	−6.28537E−02	31	4741	−6.23769E−02
12	4940	−6.28420E−02	32	4746	−6.23979E−02
13	4935	−6.28503E−02	33	4751	−6.24674E−02
14	4930	−6.28577E−02	34	4756	−6.25185E−02
15	4925	−6.28623E−02	35	4761	−6.25453E−02
16	4920	−6.28642E−02	36	4766	−6.25497E−02
17	4915	−6.28624E−02	37	4771	−6.25366E−02
18	4910	−6.28560E−02	38	4776	−6.25091E−02
19	4905	−6.28443E−02	39	4781	−6.24956E−02
20	4900	−6.28266E−02	40	4786	−6.24894E−02

　　由图2-18和图2-21可以看出，12.12 s时，隧道断面周围节点的 y 方向速度主要分布在 0.03467～0.04487 m/s之间，y 方向加速度主要分布在0.00700～0.06320 m/s²之间，在拱顶、拱脚和仰拱中点附近均出现速度和加速度的极值。分析图2-19和图2-22可知，关键点1～4在 y 方向有独立一致的速度和加速度时程曲线，隧道衬砌结构的地震动响应速度和加速度与地震加速度密切相关，各关键点的速度和加速度均在12.12 s附近出现峰值。对比关键点1～4的 y 方向的响应速度和加速度可以看出，关键点3的地震动响应速度和加速度均为最大，最大 y 方向的响应速度为4.70935E−02 m/s，最大 y 方向的响应加速度为−2.51927 m/s²，

由此可见，拱脚节点（关键点3）可以表征隧道结构对地震作用的最大速度响应点和加速度响应点。对照图2-20和表2-5、图2-23和表2-6中的相应各点数据可知，初衬外边界各节点y方向的地震动响应速度和加速度分布比较均匀，相差很小，速度最大相差0.0002 m/s左右，加速度最大相差0.001 m/s²左右，在关键点5～7的边界节点中，y方向的速度具有递减的趋势，最大响应速度位于拱顶的关键点1附近，但其响应加速度与速度、位移具有相反的变化趋势，即y方向的加速度具有递增的趋势，最大的响应速度节点是关键点1附近的4771，最大响应速度为4.48500E-02 m/s；最大响应加速度为-6.31E-02 m/s²，位于关键点3附近的节点4826。

（4）孔隙水压力计算结果及分析

地震动响应的孔隙水压力结果如图2-24、图2-25、图2-26、图2-27、图2-28、图2-29、图2-30及表2-7所示。

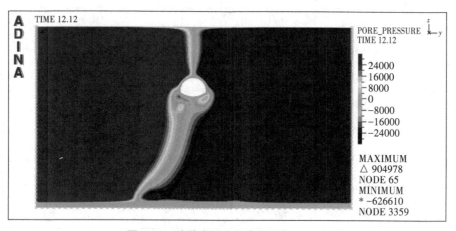

图2-24　孔隙水压力分布云图(12.12 s)

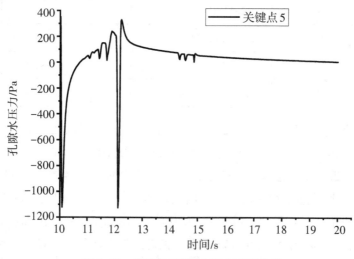

图2-25　关键点5孔隙水压力时程曲线

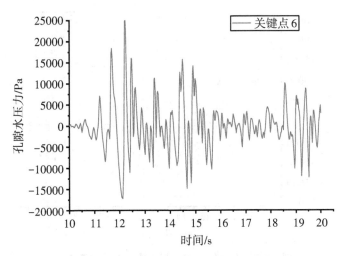

图2-26　关键点6孔隙水压力时程曲线

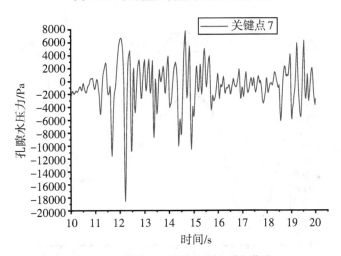

图2-27　关键点7孔隙水压力时程曲线

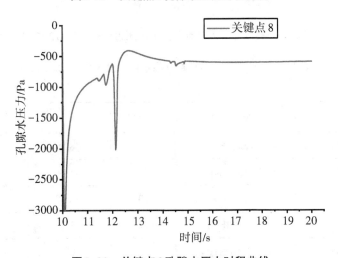

图2-28　关键点8孔隙水压力时程曲线

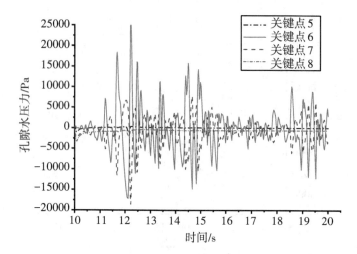

图2-29 关键点5～8孔隙水压力对比时程曲线

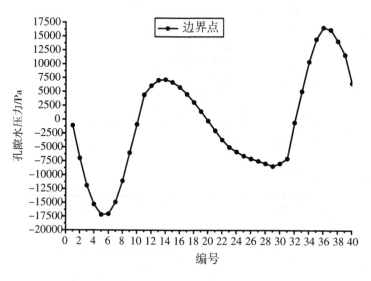

图2-30 衬砌外边界节点群孔隙水压力分布曲线(12.12 s)

表2-7 衬砌外边界节点群孔隙水压力分布表（12.12 s）

单位：Pa

索引号	对应节点号	孔隙水压力	索引号	对应节点号	孔隙水压力
1	4792	−1.12547E+03	21	4894	−2.01355E+03
2	4797	−7.03576E+03	22	4889	−3.66504E+03
3	4802	−1.19517E+04	23	4884	−5.02950E+03
4	4807	−1.53498E+04	24	4879	−5.85757E+03
5	4812	−1.72010E+04	25	4874	−6.58595E+03

索引号	对应节点号	孔隙水压力	索引号	对应节点号	孔隙水压力
6	4817	−1.70657E+04	26	4869	−7.10085E+03
7	4822	−1.49281E+04	27	4864	−7.51517E+03
8	4827	−1.10971E+04	28	4859	−7.96532E+03
9	4832	−6.03575E+03	29	4854	−8.44388E+03
10	4837	−8.94460E+02	30	4849	−7.96919E+03
11	4842	4.42275E+03	31	4742	−7.08785E+03
12	4939	6.07193E+03	32	4747	−5.54233E+02
13	4934	7.06445E+03	33	4752	5.07400E+03
14	4929	7.18616E+03	34	4757	1.04456E+04
15	4924	6.70940E+03	35	4762	1.45117E+04
16	4919	5.79239E+03	36	4767	1.66012E+04
17	4914	4.55611E+03	37	4772	1.62146E+04
18	4909	3.09031E+03	38	4777	1.41576E+04
19	4904	1.46535E+03	39	4782	1.16878E+04
20	4899	−2.61004E+02	40	4787	6.56501E+03

　　孔隙水压力是指多孔介质孔隙中充水的压力，孔隙水压力在静力的条件下、渗流的条件下及外部荷载的条件下产生，主要由原生孔隙水压力（包括静水压力和渗流孔隙水压力）和超孔隙水压力组成，它是孔隙介质中的动水压力。在地震的作用下，饱和多孔介质中孔隙水压力的变化将直接影响隧道衬砌结构的安全性和稳定性，这也是本章关注的重点。由12.12 s时的孔隙水压力分布云图（图2-24）可以看出，地震作用对影响隧道结构安全性和稳定性的孔隙水压力的影响主要集中在衬砌两侧的拱肩至拱脚处，衬砌拱肩和拱脚部位受孔隙水压力的影响最为明显；由关键点5、6、7、8的孔隙水压力时程曲线（图2-25至图2-28）可以看出，震动开始时，关键点5、8处的孔隙水压力迅速增大，变化剧烈，而关键点6、7处的孔隙水压力变化幅度很小，随着震动时间的增加，关键点5、8的孔隙水压力逐渐减小，逐步趋于稳定数值，而关键点6、7的孔隙水压力随地震加速度的增大而增大，其变化幅度与地震加速度密切相关。分析图2-29可以看出，关键点6、7处的孔隙水压力峰值远远大于关键点5、8处的孔隙水压力峰值，最大的负孔隙水压力为18.5590 kPa，位于

12.12 s时的关键点7，最大正孔隙水压力为25.3082 kPa，位于12.12 s时的关键点6，可见孔隙水压力的峰值相对于地震加速度的峰值出现了时程滞后，因此，关键点6、7处的孔隙水压力可以表征渗流作用对隧道衬砌结构的影响，应引起重视。对照图2-30和表2-7可知，12.12 s时，正、负孔隙水压力峰值分别出现在左、右侧拱肩处，最大负孔隙水压力为17.201 kPa，位于右侧拱肩关键点6处，最大正孔隙水压力为16.601 kPa，位于与关键点6对称的左侧拱肩节点4767处。

2.3　不同烈度下海底隧道结构的地震动响应

根据前述分析，关键点3可以表征隧道结构对地震作用响应的参考点，关键点6和7可以表征渗流作用对隧道衬砌结构的影响，因此，本节主要考虑了渗流作用下关键点3在不同地震烈度下的响应位移、速度、加速度，以及关键点6和7的孔隙水压力峰值的变化，通过对比，可以对不同地震烈度对隧道衬砌结构的影响做出评价。对比结果如图2-31、图2-32、图2-33、图2-34及图2-35所示。

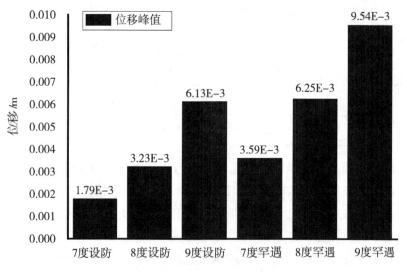

图2-31　不同地震烈度下关键点3响应位移峰值对比

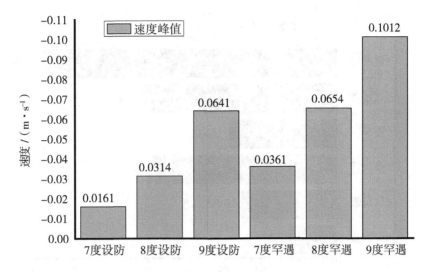

图 2-32　不同地震烈度下关键点 3 响应速度峰值对比

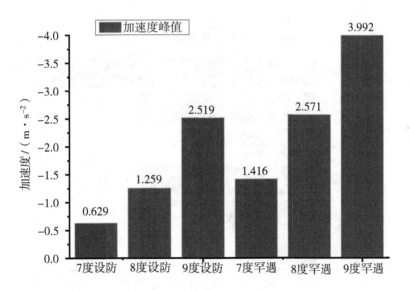

图 2-33　不同地震烈度下关键点 3 响应加速度峰值对比

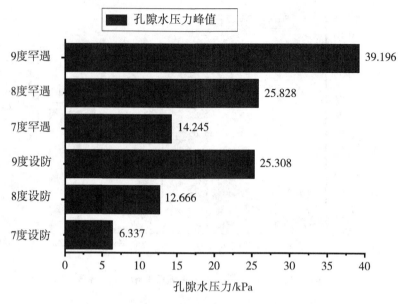

图2-34 不同地震烈度下关键点6响应孔隙水压力峰值对比

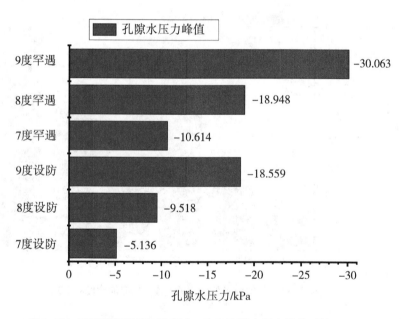

图2-35 不同地震烈度下关键点7响应孔隙水压力峰值对比

从图2-31至图2-33可以看出，不同地震烈度对隧道衬砌结构的位移、速度、加速度及孔隙水压力具有不同的影响，主要表现在位移、速度、加速度及孔隙水压力峰值均随着地震加速度的增大而增大，其增幅与地震加速度的增幅具有基本一致的比例。对比图2-34和图2-35可知，地震作用下关键点6和关键点7的孔隙水压力峰值的响应幅度和响应性质亦不同，从响应幅度考虑，关键点6的孔隙水压力峰值大于关键点7的孔隙水压力峰值；从响应性质考虑，关键点6的响应峰值为正，关键点7的响应峰值为负。

可以看出，对考虑与不考虑渗流作用下海底隧道结构流固耦合地震动响应做对比分析时，主要考虑了9度设防地震作用下的应力及关键点3的y方向响应位移、速度和加速度。

不考虑渗流作用的影响时，在隧道衬砌结构的周围几乎没有出现塑性区，只有拱脚节点出现了零星的塑性区，而考虑了渗流作用的影响后，衬砌结构周围出现了大片的塑性区，尤其是拱肩和拱脚部位，塑性区分布范围较大，说明这些部位对隧道衬砌结构的安全性和稳定性起着至关重要的作用，应特别注意加强监测和支护。比较第一主应力和第三主应力的峰值大小，可以看出，考虑渗流作用与否对主应力的影响比较小，与不考虑渗流作用相比，考虑渗流作用时，第一主应力峰值减小了约6.31%，第三主应力峰值增大了约4.14%，随着第三和第一主应力的增减，临界应力减小，隧道衬砌结构的安全性和稳定性也随之降低。y方向响应位移、速度和加速度的对比结果分别如图2-36、图2-37和图2-38所示。

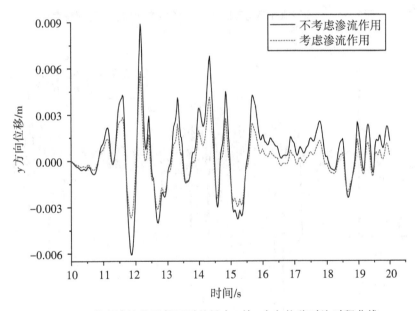

图2-36　考虑渗流作用与否时关键点3的y方向位移对比时程曲线

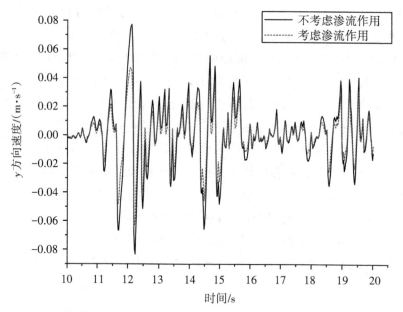

图 2-37　考虑渗流作用与否时关键点 3 的 y 方向速度对比时程曲线

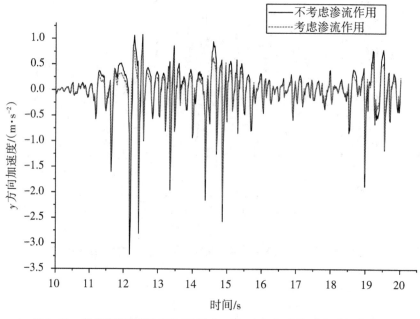

图 2-38　考虑渗流作用与否时关键点 3 的 y 方向加速度对比时程曲线

　　根据图 2-36 至图 2-38，可以看出，考虑渗流作用与否对关键点 3 的地震动响应位移、速度和加速度的整体时程曲线分布的影响很小；与不考虑渗流作用的耦合作用相比，考虑渗流作用时，关键点 3 的位移、速度和加速度具有独立一致的响应趋势。但是，在各个时刻，其位移、速度和加速度的响应幅度具有较大差距，其中，峰值位移减小了 34.8%，峰值速度减小了31.1%，峰值加速度减小了21.7%。此外，考虑渗流作用时，岩体中孔隙水压力的地震动响应亦是评价隧道衬砌结构安全性和稳定性的一个不可忽略的重要因素，最大的地震动响应孔隙水压力为25.3082 kPa，应引起足够的重视。

综上所述，通过对比考虑渗流作用时海底隧道结构的流固耦合地震动响应结果与不考虑渗流作用时的响应结果，可以得出如下结论：

①考虑渗流作用时，拱肩和拱脚处的塑性区进一步显著扩展，第一主应力减小，第三主应力增大，岩体临界应力减小，隧道衬砌结构的安全性和稳定性降低。

②隧道衬砌结构的地震动响应位移、速度、加速度及孔隙水压力与地震加速度的变化密切相关；拱脚节点是最危险的关键点，可以表征隧道结构对地震作用的响应；渗流作用对隧道衬砌结构的地震动响应位移、速度和加速度具有显著影响。

③位于海底断裂破碎带多孔围岩介质中的动水压力对隧道衬砌结构的内力具有明显的影响；隧道两侧的拱肩至拱脚部位的孔隙水压力与地震加速度具有一致的增减趋势，其中最大孔隙水压力一般出现在拱肩部位，其峰值较大，不可忽略。

④不同地震烈度对隧道衬砌结构的位移、速度、加速度及孔隙水压力具有不同的影响，地震动响应位移、速度、加速度及孔隙水压力均随着地震加速度的增大而增大，其增幅与地震加速度的增幅具有基本一致的比例。

参考文献

[1]程文瀼,康谷贻,颜德姮.混凝土结构[M].北京:中国建筑工业出版社,2002.

[2]吕西林,金国芳,吴晓涵.钢筋混凝土结构非线性有限元理论与应用[M].上海:同济大学出版社,1999.

[3]中华人民共和国建设部.混凝土结构设计规范(GB 50010—2002)[S].北京:中国建筑工业出版社,2002.

[4]高玮.岩石力学[M].北京:北京大学出版社,2010.

[5]杜修力,赵密,王进廷.近场波动模拟的人工应力边界条件[J].力学学报,2006,38(1):49-56.

[6]陈国兴.岩土地震工程学[M].北京:科学出版社,2007.

[7]刘晶波,谷音,杜义欣.一致粘弹性人工边界及粘弹性边界单元[J].岩土工程学报,2006,28(9):1070-1075.

[8]仵彦卿.岩土水力学[M].北京:科学出版社,2009.

[9]谢康和,周健.岩土工程有限元分析理论与应用[M].北京:科学出版社,2002.

[10]何川,谢红强.多场耦合分析在隧道工程中的应用[M].成都:西南交通大学出版社,2007.

第3章 波浪作用下海底隧道结构的
地震动响应

3.1 波浪

波浪是一种大家所熟知的自然现象，然而它的形成却有着复杂的原因。由于受力的不规律性，波浪的大小、形状也时时刻刻发生着变化。不同的力作用在海水上会使海水形成不同的波浪，为了更好地对波浪进行模拟仿真，必须对波浪有一个充分的了解。

波浪是一种海水受外力作用而产生波动的现象，一般所说的波浪是指海洋中由风引起的波浪。广义上讲，天体引力、海地地震、火山爆发、大气压的变化及海水密度的变化等均可以引起海水的波动。波浪荷载的复杂性、特殊性，使得海底隧道处于复杂的应力状态下。

季新然等[1]使用物理模型模拟了多向不规则波浪与群墩结构的相互作用。刘红军等[2]对桩土模型施加循环波浪荷载，分析了波浪荷载作用下桩周土体的水平应力和水平位移随时间的变化特性，以及土体的水平位移在空间分布上的差异。肖晓等[3]分析了波浪荷载下振动管道周围粉质海床的孔隙水压力响应和冲淤情况。罗刚等[4]使用Stokes波浪理论和三角级数法计算了波浪荷载和地震荷载，并建立了波浪-地震耦合作用下悬浮隧道的管体-锚索模型。Cheng等[5]考虑了围岩土体中应力场和渗流场的耦合效应，使用谐波模拟海浪，研究了海底隧道在海浪和地震作用下的动力响应。

波浪的分类方法多种多样，通常在海面上最易形成且最常见的就是风成浪，本章研究波浪时只研究这种特定的、最常见的波浪。在海洋中，海面受到风的作用而发生起伏。海面存在着张力，在张力的作用下水体由风作用下的状态恢复到原有状态时会产生微小的振动，因为此时的振动较小，所以我们将其称为波浪的初始状态。当波浪继续受风的作用时，海水从风中不断地获取能量，波浪的波高也随之增加，波长逐渐加长，因为这个时候波浪是在重力作用下恢复到原有状态的，所以我们称此时的波浪为重力波。

3.2　计算模型及参数分析

为了便于和上一章的研究结果进行对比分析，衬砌混凝土、围岩的本构模型及衬砌结构的材料参数与上一章相同。波浪参数参考相关文献，取渤海地区的常见波浪参数：周期 T =15 s；水深 d=20 m；波长 L=100 m；波高 H_0=10 m。

本章研究波浪时，取最为常见的风浪进行研究。在建立模型时，将海面设为自由液面，并添加一个简谐波用以模拟波浪的作用；考虑地震动作用下海水对海床表面的动水压力作用，将海水与上覆岩层的接触面定义为流固耦合边界；考虑黏弹性边界对地震波的吸收能力，将围岩的位移边界设置为黏弹性人工边界。所不同的是，本章还添加了一个波浪的动力作用，因此，在建立流体计算有限元模型时，应在流体模型中添加一简谐荷载，以此来模拟波浪的作用。流体计算有限元模型和结构计算有限元模型分别如图 3-1 和图 3-2 所示。

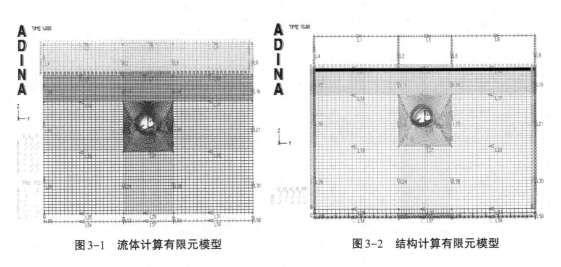

图 3-1　流体计算有限元模型　　　　图 3-2　结构计算有限元模型

3.3　模态分析

模态分析仍采用 Subspace Iteration 法，提取海底隧道结构的前 100 阶频率，如表 3-1 所示。

表3-1　模态分析的固有频率

单位:Hz

振型	频率	振型	频率	振型	频率	振型	频率
1	0.041	26	0.367	51	0.537	76	18.434
2	0.078	27	0.376	52	0.537	77	18.922
3	0.108	28	0.384	53	0.551	78	19.997
4	0.131	29	0.392	54	0.575	79	21.223
5	0.151	30	0.400	55	0.600	80	22.025
6	0.167	31	0.408	56	0.624	81	22.246
7	0.182	32	0.416	57	0.646	82	23.019
8	0.195	33	0.425	58	0.665	83	23.063
9	0.207	34	0.432	59	0.680	84	23.419
10	0.219	35	0.440	60	0.690	85	24.155
11	0.230	36	0.448	61	2.096	86	24.857
12	0.241	37	0.455	62	4.096	87	25.518
13	0.251	38	0.464	63	6.600	88	25.996
14	0.261	39	0.471	64	6.980	89	27.217
15	0.270	40	0.478	65	8.040	90	27.735
16	0.280	41	0.486	66	9.130	91	28.257
17	0.289	42	0.492	67	11.143	92	28.469
18	0.298	43	0.499	68	12.606	93	28.601
19	0.307	44	0.506	69	13.070	94	29.371
20	0.316	45	0.511	70	13.490	95	29.863
21	0.325	46	0.519	71	14.333	96	30.370
22	0.334	47	0.522	72	17.111	97	31.134
23	0.342	48	0.528	73	17.255	98	32.622
24	0.350	49	0.531	74	17.504	99	32.888
25	0.359	50	0.533	75	18.101	100	33.096

由表3-1可知，前60阶仍为海水的水波模态，第60阶以后的模态为围岩及隧道结构振型的高阶模态。仍取$\xi_1=\xi_2=\xi=0.05$，将表3-2中的第61阶和第62阶频率代入式（2-54）计

算可得，黏弹性边界条件下的 $\alpha=0.1387$，$\beta=0.0161$。

3.4　地震动响应

将8度的地震波及所选取的波浪分别导入上覆海水深度为20 m、30 m、40 m的模型进行动力计算，可以得到波浪对不同上覆海水深度下的海底隧道的作用，以分析波浪对不同上覆海水深度下的海底隧道的动力影响。本节以8度设防地震为例，给出其在有波浪和无波浪的情况下海底隧道的应力、位移、速度、加速度的计算结果，以得到波浪随海水深度不同对海底隧道的影响。

3.4.1　应力计算结果及分析

为了得到在不同上覆海水深度下波浪对海底隧道的影响，设海底隧道上覆海水深度分别为20 m、30 m和40 m，上覆岩层厚度取25 m。

（1）有波浪和无波浪时海水深度对有效应力的影响

为了得到在不同上覆海水深度下波浪对海底隧道结构有效应力的影响，分析对比在相同条件下海底隧道仅在地震作用下的应力响应，以及在地震和波浪共同作用下的应力响应，并在对比的基础上找出这两种情况下的应力响应是如何随着海水深度的变化而变化的。在上覆岩层厚度为一定值25 m，上覆海水深度分别取20 m、30 m及40 m时，海底隧道在有波浪和无波浪时的有效应力云图如表3-2所示。

表3-2　不同海水深度下有效应力云图

不同海水深度	无波浪	有波浪
海水深度为20 m时，有波浪和无波浪对海底隧道最大有效应力的影响	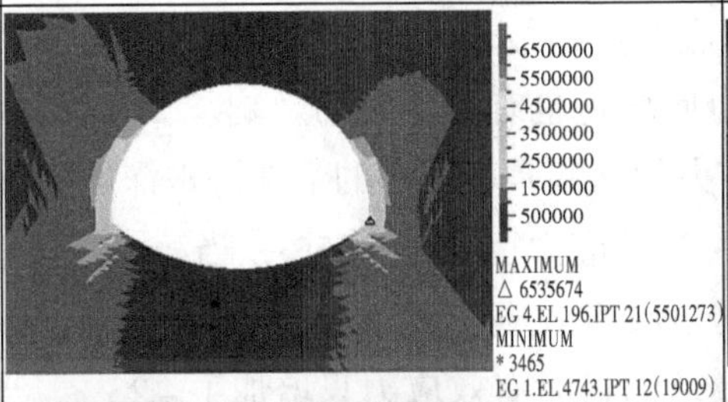	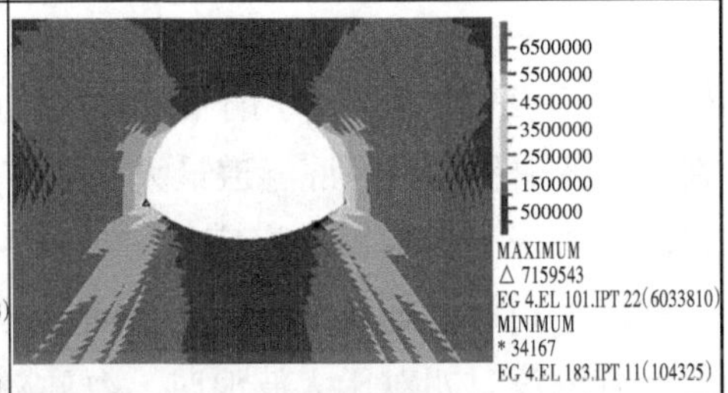
海水深度为30 m时，有波浪和无波浪对海底隧道最大有效应力的影响	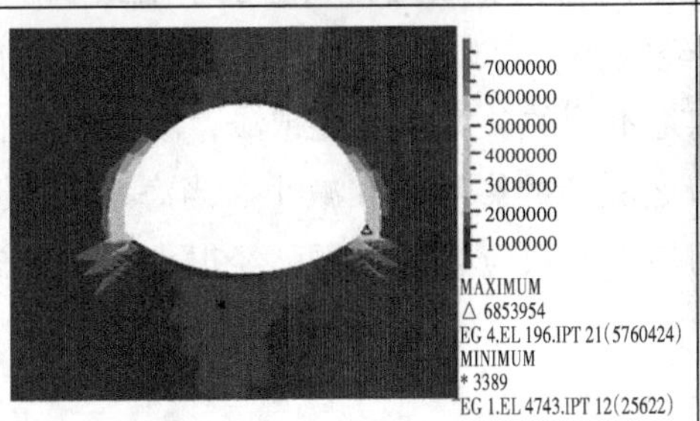	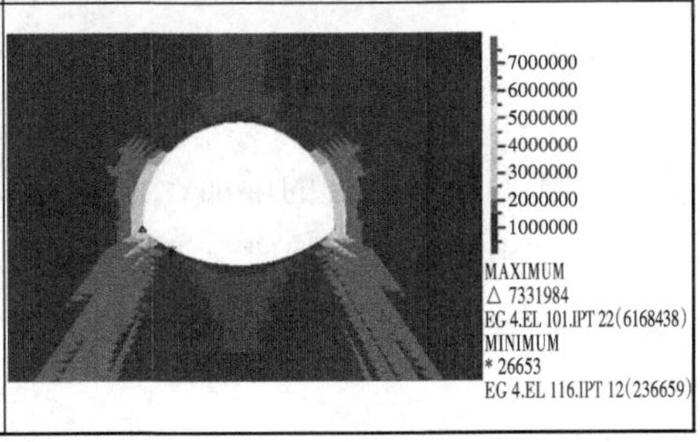

续表3-2

不同海水深度	无波浪	有波浪
海水深度为40 m时,有波浪和无波浪对海底隧道最大有效应力的影响	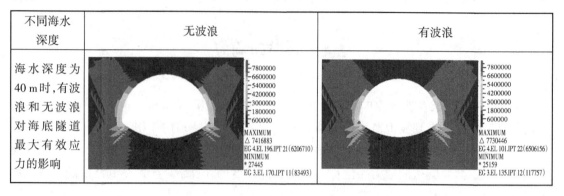	

由表3-2可以看出,无论在有波浪时还是无波浪时,海底隧道有效应力的最大值均分布在两侧拱脚处。在上覆岩层厚度为一定值25 m,上覆海水深度分别取20 m、30 m和40 m时,无波浪时围岩拱脚处的最大有效应力分别达到了6535.674 kPa、6853.954 kPa和7416.883 kPa,有波浪时围岩拱脚处的最大有效应力分别达到了7159.543 kPa、7331.984 kPa、7730.446 kPa。由此可以看出,随着海水深度的不断增加,海底隧道围岩的最大有效应力(无论在有波浪时还是无波浪时)也在不断增加,并且增幅有加大的趋势。

有无波浪时的最大有效应力对比如表3-3所示。

表3-3　有无波浪时的最大有效应力对比

海水深度/m	无波浪/kPa	有波浪/kPa	有波浪时增幅/%
20	6535.674	7159.543	9.55
30	6853.954	7331.984	6.97
40	7416.883	7730.446	4.23

由表3-3可以看出:①有波浪时海底隧道的最大有效应力均大于没有波浪时的最大有效应力,说明波浪在作用于海面时对海底隧道也有着一定的影响。②在不同海水深度下,在同一波浪作用下海底隧道最大有效应力的增幅是不一样的。在海水深度为20 m时,有波浪时相对于无波浪时,海底隧道的最大有效应力增加了9.55%;当海水深度达到30 m时,有波浪时相对于无波浪时,海底隧道的最大有效应力增加了6.97%;当海水深度达到40 m时,有波浪时相对于无波浪时,海底隧道的最大有效应力只增加了4.23%。当最大有效应力增幅小于5%时,可以认为其增幅已经很小,可以忽略。由此可知,当波浪作用于海面时,对于不同的海水深度,波浪的影响是不同的。海水深度越浅,波浪对海底隧道的影响越大,随着海水深度的增加,波浪对海底隧道的影响也在减小。当海水深度达到40 m时,有波浪时相对于无波浪时,海底隧道的最大有效应力的增幅已经很小(小于5%),此时波浪对海底隧道的影响基本可以忽略。

（2）有波浪和无波浪时海水深度对第一主应力的影响

分析对比在相同条件下海底隧道仅在地震作用下的应力响应，以及在地震和波浪共同作用下的应力响应，并在对比的基础上找出这两种情况下的应力响应是如何随着海水深度的变化而变化的。在上覆岩层厚度为一定值25 m，上覆海水深度分别取20 m、30 m及40 m时，海底隧道在有波浪和无波浪时的第一主应力云图如表3-4所示。

表3-4 不同海水深度下第一主应力云图

不同海水深度	无波浪	有波浪
海水深度为20 m时，有波浪和无波浪对海底隧道最大第一主应力的影响	833333 500000 166667 −166667 −500000 −833333 −1166667 MAXIMUM △ 965022 EG 4.EL 126.IPT 22(900666) MINIMUM * −1413180 EG 2.EL 100.IPT 22(−1208242)	833333 500000 166667 −166667 −500000 −833333 −1166667 MAXIMUM △ 1179006 EG 4.EL 156.IPT 21(1746774) MINIMUM * −1366780 EG 1.EL 3201.IPT 12(−1135319)
海水深度为30 m时，有波浪和无波浪对海底隧道最大第一主应力的影响	900000 540000 180000 −180000 −540000 −900000 −1260000 MAXIMUM △ 1127558 EG 4.EL 51.IPT 12(1063733) MINIMUM * −1388498 EG 1.EL 3201.IPT 12(−1156015)	900000 540000 180000 −180000 −540000 −900000 −1260000 MAXIMUM △ 1216114 EG 4.EL 51.IPT 12(1157313) MINIMUM * −1239304 EG 1.EL 3201.IPT 12(−991627)
海水深度为40 m时，有波浪和无波浪对海底隧道最大第一主应力的影响	1400000 1000000 600000 200000 −200000 −600000 −1000000 MAXIMUM △ 1590868 EG 3.EL 152.IPT 11(1564249) MINIMUM * −1308296 EG 1.EL 3201.IPT 12(−1087288)	1400000 1000000 600000 200000 −200000 −600000 −1000000 MAXIMUM △ 1652687 EG 3.EL 152.IPT 22(1622068) MINIMUM * −1353494 EG 1.EL 3201.IPT 12(−1110383)

由表3-4可以看出，无论是在有波浪时还是无波浪时，海底隧道的受拉区一般都分布在拱顶及仰拱部位，这说明海底隧道结构的拱顶和仰拱部位在地震作用下会率先出现受拉破坏，在修建海底隧道时应注意这些部位的受拉加强。在上覆岩层厚度为一定值25 m，上覆海水深度分别取20 m、30 m和40 m时，无波浪时拉应力极值分别达到了965.022 kPa、1127.558 kPa和1590.868 kPa，有波浪时拉应力极值分别达到了1179.006 kPa、1216.114 kPa和1652.682 kPa。拉应力的大小随着海底隧道上覆海水深度的增加而增加，并且变化较为均匀。

有无波浪时的最大第一主应力对比如表3-5所示。

表3-5　有无波浪时的最大第一主应力对比

海水深度/m	无波浪/kPa	有波浪/kPa	有波浪时增幅/%
20	965.022	1179.006	22.18
30	1127.558	1216.114	7.85
40	1590.868	1652.682	3.89

由表3-5可以看出：①有波浪时海底隧道的最大拉应力均大于没有波浪时的最大拉应力，说明波浪在作用于海面时对海底隧道的受拉区也有着一定的影响。②虽然波浪对海底隧道的受拉区有影响，但在不同海水深度下，在同一波浪作用下海底隧道最大拉应力的增幅是不一样的。在海水深度为20 m时，有波浪时相对于无波浪时，最大拉应力增加了22.18%；当海水深度达到30 m时，有波浪时相对于无波浪时，最大拉应力增加了7.85%；当海水深度达到40 m时，有波浪时相对于无波浪时，最大拉应力只增加了3.89%。当最大拉应力增幅小于5%时，可以认为其增幅已经很小，可以忽略。由此可知，当波浪作用于海面时，对于不同的海水深度，波浪的影响是不同的。海水深度越浅，波浪对海底隧道的影响越大，随着海水深度的增加，波浪对海底隧道的影响也在减小。当海水深度达到40 m时，有波浪时相对于无波浪时，海底隧道的最大拉应力的增幅已经很小（小于5%），此时波浪对海底隧道的影响基本可以忽略。

（3）有波浪和无波浪时海水深度对第三主应力的影响

为了得到在不同上覆海水深度下波浪对海底隧道结构第三主应力的影响及其变化过程，分析对比在相同条件下海底隧道仅在地震作用下的应力响应，以及在地震和波浪共同作用下的应力响应，并在对比的基础上找出这两种情况下的应力响应是如何随着海水深度的变化而变化的。在上覆岩层厚度为一定值25 m，上覆海水深度分别取20 m、30 m及40 m时，海底隧道在有波浪和无波浪时的第三主应力云图如表3-6所示。

表3-6　不同海水深度下第三主应力云图

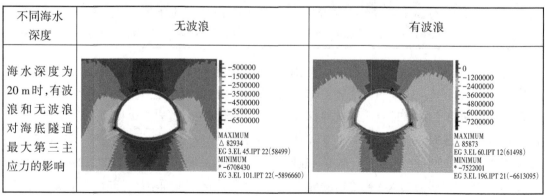

不同海水深度	无波浪	有波浪
海水深度为20 m时,有波浪和无波浪对海底隧道最大第三主应力的影响		

不同海水深度	无波浪	有波浪
海水深度为30 m时,有波浪和无波浪对海底隧道最大第三主应力的影响	-600000 -1800000 -3000000 -4200000 -5400000 -6600000 -7800000 MAXIMUM △ 131273 EG 4.EL 178.IPT 21(113021) MINIMUM * -8176467 EG 4.EL 101.IPT 22(-7072488)	-600000 -1800000 -3000000 -4200000 -5400000 -6600000 -7800000 MAXIMUM △ 99422 EG 4.EL 122.IPT 22(96960) MINIMUM * -8878745 EG 4.EL 196.IPT 21(-7671055)
海水深度为40 m时,有波浪和无波浪对海底隧道最大第三主应力的影响	-666668 -2000001 -3333334 -4666667 -6000000 -7333333 -8666666 MAXIMUM △ 114235 EG 4.EL 177.IPT 21(110523) MINIMUM * -8888265 EG 4.EL 101.IPT 22(-7688320)	-7.500E+05 -2.250E+06 -3.750E+06 -5.250E+06 -6.750E+06 -8.250E+06 -9.750E+06 MAXIMUM △ 134685 EG 4.EL 181.IPT 21(114155) MINIMUM * -9518224 EG 4.EL 196.IPT 21(-8167068)

由表3-6可以看出,无论是在有波浪时还是无波浪时,海底隧道的受压区均主要分布在拱脚及两侧拱腰部位,因此,在拱脚和拱腰处需要考虑其受压破坏。在上覆岩层厚度为一定值25 m,上覆海水深度分别取20 m、30 m和40 m时,无波浪时压应力极值分别达到了6708.430 kPa、8176.467 kPa和8888.265 kPa,有波浪时压应力极值分别达到了7522.001 kPa、8878.745 kPa和9518.224 kPa。压应力的大小随着海底隧道上覆海水深度的增加而增加,并且变化较为均匀。

有无波浪时的最大第三主应力对比如表3-7所示。

表3-7 有无波浪时的最大第三主应力对比

海水深度/m	无波浪/ kPa	有波浪/ kPa	有波浪时增幅/%
20	6708.430	7522.001	12.13
30	8176.467	8878.745	8.59
40	8888.265	9518.224	7.09

由表3-7可以看出:①有波浪时海底隧道的最大压应力均大于没有波浪时的最大压应力,说明波浪在作用于海面时对海底隧道的受压区也有着一定的影响。②虽然波浪对海底隧道的压拉区有影响,但在不同海水深度下,在同一波浪作用下海底隧道最大压应力的增幅是不一样的。在海水深度为20 m时,有波浪时相对于无波浪时,最大压应力增加了

12.13%；当海水深度达到30 m时，有波浪时相对于无波浪时，最大压应力增加了8.59%；当海水深度达到40 m时，有波浪时相对于无波浪时，最大压应力只增加了7.09%。由此可知，当波浪作用于海面时，对于不同的海水深度，波浪的影响是不同的。海水深度越浅，波浪对海底隧道的影响越大，随着海水深度的增加，波浪对海底隧道的影响也在减小。

3.4.2 海水深度对海底隧道结构位移的影响

为了得到在不同上覆海水深度下，在地震的动力作用下波浪对海底隧道围岩位移的影响，设海底隧道上覆海水深度分别为20 m、30 m和40 m，上覆岩层厚度取25 m，分析对比有波浪时和无波浪时的位移情况。

地震动响应的位移结果如图3-3、图3-4、图3-5、图3-6及表3-8所示。

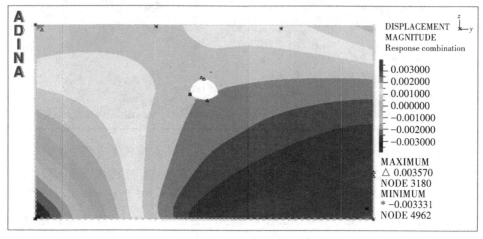

图3-3 相对总位移云图(12.12 s)

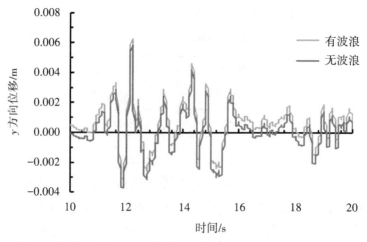

图3-4 海水深度为20 m时拱脚关键点处 y 方向位移对比时程曲线

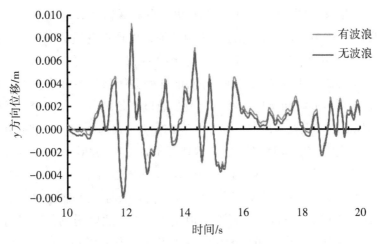

图3-5　海水深度为30 m时拱脚关键点处 y 方向位移对比时程曲线

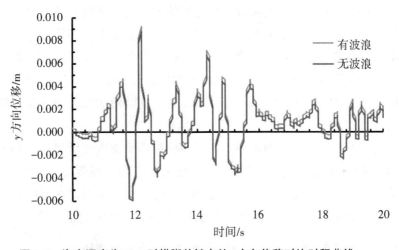

图3-6　海水深度为40 m时拱脚关键点处 y 方向位移对比时程曲线

为了得到不同上覆海水深度在波浪的作用下对海底隧道结构位移的影响，考虑渗流及地震作用，在不同海水深度下隧道结构拱脚关键点处 y 方向（水平方向）最大位移如表3-8所示。

表3-8　不同海水深度下拱脚关键点处 y 方向最大位移

最大位移及增幅	上覆海水深度		
	20 m	30 m	40 m
无波浪时最大位移/mm	5.83	8.70	8.69
有波浪时最大位移/mm	6.26	9.21	9.23
位移增幅/%	7.38	5.86	6.21

根据相对总位移云图（图3-3）可以看出，海底隧道加载地震波模拟时，在12.16 s的时刻，隧道断面周围节点的相对总位移出现极值，出现在隧道的拱顶、拱脚和仰拱中点附近，最大相对总位移为3.57 mm。由图3-4、图3-5和图3-6可以看出，与不考虑波浪作用时的地震动响应类似，拱脚关键点在y方向的唯一曲线与地震波有独立一致的位移时程曲线，隧道衬砌结构的地震动响应位移与地震加速度密切相关，各关键点的位移均在12.16 s附近出现位移峰值。在上覆岩层厚度为一定值25 m，上覆海水深度分别取20 m、30 m和40 m时，无波浪时海底隧道的位移极值分别达到了5.83 mm、8.70 mm和8.69 mm，有波浪时海底隧道的位移极值分别达到了6.26 mm、9.21 mm和9.23 mm。对比图3-4、图3-5和图3-6可以看出，有波浪和无波浪时的位移极值出现在相同的时刻（即12.16 s），这与地震波的峰值出现的时刻（12.12 s）很接近，说明在地震作用下海底隧道的位移极值由地震波的大小及其特性起决定性作用。位移极值的大小随着海底隧道上覆海水深度的增加而增大，但是增幅逐渐减小，当海水深度达到40 m时，海底隧道的位移不再增加。

由表3-8可以看出：①有波浪时海底隧道的位移均大于没有波浪时的位移，但是增加的幅值不是很大。②虽然波浪对海底隧道的位移变化有影响，但在不同海水深度下，在同一波浪作用下海底隧道最大位移的增幅是不一样的。在海水深度为20 m时，有波浪时相对于无波浪时，最大位移增加了7.38%；当海水深度达到30 m时，有波浪时相对于无波浪时，最大位移增加了5.86%；当海水深度达到40 m时，有波浪时相对于无波浪时，最大位移增加了6.21%。

由此可知，当波浪作用于海面时，对于不同的海水深度，波浪的影响是不同的，但是海水深度的变化对海底隧道位移的影响不是很大。在同一覆盖层厚度、同一烈度的地震、同一波浪的作用下，海底隧道y方向的最大位移均随着海水深度的增加而增加，但增幅随海水深度的增加而逐渐减缓，当海水深度达到40 m时几乎不增加。

3.4.3　海水深度对海底隧道结构速度、加速度的影响

为了得到在不同上覆海水深度下，在地震的动力作用下波浪对海底隧道围岩速度的影响，取海底隧道上覆海水深度为20 m，取上覆岩层厚度为25 m，分析对比有波浪时和无波浪时海底隧道速度和加速度的变化情况。由前面的分析可知，海水深度越浅，波浪对海底隧道地震动响应的影响越明显。

地震动响应的速度、加速度结果如图3-7、图3-8及表3-9所示。

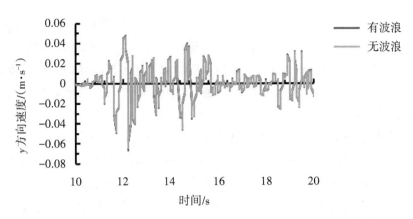

图3-7　海水深度为20 m时拱脚关键点处 y 方向速度对比时程曲线

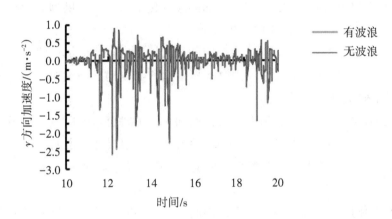

图3-8　海水深度为20 m时拱脚关键点处 y 方向加速度对比时程曲线

表3-9　海水深度为20 m时拱脚关键点处 y 方向最大速度、加速度

	最大速度	最大加速度
无波浪	0.0650 m/s	4.73 m/s²
有波浪	0.0665 m/s	4.77 m/s²
增幅	2.31%	0.85%

在上覆岩层厚度为一定值25 m，上覆海水深度为20 m时，无波浪时海底隧道的速度极值达到了0.0650 m/s，有波浪时海底隧道的速度极值达到了0.0665 m/s。通过图3-7可以看出，有波浪时和无波浪时的速度极值出现在相同的时刻，这与地震波的峰值出现的时刻（12.12 s）很接近，说明在地震作用下海底隧道的速度极值由地震波的大小及其特性起决定性作用。由图3-8可以看出，无波浪时海底隧道的加速度极值达到了4.73 m/s²，有波浪时海底隧道的加速度极值达到了4.77 m/s²。通过图3-8可以看出，有波浪时和无波浪时的加速度极值出现在相同的时刻（即12.16 s），这与海底隧道的速度极值出现的时刻相同，说明在地

震作用下海底隧道的加速度极值也是由地震波的大小及其特性起决定性作用的。由表3-9可以看出,有波浪时海底隧道的速度极值、加速度极值均大于没有波浪时的数值,但是增加的幅值很小。在海水深度为20 m时,有波浪时相对于无波浪时,最大速度增加了2.31%,最大加速度仅增加了0.85%。由此可知,当波浪作用于海面时,对海底隧道的速度极值和加速度极值的影响不是很大。

通过对比分析在地震动响应下海底隧道在有无波浪时各种应力的大小,以及拱脚关键点处在不同海水深度(20 m、30 m、40 m)下 y 方向响应的位移时程曲线,可以得到:

①随着海水深度的增加,隧道结构的最大有效应力、第一主应力和第三主应力均有所增加;但波浪对各个应力的增加作用随着海水深度的增加逐渐减小,当海水深度达到40 m时,波浪对应力的增幅作用已经很小(增幅小于5%),影响非常小,可以忽略。

②隧道衬砌结构的地震动响应与位移的响应变化密切相关;拱脚关键点处的位移极值可以用来表征隧道结构对地震作用的响应。

③随着海水深度的增加,隧道结构响应的最大位移也有所增加;但波浪对位移的增加作用随着海水深度的增加逐渐减小,当海水深度达到40 m时,波浪对位移的增幅作用已经非常小了,增幅效果更加不明显。

④在地震的作用下,海底隧道在有波浪时和无波浪时位移的极值均出现在相同的时刻(即12.16 s),这与地震波的峰值出现的时刻(12.12 s)很接近,说明在地震作用下海底隧道的位移极值由地震波的大小及其特性起决定性作用,波浪对海底隧道的位移有增加作用,但不是很明显。

⑤在地震的作用下,海底隧道在有波浪时和无波浪时,速度、加速度的极值均出现在相同的时刻(即12.16 s),说明在地震作用下海底隧道的速度极值、加速度极值均是由地震波的大小及其特性起决定性作用的,波浪对海底隧道速度、加速度的增幅作用很小。

参考文献

[1]季新然,邹丽,柳淑学,等.多向不规则波浪作用下群墩结构所受波浪力的实验研究[J].工程力学,2019,36(10):238-243.

[2]刘红军,孙鹏鹏,胡瑞庚,等.波浪荷载作用下单桩基础桩周土体的应力位移分析[J].中国海洋大学学报(自然科学版),2020,50(S1):137-144.

[3]肖晓,冯秀丽,姜建新,等.波浪荷载下振动管道周围粉质海床的孔压响应和冲刷室内水槽研究[J].中国石油大学学报(自然科学版),2021,45(3):133-141.

[4]罗刚,张玉龙,潘少康,等.波浪地震耦合作用下悬浮隧道动力响应分析[J].工程力学,2021,38(2):211-220,231.

[5]CHENG X S,LI G L,CHEN J,et al. Seismic response of a submarine tunnel under the action of a sea wave[J]. Marine Structures,2018,60:122-135.

第4章 渗流和温度作用下海底隧道结构的地震动稳定

4.1 岩土热力学的基本原理

4.1.1 热传递方式

在自然界中，只要有温度，就会存在热量的传递问题，而热量的传递就会造成温度的不均匀分布，此时由于隧道岩体结构的外在约束及结构内部的相互约束，岩体结构不能完全自由胀缩，就会产生温度应力。热传递的方式有热传导、热对流及热辐射三种：

（1）热传导

当存在温差时，能量就从高温部位传递到低温部位，或者当存在温差的物体接触时，能量就从高温物体传递到低温物体的现象。

（2）热对流

热对流的过程主要发生在液体或气体中高温部分和低温部分之间，热量反复地循环流动使得温度达到均匀分布。热对流又可分为自然对流和强迫对流，自由对流是由于温度的不均匀分布而自然发生的，强迫对流是由于外部条件的影响对流体的搅拌而形成的。

（3）热辐射

热辐射是以电磁波的方式向外传递热量或能量的过程，它可以不需要中间介质直接将热量从一个物体传导到另一个物体，这个特点使得热辐射成为真空中传热的唯一方式。地下隧道工程处于地壳浅层中，岩体温度变化的幅度非常小，所以热辐射的热量可以忽略不计。

本章考虑热传导方式对结构的影响。

4.1.2 稳态导热的原理

（1）稳态导热定律

根据温度是否随时间发生变化的原则，可以将温度场分为不随时间改变的稳态温度场和随时间改变的非稳态温度场，其中，稳态温度场包括一维稳态温度场、二维稳态温度场和三维稳态温度场。

热传导原理是由傅立叶在1822年提出的，表示单位时间内通过截面的热量与温度梯度、截面面积成正比，并且热量由温度高的方位向温度低的方位传递，表达式为

$$Q_h = -\lambda_e A \frac{\partial T}{\partial n}$$

或

$$q = -\lambda_e \frac{\partial T}{\partial n} \tag{4-1}$$

式中，负号代表热流传向温度降低的方向；$\frac{\partial T}{\partial n}$ 是等温面法线方向的温度梯度；q 是热流密度，单位为 W/m^2；λ_e 是材料的导热系数，导热系数与材料的种类及其所处的状态有关。

在直角坐标中，傅立叶导热定律的表达式为

$$q = -\lambda_x \frac{\partial T}{\partial x} i - \lambda_y \frac{\partial T}{\partial y} j - \lambda_z \frac{\partial T}{\partial z} k \tag{4-2}$$

式中，λ_x、λ_y 和 λ_z 表示导热系数分量。

（2）稳态导热微分方程

假设所定义的岩体是个质量不发生变化的封闭系统，并且为各向同性的连续介质，材料的导热系数及比热不随温度的变化而发生变化，此时系统的热量有表面导热传入的热量 Q_1 和系统内部热源发热产生的热量 Q_2。单位时间内由岩体表面的导热进入岩体系统的热量为 Q_1，表达式为

$$Q_1 = -\int_A q \mathrm{d}A = --\int_V \nabla \cdot q \mathrm{d}V \tag{4-3}$$

式中，$\mathrm{d}A$ 是面积元向量，可利用散度定理将面积元向量转换为体积元向量。式中的 $\nabla \cdot q$ 是热流密度 q 的散度，如下式：

$$\nabla \cdot q = \frac{\partial q_x}{\partial x} + \frac{\partial q_y}{\partial y} + \frac{\partial q_z}{\partial z} \tag{4-4}$$

单位时间内，内热源产生的热量 Q_2 为

$$Q_2 = \int_V q_V \mathrm{d}V \tag{4-5}$$

式中，q_V 为内热源的体积发热率。

单位时间内体积中热量的增加 Q_3 可由下式得到：

$$Q_3 = -\int_V \rho c \frac{\partial T}{\partial \tau} \mathrm{d}V \tag{4-6}$$

则可联立式（4-3）、式（4-5）和式（4-6），并通过能量守恒建立平衡方程

$$\int_V (-\nabla \cdot q + q_V - \rho c \frac{\partial T}{\partial \tau}) \mathrm{d}V = 0 \tag{4-7}$$

式（4-7）对整个空间域都适用，对体系内的微元体积同样适用，故去掉上式积分号，得到

$$\rho c \frac{\partial T}{\partial \tau} = -\nabla \cdot q + q_v \tag{4-8}$$

由傅立叶导热定律式（4-1）可得到热流向量。将式（4-1）代入式（4-8），可得到系统内有内热源且导热系数不随温度发生变化的导热微分方程，即

$$\frac{\partial T}{\partial \tau} = a\nabla^2 T + \frac{q_v}{\rho c} \tag{4-9}$$

式中，∇^2 是拉普拉斯算子；a 是材料的热扩散系数，可由 $\lambda/\rho c$ 得到。

而在常物性且无内热源时，可将方程（4-9）简化为

$$\frac{\partial T}{\partial \tau} = a\nabla^2 T \tag{4-10}$$

因此，稳态无内热源的微分方程可简化为

$$\nabla^2 T = 0$$

或

$$\frac{\partial^2 T}{\partial x^2} + \frac{\partial^2 T}{\partial y^2} + \frac{\partial^2 T}{\partial z^2} = 0 \tag{4-11}$$

以上式为基础，一维、二维温度场的形式也可导出。

（3）稳态导热温度场的边界条件

对温度场的控制方程进行描述时需要单值性条件，也就是初始条件和边界条件。初始条件表示在 $t=0$ 时的温度，表达式为

$$T(x,y,z,t) = T_0(x,y,z,t) \tag{4-12}$$

式中，T 表示温度；t 表示时间。

而边界条件有三种形式，分别是给定任意时间边界温度值、给定任意时间边界面上的热流密度值、给定边界面外流体的温度 T_f 和热扩散系数 a。本章采用第一种边界条件，即

$$T|_S = T_0 \tag{4-13}$$

式中，S 为边界面；T_0 即是给定的温度值。

4.2 单向地震作用下海底隧道结构的地震动稳定

本节以青岛胶州湾海底隧道工程为计算依据，由于工程所在的地质系统决定了渗流、温度作用存在和传递的客观原因，故利用 ADINA 软件分别建立结构场模型和流体场模型，设置黏弹性人工边界条件。考虑渗流作用（即静水压力），并考虑温度的热传导对材料的影响及单向水平地震荷载，通过热分析及流固耦合分析，研究温度作用、渗流作用及地震作用共同对结构稳定性的影响。运用动力有限元静力强度折减法，得到不同海水深度、不同

上覆岩层厚度和不同渗透系数对地震动稳定安全系数、有效应力、主应力和位移的影响，并研究海水深度、上覆岩层厚度、渗透系数与地震稳定安全系数、有效应力、主应力和位移的变化规律。

4.2.1 数值仿真

（1）计算参数

为了保证模拟过程的准确性，本章中将围岩及衬砌结构混凝土的本构关系定义为 Mohr-Coulomb 材料模型，温度场采用各向同性热传导材料模型；初衬砌厚度取 0.30 m，二衬砌厚度取 0.50 m；海水采用无压缩的常参数模型 Constant，单元采用 FCBI-C 单元，重度为 10.09 kN/m³，默认体积模量为 1020 Pa。材料参数及材料热力学参数分别见表4-1、表4-2。

表4-1　材料参数表

材料名称	弹性模量 E/GPa	泊松比 υ	重度 γ/（kN·m⁻³）	黏聚力 c/ kPa	内摩擦角 φ/（°）	孔隙率 n/%	渗透性 K/（m·s⁻¹）	抗拉强度 σ/ kPa
透水围岩	2	0.330	26.0	500	50.0	0.2	1.00E-06	—
不透水围岩	2	0.330	26.0	500	50.0	—	—	—
初衬砌	30	0.167	24.5	3180	54.9	—	—	2.01
二衬砌	30	0.167	24.5	3180	54.9	—	—	2.01

表4-2　材料热力学参数表

材料名称	导热系数 /（W·m⁻¹·K⁻¹）	热膨胀系数 /K⁻¹	比热/（J·kg⁻¹·K⁻¹）
围岩	2.177	6.62×10⁻⁶	0.760
衬砌	1.510	10.00×10⁻⁶	1.004

（2）分析模型的建立

1）动力分析模型的建立

本节中采用的胶州湾海底隧道模型的原始跨度为 14.5 m，高度为 11.25 m，覆盖层厚度为 25 m，海水深度为 20 m。考虑围岩强度储备问题和数值模拟过程的效率等，自半无限空间体中隧道底部取 5 倍洞室高度（即 56.25 m），隧道左右两侧各取 5 倍洞室跨度（即 72.5 m），这即为隔离体的计算范围。为了模拟海面波浪运动作用，在模型中将海水表面定义为 Free Surface；为了模拟地震荷载下海水对海床的影响，在模型中将海水同岩体的接触面定义为 Fluid-Structure-Interaction Boundary；为了保证边界条件对地震波的吸收能力，将模型两侧边界设置为黏弹性人工边界；考虑渗流作用，即海水静水压力对稳定性的影响。动力分析模型如图4-1所示，若将两侧边界条件改为水平约束，去掉黏弹性人工边界，则为静力分析模型。

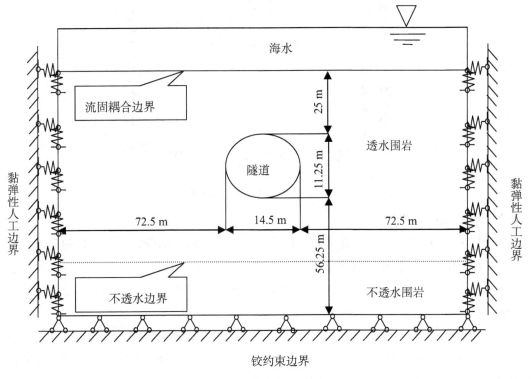

图4-1　动力分析模型

2）热分析模型的建立

根据海底隧道的跨径、高度及覆盖层等，选用2D-Conduction单元，针对围岩及衬砌结构选用各向同性热传导材料模型，在海水和上覆围岩的交界处设置温度T_1，在围岩结构最底面设置温度T_2。其中，温度T_1取海水平均温度3.8 ℃，对于温度T_2的确定，通过正常增温区预测经验公式（4-14）计算，取为6.8 ℃。海底隧道热分析模型如图4-2所示。

$$T_2 = T_1 + (H - h)g_t \tag{4-14}$$

式中，H为推算出的距地表深度；h为恒温层距地表深度；g_t为地温梯度，查资料取全球平均地温梯度0.03 ℃/m。

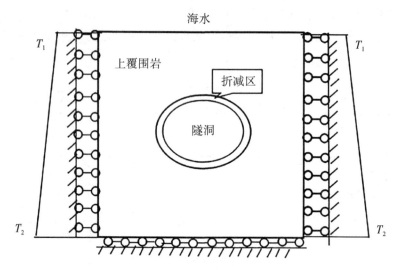

图4-2　海底隧道热分析模型

（3）单元选择与网格划分

在ADINA软件中，单元的算法和本构关系是独立的两个部分，单元选择的依据主要是所建模型的几何特点和使用要求，因此，本章中对海底隧道衬砌及围岩结构的单元选用2-D Solid Group，对海水的单元选用2-D Fluid Group，对黏弹性人工边界的单元选用Spring Group。

在ADINA软件中，传统在网格划分的选择方面有映射网格划分和自由网格划分两种。本章选择映射网格划分方法，进行网格划分后的流体计算模型和结构计算模型分别如图4-3和图4-4所示。

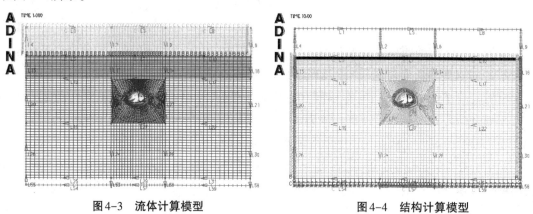

图4-3　流体计算模型　　　　　　　　　图4-4　结构计算模型

为了保证计算的准确性，温度场计算模型网格的划分需同结构场一致，温度场计算模型及温度分布云图分别如图4-5、图4-6所示。

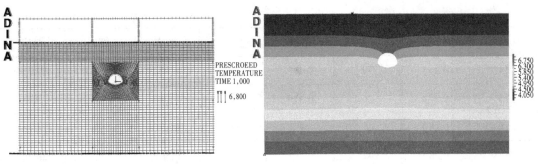

图4-5　温度场计算模型　　　　　　　　　图4-6　温度分布云图

（4）模态分析

模态分析采用Subspace Iteration法，提取海底隧道结构的前100阶频率，如表4-3所示。由表4-3可知，频率结果包含两种模态，前60阶均为水波振动模态，第60阶后为隧道围岩结构的高阶模态。为了研究地震分析中的Rayleigh阻尼常数 α 和 β，设 $\xi = 0.05$，将2.095、4.094分别作为 ω_1 和 ω_2，计算可得到黏弹性人工边界下Rayleigh阻尼常数 $\alpha = 0.1386$，$\beta = 0.0162$。

表4-3　模态分析的固有频率

单位：Hz

振型	频率	振型	频率	振型	频率	振型	频率
1	0.042	26	0.365	51	0.535	76	18.433
2	0.079	27	0.372	52	0.539	77	18.921
3	0.109	28	0.384	53	0.552	78	19.996
4	0.132	29	0.391	54	0.574	79	21.221
5	0.152	30	0.400	55	0.600	80	22.025
6	0.166	31	0.407	56	0.623	81	22.243
7	0.181	32	0.417	57	0.645	82	23.018
8	0.194	33	0.423	58	0.664	83	23.062
9	0.205	34	0.431	59	0.681	84	23.418
10	0.217	35	0.442	60	0.692	85	24.152
11	0.231	36	0.449	61	2.095	86	24.856
12	0.242	37	0.454	62	4.094	87	25.517
13	0.253	38	0.463	63	6.600	88	25.995

续表4-3

振型	频率	振型	频率	振型	频率	振型	频率
14	0.261	39	0.472	64	6.981	89	27.216
15	0.272	40	0.479	65	8.040	90	27.735
16	0.280	41	0.488	66	9.130	91	28.256
17	0.289	42	0.491	67	11.142	92	28.468
18	0.299	43	0.499	68	12.602	93	28.602
19	0.306	44	0.507	69	13.072	94	29.371
20	0.315	45	0.512	70	13.491	95	29.862
21	0.324	46	0.518	71	14.332	96	30.370
22	0.332	47	0.523	72	17.112	97	31.133
23	0.341	48	0.527	73	17.254	98	32.621
24	0.350	49	0.532	74	17.503	99	32.887
25	0.358	50	0.534	75	18.102	100	33.095

4.2.2 动力有限元强度折减法的应用

在实际工程中，海底隧道结构的抗拉强度较一般土体高，其破坏形式主要为剪切破坏。对于剪切破坏而言，海底隧道和边坡[1-2]的主要区别是海底隧道结构的破坏方向对着洞内的临空面，而二者模型试验和数值计算的破裂面比较类似。本节中采用动力有限元静力强度折减法[3-5]、流体和结构耦合基本理论，通过海底隧道围岩和衬砌结构的抗剪强度参数不断折减，使海底隧道结构处于临界失稳状态，此时的折减系数就是剪切安全系数。

根据现有文献[6]，当原状土的起始含水量小于缩限时，动强度由抗拉强度控制，当原状土的起始含水量大于缩限且小于液限时，动强度由抗剪强度控制。考虑到起始含水量大于缩限时最为不利，故采用库仑理论进行抗剪强度计算，即 $\tau = c + \sigma\tan\varphi$。所谓强度折减法[7-14]，就是将围岩土体的抗剪强度指标 c 和 $\tan\varphi$ 分别折减 ω，直至达到极限破坏状态，程序自动根据弹塑性有限元计算结果得到破坏面，此时围岩土体的折减系数即为安全系数。即令

$$c' = \frac{c}{\omega}, \quad \varphi' = \arctan\left(\frac{\tan\varphi}{\omega}\right) \tag{4-15}$$

即有

$$\tau = \frac{c}{\omega} + \sigma\frac{\tan\varphi}{\omega} = c' + \sigma\tan\varphi' \tag{4-16}$$

在海底隧道中，由于有地下水的存在，为了计算的精确性，需要考虑动水压力和渗流的不利影响；由于衬砌结构的热传导性能比较差，温差导致结构内部各部分处在不同的温度状态，当由此产生的温度变形受到边界条件的约束时，就会产生温度应力，因此，还需要考虑温度作用对稳定性的影响。该方法首先是在ADINA软件的结构模块中进行模态分析，得到质量矩阵系数和刚度矩阵系数，并建立温度场进行热分析，得到结构各个节点的温度值；其次，由于施工后作用于衬砌的围岩压力已达到稳定状态，为了保证模拟结果的真实性，使用固结运算对海底隧道围岩固结沉降完成的过程进行模拟，从而做到不考虑岩体内超孔隙水压力；再次，在上一步的基础上进行Re-start计算，加入单向水平地震荷载，通过动力有限元分析得到模型顶点发生最大水平位移时的时刻T'，再进行动力有限元分析，得到第一振型时顶点发生最大水平位移时的时刻T'；最后，将T'时刻两侧竖向边界各节点的水平位移值作为初始位移值施加在结构模型上，另外将通过热分析得到的各节点温度值作为外荷载施加在模型上进行静力分析，通过逐渐对内聚力c和内摩擦角φ的折减，反复计算到过程不收敛（结果保留三位小数），就得到了海底隧道在地震作用下的安全系数。这种方法在计算过程中对初始位移的输入取自动力分析计算，故可以较好地反映隧道围岩结构的动力特性，提高了隧道稳定性判断的精确性。

计算过程为：模态分析→热分析→固结沉降计算→改变边界条件，施加地震荷载→重新启动，进行动力计算→导入边界位移及节点温度荷载，进行折减计算。

在动力计算完成后，选取模型右上角的881节点为观察节点，模型边界节点编号如图4-7所示，由ADINA软件Post-processing模块中的Response Curve功能可以得到881节点10～20 s的水平位移时程曲线，如图4-8所示。

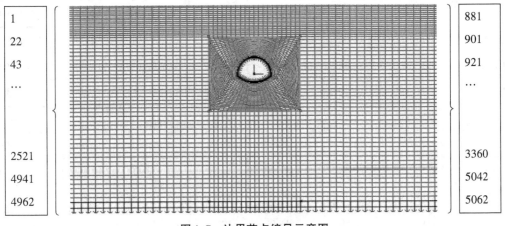

图4-7 边界节点编号示意图

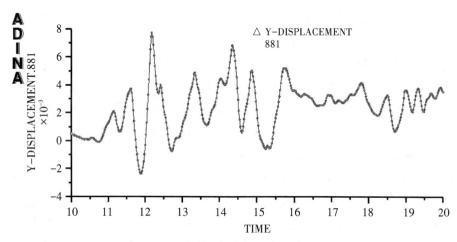

图4-8　881节点的水平位移时程曲线

由图4-8可以看出，水平位移达到最大时时间介于12～13 s之间，再利用ADINA软件后处理中的Extreme Values功能可得881节点在12～13 s时的水平位移，如表4-4所示。

表4-4　12～13 s时节点881的水平位移

时刻/s	位移/m	时刻/s	位移/m	时刻/s	位移/m	时刻/s	位移/m
12.00	−3.13E−04	12.26	5.34E−03	12.52	2.06E−03	12.78	−3.41E−04
12.02	4.46E−04	12.28	4.64E−03	12.54	1.86E−03	12.80	−1.06E−04
12.04	1.31E−03	12.3	4.08E−03	12.56	1.66E−03	12.82	8.55E−05
12.06	2.26E−03	12.32	3.68E−03	12.58	1.30E−03	12.84	1.87E−04
12.08	3.30E−03	12.34	3.45E−03	12.60	8.93E−04	12.86	2.11E−04
12.10	4.38E−03	12.36	3.40E−03	12.62	4.69E−04	12.88	2.13E−04
12.12	5.51E−03	12.38	3.51E−03	12.64	7.10E−05	12.90	2.14E−04
12.14	6.55E−03	12.40	3.80E−03	12.66	−2.64E−04	12.92	2.48E−04
12.16	7.44E−03	12.42	4.03E−03	12.68	−5.17E−04	12.94	3.32E−04
12.18	7.72E−03	12.44	3.79E−03	12.70	−6.76E−04	12.96	4.86E−04
12.20	7.43E−03	12.46	3.41E−03	12.72	−7.37E−04	12.98	7.12E−04
12.22	6.87E−03	12.48	2.91E−03	12.74	−6.98E−04	—	—
12.24	6.11E−03	12.50	2.44E−03	12.76	−5.63E−04	—	—

由表4-4可以看出，12.18 s时节点881的水平位移达到最大值7.72E−03 m。因此，时刻选择为12.18 s。由ADINA软件中的Value List选项可得到模型两侧竖向边界全部节点在12.18 s时刻的水平位移，如表4-5所示。

表4-5　12.18 s时竖向边界的水平位移

单位：m

对应节点号	位移	对应节点号	位移	对应节点号	位移	对应节点号	位移
1	3.13E−03	1492	6.06E−03	4962	6.58E−03	1911	7.83E−03
22	3.29E−03	1513	6.10E−03	881	7.18E−03	1932	7.88E−03
43	3.41E−03	1534	6.15E−03	901	7.20E−03	1953	7.93E−03
64	3.50E−03	1555	6.19E−03	921	7.20E−03	1974	7.98E−03
85	3.58E−03	1576	6.22E−03	941	7.22E−03	1995	8.03E−03
106	3.65E−03	1597	6.25E−03	961	7.23E−03	2016	8.07E−03
127	3.72E−03	1618	6.27E−03	981	7.25E−03	2037	8.12E−03
148	3.78E−03	1639	6.28E−03	1001	7.26E−03	2058	8.17E−03
169	3.83E−03	1660	6.28E−03	1021	7.28E−03	2079	8.22E−03
190	3.89E−03	1681	6.21E−03	1041	7.30E−03	2100	8.28E−03
211	3.94E−03	2122	6.45E−03	1061	7.32E−03	2121	8.32E−03
232	3.99E−03	2143	6.57E−03	1081	7.34E−03	2980	8.36E−03
253	4.04E−03	2164	6.65E−03	1101	7.36E−03	3000	8.39E−03
274	4.10E−03	2185	6.71E−03	1121	7.38E−03	3020	8.43E−03
295	4.15E−03	2206	6.75E−03	1141	7.40E−03	3040	8.47E−03
316	4.21E−03	2227	6.79E−03	1161	7.42E−03	3060	8.51E−03
337	4.27E−03	2248	6.81E−03	1181	7.44E−03	3080	8.55E−03
358	4.33E−03	2269	6.83E−03	1201	7.46E−03	3100	8.59E−03
379	4.40E−03	2290	6.85E−03	1221	7.48E−03	3120	8.63E−03
400	4.47E−03	2311	6.86E−03	1241	7.50E−03	3140	8.67E−03
421	4.55E−03	2332	6.86E−03	1261	7.52E−03	3160	8.71E−03
1282	4.95E−03	2353	6.87E−03	1281	7.52E−03	3180	8.75E−03
1303	5.19E−03	2374	6.86E−03	1722	7.52E−03	3200	8.78E−03
1324	5.37E−03	2395	6.86E−03	1743	7.52E−03	3220	8.81E−03
1345	5.51E−03	2416	6.84E−03	1764	7.54E−03	3240	8.84E−03

续表4-5

对应节点号	位移	对应节点号	位移	对应节点号	位移	对应节点号	位移
1366	5.62E−03	2437	6.82E−03	1785	7.57E−03	3260	8.87E−03
1387	5.72E−03	2458	6.80E−03	1806	7.61E−03	3280	8.90E−03
1408	5.80E−03	2479	6.76E−03	1827	7.65E−03	3300	8.93E−03
1429	5.88E−03	2500	6.69E−03	1848	7.69E−03	3320	8.95E−03
1450	5.94E−03	2521	6.57E−03	1869	7.74E−03	3340	8.98E−03
1471	6.00E−03	4941	6.68E−03	1890	7.79E−03	3360	8.99E−03
5042	9.02E−03	5062	9.01E−03	—	—	—	—

　　将表4-5中得到的各节点位移值作为ADINA软件中的Initial Displacements输入静力分析模型，同时将通过热分析得到的各节点温度荷载输入分析模型（图4-1中的两侧边界条件改为水平约束，并去掉黏弹性人工边界后即为静力分析模型），利用动力有限元静力强度折减法逐渐对围岩和衬砌结构的抗剪强度参数进行折减，至计算不收敛时停止折减，此时的折减系数即为海底隧道在9度设防地震作用下的安全系数。

　　塑性应变云图见图4-9。由图4-9可以清楚地看出，在单向水平地震荷载、温度和渗流的共同作用下，当隧道上覆海水深度为20 m，上覆岩层厚度为25 m时，运用动力有限元静力强度折减法进行海底隧道结构的稳定性分析后，塑性区最先出现在拱顶及仰拱部位，然后从这两处渐渐向外扩散，拱顶和拱底周围围岩最先发生破坏，海底隧道的安全系数为2.588。

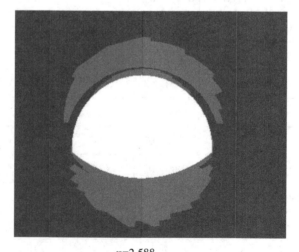

$\eta=2.588$

图4-9　塑性应变云图

4.2.3 不同覆岩厚度下海底隧道结构的地震动稳定

(1) 覆岩厚度对安全系数的影响

为了得到单向地震作用下，考虑渗流和温度影响时，不同上覆岩层厚度对海底隧道地震动稳定性安全系数的影响，设海底隧道上覆岩层厚度分别为25 m、35 m和45 m，上覆海水深度依然取20 m，其余参数同前。运用动力有限元静力强度折减法，得到的不同上覆岩层厚度下的塑性区分布图和安全系数如表4-6所示。

表4-6 不同上覆岩层厚度下的塑性区分布图和安全系数

上覆岩层厚度/m	塑性区分布图	安全系数 η
25	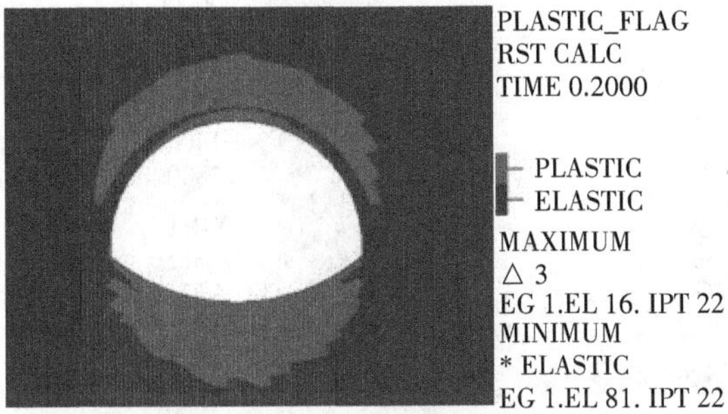	2.588
35	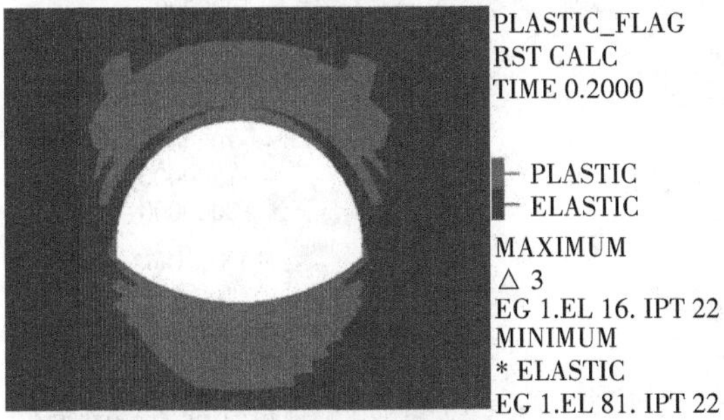	2.536
45	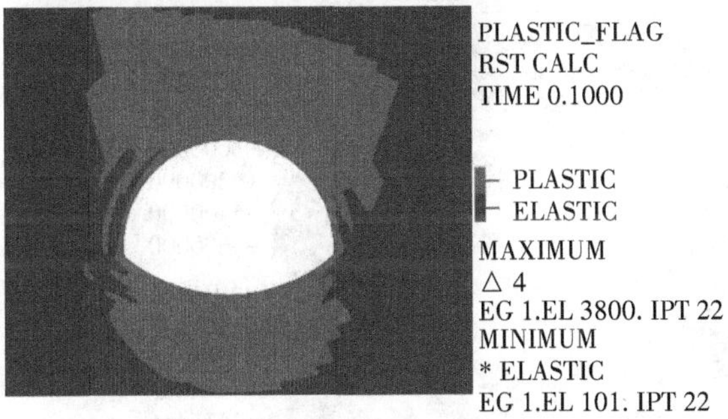	2.479

由表4-6可以看出，单向地震作用下，考虑渗流和温度影响时，海底隧道最先出现塑性区的位置在拱顶周围及拱底周边部位。在海水深度取一定值20 m的情况下，上覆岩层厚度为25 m、35 m和45 m时，海底隧道塑性区分布越来越明显，塑性区逐渐由衬砌向围岩发

展,安全系数分别为 2.588、2.536 和 2.479。

(2)覆岩厚度对应力的影响

1)覆岩厚度对第一主应力的影响

为了得到不同上覆岩层厚度对海底隧道结构处于极限平衡状态时第一主应力的影响,取上覆海水深度为一定值 20 m,上覆岩层厚度分别取 25 m、35 m 及 45 m,海底隧道第一主应力云图如表 4-7 所示。

表 4-7 不同上覆岩层厚度下的第一主应力云图

上覆岩层厚度/m	第一主应力云图	最大拉应力/kPa
25	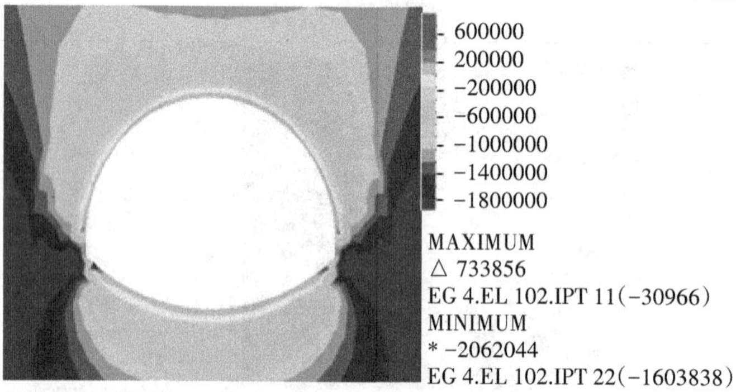 600000 200000 −200000 −600000 −1000000 −1400000 −1800000 MAXIMUM △ 733856 EG 4.EL 102.IPT 11(−30966) MINIMUM * −2062044 EG 4.EL 102.IPT 22(−1603838)	733.856
35	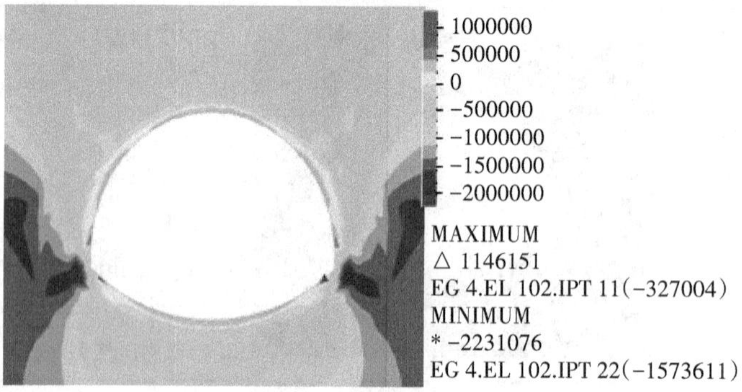 1000000 500000 0 −500000 −1000000 −1500000 −2000000 MAXIMUM △ 1146151 EG 4.EL 102.IPT 11(−327004) MINIMUM * −2231076 EG 4.EL 102.IPT 22(−1573611)	1146.151
45	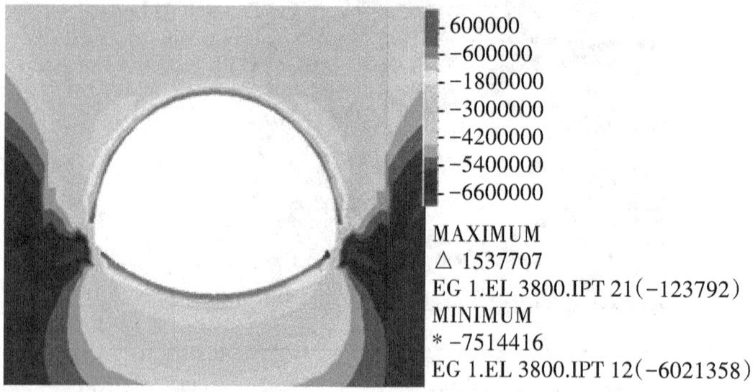 600000 −600000 −1800000 −3000000 −4200000 −5400000 −6600000 MAXIMUM △ 1537707 EG 1.EL 3800.IPT 21(−123792) MINIMUM * −7514416 EG 1.EL 3800.IPT 12(−6021358)	1537.707

由表 4-7 可以看出,单向地震作用下,考虑渗流和温度影响时,海底隧道受拉区一般分布在拱顶及仰拱部位,海底隧道结构的拱顶周围及靠近仰拱的一定范围在地震作用下会

出现局部受拉破坏，应当对该部位选用相应的抗震构造进行加强。在海水深度取一定值20 m的情况下，上覆岩层厚度分别为25 m、35 m和45 m时，拉应力极值分别达到了733.856 kPa、1146.151 kPa和1537.707 kPa，拉应力的大小随着海底隧道上覆岩层厚度的增加而增大。

2）覆岩厚度对第三主应力的影响

为了得到不同上覆岩层厚度对海底隧道结构处于极限平衡状态时第三主应力的影响，取上覆海水深度为一定值20 m，上覆岩层厚度分别取25 m、35 m及45 m，海底隧道第三主应力云图如表4-8所示。

表4-8　不同上覆岩层厚度下的第三主应力云图

上覆岩层厚度/m	第三主应力云图	最大压应力/kPa
25	－3000000 －4000000 －5000000 －6000000 －7000000 －8000000 －9000000 MAXIMUM △ －2399670 EG 4.EL 91.IPT 12（－327004） MINIMUM * －9262760 EG 4.EL 196.IPT 21（－7626736）	9262.760
35	－3500000 －4500000 －5500000 －6500000 －7500000 －8500000 －9500000 MAXIMUM △ －2890249 EG 3.EL 100.IPT 21（－3076338） MINIMUM * －9927824 EG 4.EL 101.IPT 22（－8225675）	9927.824
45	－3600000 －4800000 －6000000 －7200000 －8400000 －9600000 －10800000 MAXIMUM △ －2835460 EG 4.EL 191.IPT 21（－3404581） MINIMUM * －1.134E+07 EG 4.EL 102.IPT 22（－9206524）	11340.000

由表4-8可以看出，海底隧道受压区一般分布在拱脚及两侧拱腰部位，因此，在拱脚和拱腰处需要考虑其受压破坏。在海水深度取一定值20 m的情况下，上覆岩层厚度分别为

25 m、35 m和45 m时，压应力极值分别达到了9262.760 kPa、9927.824 kPa和11340.000 kPa。考虑温度影响时，海底隧道围岩及衬砌结构的压应力随着海底隧道上覆岩层厚度的增加而增大，变化较为明显。

（3）覆岩厚度对位移的影响

为了得到不同上覆岩层厚度对海底隧道结构处于极限平衡状态时位移的影响，在单向地震作用下，考虑渗流及温度作用，再不断折减围岩和衬砌的抗剪强度参数，直至计算不收敛，此时不同上覆岩层厚度下隧道结构在 Y 方向（水平方向）、Z 方向（竖直方向）的最大位移如表4-9所示。

表4-9　不同上覆岩层厚度下的隧道结构最大位移

单位：mm

最大位移	上覆岩层厚度		
	25 m	35 m	45 m
Y_{max}	−1.304	−1.245	−0.765
Z_{max}	4.631	4.483	3.256

由表4-9可以看出，在同一海水深度下，处于极限平衡状态的海底隧道在 Y、Z 方向的最大位移均随着上覆岩层厚度的增大而减小，位移在同一时刻达到最大值，说明海底隧道是整体振动的，并且水平位移和竖直位移随时间的变化规律是一致的。

4.2.4　不同海水深度下海底隧道结构的地震动稳定

（1）海水深度对安全系数的影响

为了得到单向地震作用下，考虑渗流和温度影响时，不同上覆海水深度对海底隧道地震动稳定性安全系数的影响，设海底隧道上覆海水深度分别为20 m、30 m和40 m，上覆岩层厚度取25 m，其余参数同前。不同上覆海水深度下的塑性区分布图和安全系数如表4-10所示。

表4-10　不同上覆海水深度下的塑性区分布图和安全系数

上覆海水深度/m	塑性区分布图	安全系数 η
20	PLASTIC_FLAG RST CALC TIME 0.2000 PLASTIC ELASTIC MAXIMUM △ 3 EG 1.EL 16. IPT 22 MINIMUM * ELASTIC EG 1.EL 81. IPT 22	2.588

上覆海水深度/m	塑性区分布图	安全系数 η
30	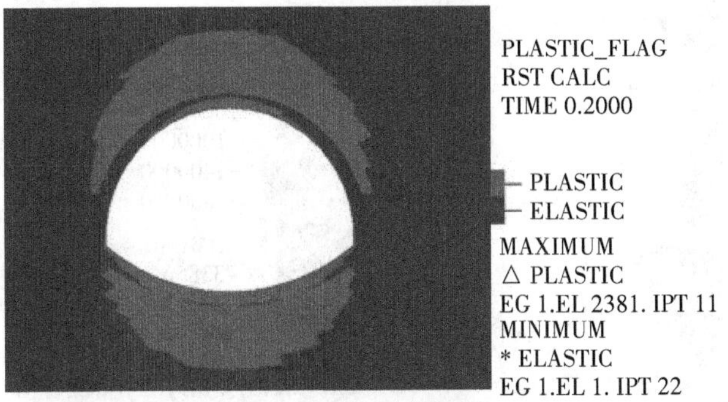 PLASTIC_FLAG RST CALC TIME 0.2000 — PLASTIC — ELASTIC MAXIMUM △ PLASTIC EG 1.EL 2381. IPT 11 MINIMUM * ELASTIC EG 1.EL 1. IPT 22	2.497
40	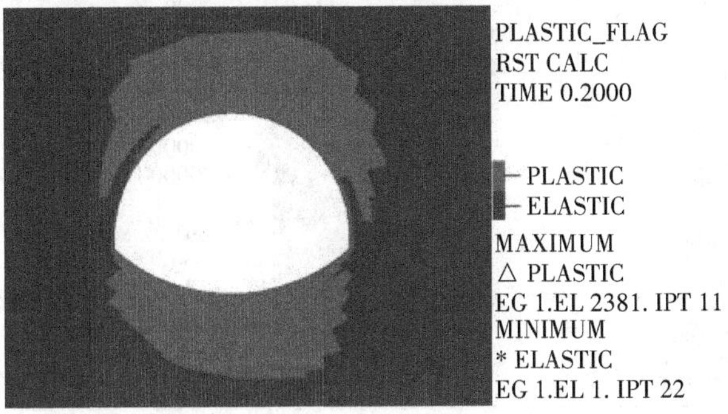 PLASTIC_FLAG RST CALC TIME 0.2000 — PLASTIC — ELASTIC MAXIMUM △ PLASTIC EG 1.EL 2381. IPT 11 MINIMUM * ELASTIC EG 1.EL 1. IPT 22	2.481

由表4-10可以看出，单向地震作用下，考虑渗流和温度影响时，海底隧道最先出现塑性区的位置同样在隧道衬砌结构拱顶及仰拱两侧周边部位，并逐渐向围岩区发展。在上覆岩层厚度取一定值25 m的情况下，上覆海水深度分别为20 m、30 m和40 m时，塑性区逐渐向围岩发展，拱顶和拱底的塑性区逐渐连通，安全系数分别为2.588、2.497和2.481。

（2）海水深度对应力的影响

1）海水深度对第一主应力的影响

为了得到不同上覆海水深度对海底隧道结构第一主应力的影响，取上覆岩层厚度为一定值25 m，上覆海水深度分别取20 m、30 m及40 m，海底隧道第一主应力云图如表4-11所示。

表4-11   不同上覆海水深度下的第一主应力云图

上覆海水深度/m	第一主应力云图	最大拉应力/kPa
20	 - 600000 - 200000 - −200000 - −600000 - −1000000 - −1400000 - −1800000 MAXIMUM △ 733856 EG 4.EL 102.IPT 11(−30966) MINIMUM * −2062044 EG 4.EL 102.IPT 22(−1603838)	733.856
30	 - 800000 - 0 - −800000 - −1600000 - −2400000 - −3200000 - −4000000 MAXIMUM △ 876842 EG 4.EL 91.IPT 12(−560210) MINIMUM * −4400048 EG 1.EL 2381.IPT 22(−3366213)	876.842
40	 - 900000 - 450000 - 0 - −450000 - −900000 - −1350000 - −1800000 MAXIMUM △ 1116686 EG 4.EL 102.IPT 11(−325455) MINIMUM * −2052400 EG 4.EL 102.IPT 22(−1461228)	1116.686

由表4-11可以看出，单向地震作用下，考虑渗流和温度影响时，海底隧道受拉区一般分布在拱顶及仰拱部位，海底隧道结构的拱顶周围及仰拱周边范围在地震作用下会出现局部受拉破坏，应当选用相应的抗震构造予以加强。在上覆岩层厚度为一定值25 m的情况下，上覆海水深度分别为20 m、30 m和40 m时，拉应力极值分别达到了733.856 kPa、876.842 kPa和1116.686 kPa，拉应力的大小随着海底隧道上覆海水深度的增加而增大。

2）海水深度对第三主应力的影响

为了得到不同上覆海水深度对海底隧道结构第三主应力的影响，取上覆岩层厚度为一定值25 m，上覆海水深度分别取20 m、30 m及40 m，海底隧道第三主应力云图如表4-12所示。

表4-12　不同上覆海水深度下的第三主应力云图

上覆海水深度/m	第三主应力云图	最大压应力/kPa
20	 −3000000 −4000000 −5000000 −6000000 −7000000 −8000000 −9000000 MAXIMUM △ −2399670 EG 4.EL 91.IPT 12(−327004) MINIMUM * −9262760 EG 4.EL 196.IPT 21(−7626736)	9262.760
30	 −3000000 −4000000 −5000000 −6000000 −7000000 −8000000 −9000000 MAXIMUM △ −2735131 EG 3.EL 5.IPT 11(−2924607) MINIMUM * −9418550 EG 4.EL 196.IPT 21(−7891026)	9418.550
40	 −1800000 −3000000 −4200000 −5400000 −6600000 −7800000 −9000000 MAXIMUM △ −1147634 EG 1.EL 4681.IPT 21(−1294661) MINIMUM * −9648573 EG 4.EL 196.IPT 21(−8030916)	9648.573

　　由表4-12可以看出，单向地震作用下，考虑渗流和温度影响时，海底隧道受压区主要分布在两侧拱腰及拱脚处，因此，在拱脚和拱腰处需要考虑其受压破坏。在上覆岩层厚度为一定值25 m的情况下，上覆海水深度分别为20 m、30 m和40 m时，压应力极值分别达到了9262.760 kPa、9418.550 kPa和9648.573 kPa。

　　（3）**海水深度对位移的影响**

　　为了得到不同上覆海水深度对海底隧道结构位移的影响，考虑渗流、温度及单向地震作用，再不断折减围岩和衬砌的抗剪强度参数，直至计算不收敛，此时不同海水深度下隧道结构在Y方向（水平方向）、Z方向（竖直方向）的最大位移如表4-13所示。

表4-13 不同海水深度下的隧道结构最大位移

单位：mm

最大位移	上覆海水深度		
	20 m	30 m	40 m
Y_{max}	−0.154	−0.180	−0.199
Z_{max}	−4.382	−4.731	−4.883

由表4-13可以看出，在同一覆盖层厚度下，海底隧道在Y、Z方向的最大位移均随着上覆海水深度的增大而增大，说明海底隧道是整体振动的，并且水平位移和竖直位移随时间的变化规律是一致的。

4.2.5 不同渗透系数下海底隧道结构的地震动稳定

为了得到不同上覆岩层渗透系数对海底隧道地震动稳定性安全系数的影响，设海底隧道上覆岩层厚度为25 m，上覆海水深度为20 m，渗透系数分别取4.72E-10、2.60E-09和4.72E-09。不同渗透系数下的塑性区分布图和安全系数如表4-14所示。

表4-14 不同渗透系数下的塑性区分布图和安全系数

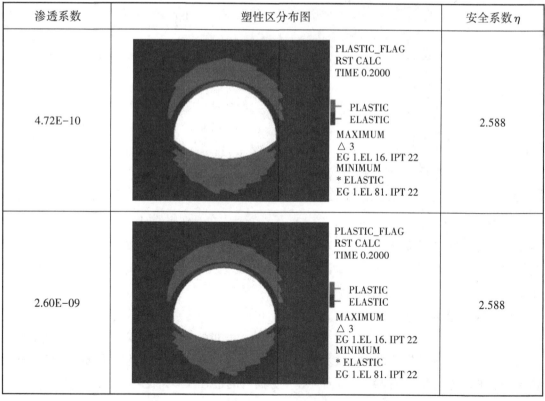

渗透系数	塑性区分布图	安全系数η
4.72E-10	PLASTIC_FLAG RST CALC TIME 0.2000 PLASTIC ELASTIC MAXIMUM △ 3 EG 1.EL 16. IPT 22 MINIMUM * ELASTIC EG 1.EL 81. IPT 22	2.588
2.60E-09	PLASTIC_FLAG RST CALC TIME 0.2000 PLASTIC ELASTIC MAXIMUM △ 3 EG 1.EL 16. IPT 22 MINIMUM * ELASTIC EG 1.EL 81. IPT 22	2.588

渗透系数	塑性区分布图	安全系数η
4.72E-09	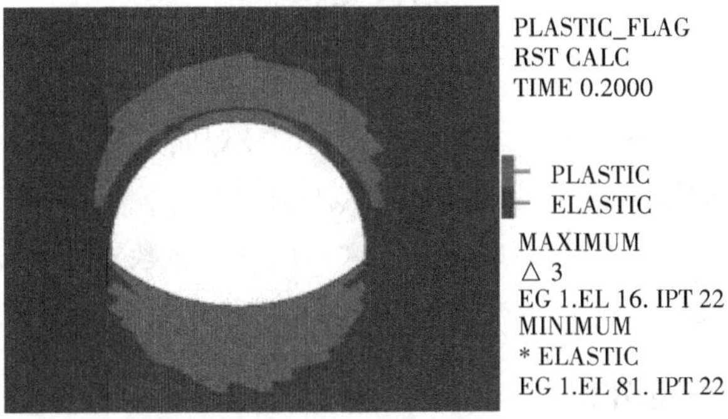 PLASTIC_FLAG RST CALC TIME 0.2000 PLASTIC ELASTIC MAXIMUM △ 3 EG 1.EL 16. IPT 22 MINIMUM * ELASTIC EG 1.EL 81. IPT 22	2.588

　　由表4-14可以看出，海底隧道最先出现塑性区的位置同样在隧道两侧拱脚靠近衬砌的小范围及拱顶两侧周边部位。在上覆岩层厚度及海水深度等不变时，渗透系数变化对安全系数基本无影响。

　　本节通过有限元软件ADINA，利用动力有限元静力折减法，在单向地震作用下，考虑渗流和温度作用，首先，对水平地震作用下的模型进行模态分析得到阻尼系数；其次，在ADINA软件中输入单向地震荷载，通过动力有限元分析得到模型顶点的最大水平位移；最后，在静力分析模型中输入顶点位移最大时两侧各节点的水平位移及由热分析得到的各节点温度荷载，对抗剪强度参数反复折减，直到计算过程不收敛，此时折减的数值即为海底隧道围岩结构的地震动安全系数。数值算例结果表明：

　　①在考虑渗流、温度和地震影响时，围岩及衬砌结构的稳定性安全系数会降低。

　　②海底隧道在临界平衡状态时，塑性区最先出现的位置在隧道两侧拱脚靠近衬砌的小范围土体及拱顶两侧周边部位，并逐渐向周围围岩区发展。因此，对最先出现塑性区的位置应采取构造措施进行加强。

　　③在海水深度一定的情况下，上覆岩层越厚，塑性发展越明显，安全系数越小；在上覆岩层厚度一定的情况下，海水深度越大，塑性发展区越加深，安全系数越小，并且变化幅度不大；渗透系数对安全系数基本无影响。

　　④海底隧道在临界平衡状态下有效应力的最大值分布在两侧拱脚处；海底隧道受拉区主要分布在拱顶及仰拱部位；海底隧道受压区主要分布在拱脚及两侧拱腰部位，压应力远大于拉应力。因此，对一些薄弱部位应采取相应的抗震构造措施进行加强。

4.3　双向地震作用下海底隧道结构的
地震动稳定

本节在前一节研究的基础上，考虑渗流、温度及双向地震作用，利用ADINA软件分别建立结构场模型和流体场模型，设置黏弹性人工边界条件，运用动力有限元静力强度折减法，得到不同海水深度、不同上覆岩层厚度和不同渗透系数对地震动稳定性安全系数、有效应力、主应力和位移的影响，并对单向和双向地震作用对稳定性的影响进行对比。

4.3.1　计算结果及分析

本节中采用的胶州湾海底隧道模型的原始跨度为14.5 m，高度为11.25 m，覆盖层厚度为25 m，海水深度为20 m。考虑围岩强度储备问题和数值模拟过程的效率等，自半无限空间体中隧道底部取5倍洞室高度（即56.25 m），隧道左右两侧各取5倍洞室跨度（即72.5 m），这即为隔离体的计算范围。为了模拟海面波浪运动作用，在模型中将海水表面定义为Free Surface；为了模拟地震荷载下海水对海床的影响，在模型中将海水同岩体的接触面定义为Fluid-Structure-Interaction Boundary；为了保证边界条件对地震波的吸收能力，将模型两侧边界设置为黏弹性人工边界；考虑渗流作用，即海水静水压力对稳定性的影响；考虑温度作用，即结构内部各部分不同的温度状态；对于地震波的选择，采用1940年美国帝谷El-Centro地震波；对于各方向波幅值的选取，依据目前的国家抗震设计规范，水平地震波的幅值按时程曲线选取，而竖向地震波的幅值一般选取为水平向幅值的2/3。

计算流程如图4-10所示：

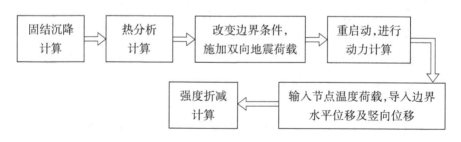

图4-10　计算流程图

在动力计算完成后，选取模型右上角的881节点为观察节点，由ADINA软件中的Value List选项可得到节点发生最大位移矢量的时刻为12.24 s。因此，时刻选择为12.24 s。由ADINA软件中的Value List选项可得到模型两侧竖向边界全部节点在12.24 s时刻的水平位移和竖向位移，如表4-15、表4-16所示。

表4-15 12.24 s时两侧边界全部节点的水平位移

单位：m

节点	水平位移	节点	水平位移	节点	水平位移	节点	水平位移
1	3.15E-03	1492	6.31E-03	4962	7.03E-03	1911	7.61E-03
22	3.32E-03	1513	6.36E-03	881	7.12E-03	1932	7.65E-03
43	3.44E-03	1534	6.41E-03	901	7.13E-03	1953	7.69E-03
64	3.54E-03	1555	6.46E-03	921	7.13E-03	1974	7.74E-03
85	3.62E-03	1576	6.50E-03	941	7.14E-03	1995	7.78E-03
106	3.70E-03	1597	6.54E-03	961	7.15E-03	2016	7.82E-03
127	3.77E-03	1618	6.57E-03	981	7.16E-03	2037	7.86E-03
148	3.83E-03	1639	6.58E-03	1001	7.17E-03	2058	7.90E-03
169	3.89E-03	1660	6.58E-03	1021	7.19E-03	2079	7.94E-03
190	3.95E-03	1681	6.52E-03	1041	7.20E-03	2100	7.99E-03
211	4.00E-03	2122	6.78E-03	1061	7.22E-03	2121	8.02E-03
232	4.06E-03	2143	6.92E-03	1081	7.24E-03	2980	8.06E-03
253	4.12E-03	2164	7.01E-03	1101	7.25E-03	3000	8.08E-03
274	4.18E-03	2185	7.08E-03	1121	7.27E-03	3020	8.11E-03
295	4.24E-03	2206	7.14E-03	1141	7.28E-03	3040	8.15E-03
316	4.30E-03	2227	7.18E-03	1161	7.30E-03	3060	8.18E-03
337	4.36E-03	2248	7.22E-03	1181	7.32E-03	3080	8.22E-03
358	4.43E-03	2269	7.25E-03	1201	7.33E-03	3100	8.25E-03
379	4.51E-03	2290	7.27E-03	1221	7.35E-03	3120	8.29E-03
400	4.58E-03	2311	7.29E-03	1241	7.36E-03	3140	8.32E-03
421	4.66E-03	2332	7.30E-03	1261	7.37E-03	3160	8.35E-03
1282	5.09E-03	2353	7.31E-03	1281	7.37E-03	3180	8.38E-03
1303	5.34E-03	2374	7.31E-03	1722	7.37E-03	3200	8.41E-03
1324	5.53E-03	2395	7.31E-03	1743	7.37E-03	3220	8.43E-03
1345	5.68E-03	2416	7.30E-03	1764	7.38E-03	3240	8.46E-03

续表4-15

节点	水平位移	节点	水平位移	节点	水平位移	节点	水平位移
1366	5.81E-03	2437	7.29E-03	1785	7.40E-03	3260	8.48E-03
1387	5.92E-03	2458	7.26E-03	1806	7.43E-03	3280	8.50E-03
1408	6.01E-03	2479	7.22E-03	1827	7.46E-03	3300	8.52E-03
1429	6.10E-03	2500	7.15E-03	1848	7.50E-03	3320	8.54E-03
1450	6.17E-03	2521	7.01E-03	1869	7.54E-03	3340	8.57E-03
1471	6.24E-03	4941	7.15E-03	1890	7.58E-03	3360	8.57E-03
5042	8.60E-03	5062	8.58E-03	—	—	—	—

表4-16   12.24 s时两侧边界全部节点的竖向位移

单位：m

节点	竖向位移	节点	竖向位移	节点	竖向位移	节点	竖向位移
1	-6.69E-04	1492	-3.71E-04	4962	0.00E+00	1911	-1.80E-03
22	-6.69E-04	1513	-3.58E-04	881	-2.81E-03	1932	-1.75E-03
43	-6.66E-04	1534	-3.45E-04	901	-2.78E-03	1953	-1.70E-03
64	-6.63E-04	1555	-3.33E-04	921	-2.76E-03	1974	-1.65E-03
85	-6.58E-04	1576	-3.21E-04	941	-2.73E-03	1995	-1.60E-03
106	-6.53E-04	1597	-3.11E-04	961	-2.70E-03	2016	-1.55E-03
127	-6.48E-04	1618	-3.00E-04	981	-2.68E-03	2037	-1.51E-03
148	-6.43E-04	1639	-2.90E-04	1001	-2.65E-03	2058	-1.46E-03
169	-6.37E-04	1660	-2.79E-04	1021	-2.63E-03	2079	-1.41E-03
190	-6.30E-04	1681	-2.68E-04	1041	-2.61E-03	2100	-1.37E-03
211	-6.24E-04	2122	-2.58E-04	1061	-2.58E-03	2121	-1.33E-03
232	-6.17E-04	2143	-2.46E-04	1081	-2.56E-03	2980	-1.27E-03
253	-6.10E-04	2164	-2.35E-04	1101	-2.53E-03	3000	-1.22E-03
274	-6.02E-04	2185	-2.25E-04	1121	-2.51E-03	3020	-1.16E-03
295	-5.94E-04	2206	-2.14E-04	1141	-2.49E-03	3040	-1.10E-03

节点	竖向位移	节点	竖向位移	节点	竖向位移	节点	竖向位移
316	−5.86E−04	2227	−2.03E−04	1161	−2.47E−03	3060	−1.04E−03
337	−5.77E−04	2248	−1.92E−04	1181	−2.44E−03	3080	−9.87E−04
358	−5.68E−04	2269	−1.82E−04	1201	−2.42E−03	3100	−9.30E−04
379	−5.57E−04	2290	−1.72E−04	1221	−2.40E−03	3120	−8.73E−04
400	−5.45E−04	2311	−1.62E−04	1241	−2.38E−03	3140	−8.15E−04
421	−5.32E−04	2332	−1.52E−04	1261	−2.35E−03	3160	−7.58E−04
1282	−5.32E−04	2353	−1.42E−04	1281	−2.33E−03	3180	−7.01E−04
1303	−5.16E−04	2374	−1.31E−04	1722	−2.29E−03	3200	−6.43E−04
1324	−5.00E−04	2395	−1.20E−04	1743	−2.23E−03	3220	−5.85E−04
1345	−4.82E−04	2416	−1.09E−04	1764	−2.18E−03	3240	−5.26E−04
1366	−4.65E−04	2437	−9.80E−05	1785	−2.12E−03	3260	−4.67E−04
1387	−4.48E−04	2458	−8.64E−05	1806	−2.07E−03	3280	−4.07E−04
1408	−4.31E−04	2479	−7.46E−05	1827	−2.01E−03	3300	−3.46E−04
1429	−4.15E−04	2500	−6.07E−05	1848	−1.96E−03	3320	−2.85E−04
1450	−4.00E−04	2521	−4.45E−05	1869	−1.91E−03	3340	−2.25E−04
1471	−3.85E−04	4941	−2.25E−05	1890	−1.85E−03	3360	−1.63E−04
5042	−8.24E−05	5062	0.00E+00	—	—	—	—

将表4-15、表4-16中得到的各节点位移值作为ADINA软件中的Initial Displacements输入静力分析模型，利用动力有限元静力强度折减法逐渐对围岩和衬砌结构的抗剪强度参数进行折减，至计算不收敛时停止折减，此时的折减系数也就是在考虑渗流、温度及双向地震作用时海底隧道结构的安全系数。

塑性应变云图见图4-11。由图4-11可以清楚地看出，在双向水平地震荷载、温度和渗流的共同作用下，当隧道上覆海水深度为20 m，上覆岩层厚度为25 m时，运用动力有限元静力强度折减法进行海底隧道结构的稳定性分析后，塑性区最先出现在拱顶及仰拱部位，然后从这两处渐渐向围岩扩散，拱顶和仰拱周围围岩最先发生破坏，海底隧道的安全系数为2.584。同单向地震作用下相比，海底隧道拱顶的塑性区有进一步扩展的趋势；同现有文献中不考虑温度影响时的蝶状分布塑性区相比，隧道拱顶及拱底的塑性区有明显的贯通现象。

$\eta=2.584$

图4-11　塑性应变云图

4.3.2　海底隧道结构的地震动稳定

（1）覆岩厚度对安全系数的影响

为了得到双向地震作用下，考虑渗流和温度影响时，不同上覆岩层厚度对海底隧道地震动稳定性安全系数的影响，设海底隧道上覆岩层厚度分别为25 m、35 m和45 m，上覆海水深度依然取20 m，其余参数同前。运用动力有限元静力强度折减法，得到的不同上覆岩层厚度下的塑性区分布图和安全系数如表4-17所示。

表4-17　不同上覆岩层厚度下的塑性区分布图和安全系数

上覆岩层厚度/m	塑性区分布图	安全系数 η
25	PLASTIC_FLAG RST CALC TIME 0.2000 PLASTIC ELASTIC MAXIMUM △ 3 EG 1.EL 15. IPT 12 MINIMUM * ELASTIC EG 1.EL 41. IPT 22	2.584
35	PLASTIC_FLAG RST CALC TIME 0.2000 PLASTIC ELASTIC MAXIMUM △ 3 EG 1.EL 16. IPT 22 MINIMUM * ELASTIC EG 1.EL 81. IPT 22	2.529

上覆岩层厚度/m	塑性区分布图	安全系数 η
45	 PLASTIC_FLAG RST CALC TIME 0.2000 — PLASTIC — ELASTIC MAXIMUM △ 3 EG 1.EL 1604. IPT 12 MINIMUM * ELASTIC EG 1.EL 1. IPT 22	2.468

由表4-17可以看出，双向地震作用下，考虑渗流和温度影响时，海底隧道最先出现塑性区的位置同样在拱顶周围及拱底周边部位。在海水深度取一定值20 m的情况下，上覆岩层厚度为25 m、35 m和45 m时，海底隧道塑性区分布越来越明显，塑性区逐渐由衬砌向围岩发展，安全系数分别为2.584、2.529和2.468。

（2）海水深度对安全系数的影响

为了得到双向地震作用下，考虑渗流和温度影响时，不同上覆海水深度对海底隧道地震动稳定性安全系数的影响，设海底隧道上覆海水深度分别为20 m、30 m和40 m，上覆岩层厚度取25 m，其余参数同前。不同上覆海水深度下的塑性区分布图和安全系数如表4-18所示。

表4-18　不同上覆海水深度下的塑性区分布图和安全系数

上覆海水深度/m	塑性区分布图	安全系数 η
20	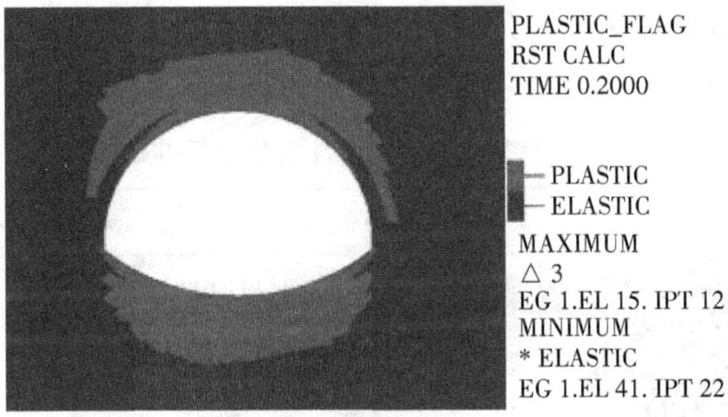 PLASTIC_FLAG RST CALC TIME 0.2000 — PLASTIC — ELASTIC MAXIMUM △ 3 EG 1.EL 15. IPT 12 MINIMUM * ELASTIC EG 1.EL 41. IPT 22	2.584

续表4-18

上覆海水深度/m	塑性区分布图	安全系数η
30	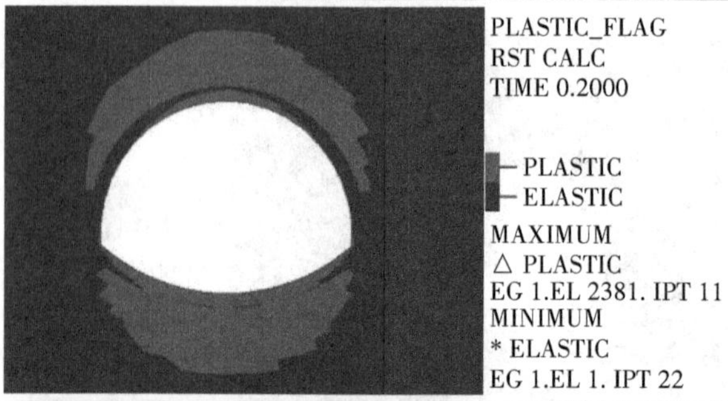 PLASTIC_FLAG RST CALC TIME 0.2000 PLASTIC ELASTIC MAXIMUM △ PLASTIC EG 1.EL 2381. IPT 11 MINIMUM * ELASTIC EG 1.EL 1. IPT 22	2.493
40	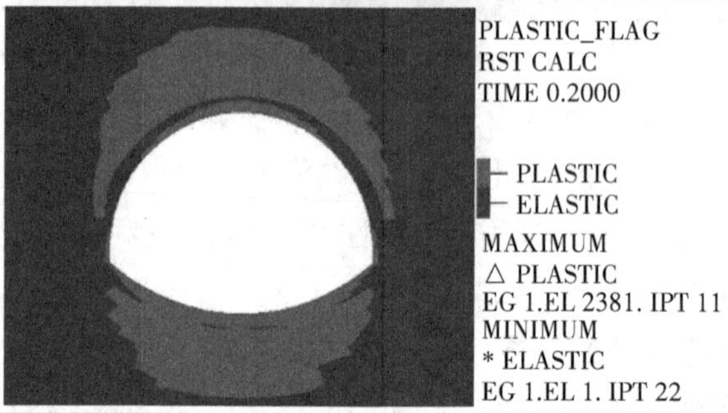 PLASTIC_FLAG RST CALC TIME 0.2000 PLASTIC ELASTIC MAXIMUM △ PLASTIC EG 1.EL 2381. IPT 11 MINIMUM * ELASTIC EG 1.EL 1. IPT 22	2.477

由表4-18可以看出，双向地震作用下，考虑渗流和温度影响时，海底隧道最先出现塑性区的位置同样在隧道衬砌结构拱顶及仰拱两侧周边部位，并逐渐向围岩区发展。在上覆岩层厚度取一定值25 m的情况下，上覆海水深度分别为20 m、30 m和40 m时，拱顶和拱底的塑性区逐渐连通，安全系数分别为2.584、2.493和2.477。

（3）渗透系数对安全系数的影响

为了得到不同上覆岩层渗透系数对海底隧道地震动稳定性安全系数的影响，设海底隧道上覆岩层厚度为25 m，上覆海水深度为20 m，渗透系数分别取4.72E-10、2.60E-09和4.72E-09。不同渗透系数下的塑性区分布图和安全系数如表4-19所示。

表4-19　不同渗透系数下的塑性区分布图和安全系数

渗透系数	塑性区分布图	安全系数η
4.72E-10	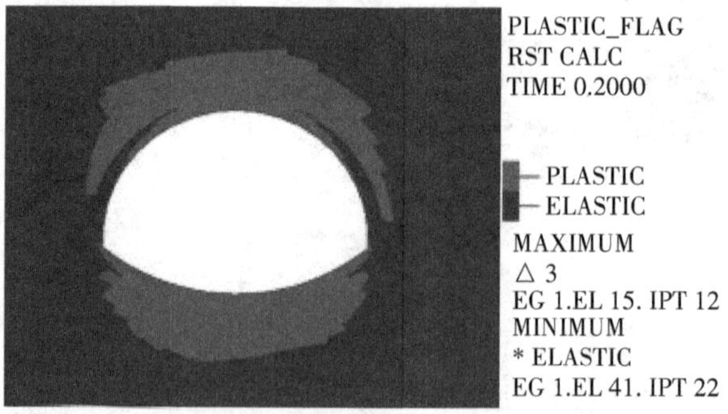 PLASTIC_FLAG RST CALC TIME 0.2000 PLASTIC ELASTIC MAXIMUM △ 3 EG 1.EL 15. IPT 12 MINIMUM * ELASTIC EG 1.EL 41. IPT 22	2.584

渗透系数	塑性区分布图	安全系数η
2.60E-09	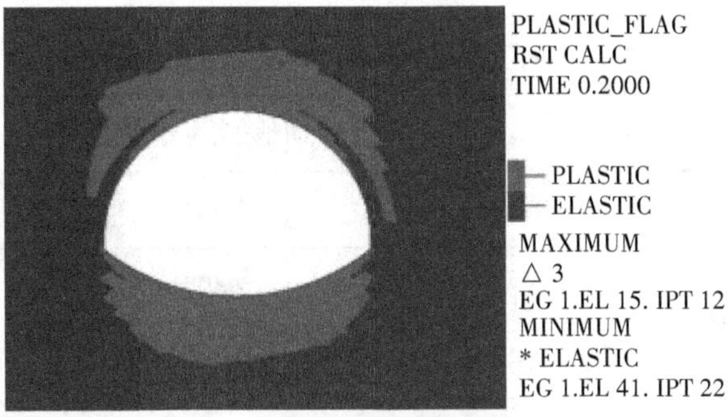 PLASTIC_FLAG RST CALC TIME 0.2000 PLASTIC ELASTIC MAXIMUM △ 3 EG 1.EL 15. IPT 12 MINIMUM * ELASTIC EG 1.EL 41. IPT 22	2.584
4.72E-09	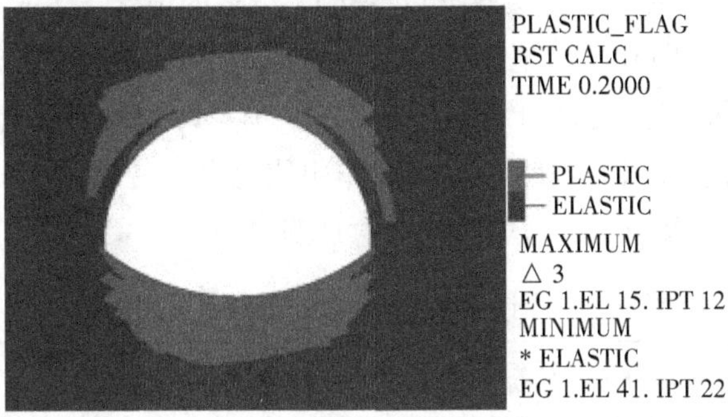 PLASTIC_FLAG RST CALC TIME 0.2000 PLASTIC ELASTIC MAXIMUM △ 3 EG 1.EL 15. IPT 12 MINIMUM * ELASTIC EG 1.EL 41. IPT 22	2.584

由表4-19可以看出，海底隧道最先出现塑性区的位置同样在隧道两侧拱脚靠近衬砌的小范围及拱顶两侧周边部位。在上覆岩层厚度及海水深度等不变时，渗透系数变化对安全系数基本无影响。

本节和前一节运用动力有限元静力强度折减法，分别得到了单向和双向地震作用下海底隧道结构的安全系数，并将双向地震作用下考虑温度影响的安全系数同单向地震作用下不考虑温度影响的安全系数进行了对比，不同上覆岩层厚度、不同上覆海水深度和不同渗透系数下的地震动安全系数分别见表4-20、表4-21、表4-22。

表4-20　不同上覆岩层厚度下的地震动安全系数

上覆岩层厚度/m	单向地震,不考虑温度	单向地震,考虑温度	双向地震,考虑温度
25	2.748	2.588	2.584
35	2.722	2.536	2.529
45	2.648	2.479	2.468

由表4-20可以看出，在海水深度取一定值20 m的情况下，上覆岩层厚度为25 m、35 m和45 m，分别考虑单向和双向地震作用时，双向地震作用下的安全系数较单向有一定程度

的降低,但变化幅度较小,说明考虑双向地震作用时的结果更为保守,不考虑则偏于危险;考虑温度作用后,安全系数较不考虑时明显降低,说明考虑温度作用使得海底隧道结构的稳定性和安全性有所降低。

表4-21 不同上覆海水深度下的地震动安全系数

上覆海水深度/m	单向地震,不考虑温度	单向地震,考虑温度	双向地震,考虑温度
20	2.748	2.588	2.584
30	2.733	2.497	2.493
40	2.723	2.481	2.477

由表4-21可以看出,在上覆岩层厚度取一定值25 m的情况下,上覆海水深度为20 m、30 m和40 m,分别考虑单向和双向地震作用时,双向地震作用下的安全系数较单向变化幅度较小,说明考虑双向地震作用时的结果更为保守,不考虑则偏于危险;考虑温度作用后,安全系数较不考虑时明显降低,说明考虑温度作用使得海底隧道结构的稳定性和安全性有所降低,并且随着上覆海水深度的增加,变化愈加明显。

表4-22 不同渗透系数下的地震动安全系数

渗透系数	单向地震,不考虑温度	单向地震,考虑温度	双向地震,考虑温度
4.72E-10	2.748	2.588	2.584
2.60E-09	2.748	2.588	2.584
4.72E-09	2.748	2.588	2.584

由表4-22可以看出,在上覆岩层厚度及海水深度等不变,渗透系数分别取4.72E-10、2.60E-09和4.72E-09,分别考虑单向和双向地震作用时,双向地震作用下的安全系数较单向有一定程度的降低,并且随着渗透系数的变化,安全系数基本无变化,说明考虑双向地震作用时的结果更为保守,不考虑则偏于危险;考虑温度作用后,安全系数较不考虑时明显降低,说明考虑温度作用使得海底隧道结构的稳定性和安全性有所降低,并且随着渗透系数的增加,安全系数基本无变化。

本节在前一节研究的基础上,对双向地震作用下海底隧道结构的地震动稳定性进行了分析研究,得到了考虑渗流、温度和双向地震影响时的安全系数,以及上覆岩层厚度、上覆海水深度、渗透系数的变化对海底隧道结构稳定性的影响,得出的结论如下:

①在双向地震作用下,海底隧道在临界平衡状态时塑性区最先出现的位置在隧道两侧拱脚靠近衬砌的小范围土体及拱顶两侧周边部位,并逐渐向周围围岩区发展。因此,对最先出现塑性区的位置应采取构造措施进行加强。

②在海水深度一定的情况下，上覆岩层越厚，塑性发展越明显，安全系数越小；在上覆岩层厚度一定的情况下，海水深度越大，塑性发展区越加深，安全系数越小，并且变化幅度不大；渗透系数对安全系数基本无影响。

通过对单向、双向地震作用下海底隧道结构地震动稳定性的分析对比，以及对双向地震作用下考虑温度影响时海底隧道结构地震动稳定性同单向地震作用下不考虑温度影响时海底隧道结构地震动稳定性的分析对比，可以得出以下结论：

①在双向地震作用下，海底隧道结构的安全系数较单向地震作用下有一定程度的降低，说明考虑双向地震作用时的结果更为保守，不考虑则偏于危险。

②考虑温度作用后，安全系数较不考虑时明显降低，说明考虑温度作用使得海底隧道结构的稳定性和安全性有所降低。

③考虑温度作用后，上覆岩层厚度的变化对海底隧道结构稳定性的影响较不考虑时有所增大，随着上覆岩层厚度的增加，安全系数的降低幅度更加明显；上覆海水深度的变化对海底隧道结构稳定性的影响较不考虑时亦有所增大，随着上覆海水深度的增加，安全系数的降低幅度更加明显。

参考文献

[1]孟泽彬.基于极限平衡分析法的公路土质边坡稳定性分析[J].山西建筑,2021,47(3):99-100.

[2]章瑞环,叶帅华,陶晖.基于改进极限平衡法的多级均质黄土边坡稳定性分析[J].岩土力学,2021,42(3):813-825.

[3]聂高波.基于强度折减法的土质边坡稳定性研究[D].南京:河海大学,2020.

[4]唐晓松,郑颖人.有限元强度折减法在隧道施工稳定分析与控制中的应用[J].现代隧道技术,2020,57(3):49-55.

[5]刘彦,聂磊,刘志鹏.边坡稳定性有限元强度折减法的若干讨论[J].土工基础,2021,35(3):380-384

[6]周健,白冰,徐建平.土动力学理论与计算[M].北京:中国建筑工业出版社,2001.

[7]郑颖人,邱陈瑜,张红,等.关于土体隧洞围岩稳定性分析方法的探索[J].岩石力学与工程学报,2008,27(10):1968-1980.

[8]邱陈瑜,郑颖人,宋雅坤.采用 ANSYS 软件讨论无衬砌黄土隧洞安全系数[J].地下空间与工程学报,2009,5(2):291-296.

[9]江权,冯夏庭,向天兵.基于强度折减原理的地下洞室群整体安全系数计算方法探讨[J].岩土力学,2009,30(8):2483-2488.

[10]李树忱,李术才,徐帮树.隧道围岩稳定分析的最小安全系数法[J].岩土力学,2007,28(3):549-554.

[11]熊敬,张建海.Druker-Prager 型屈服准则与强度储备安全系数的相关分析[J].岩土

力学,2008,29(7):1905-1910.

　[12]张红,郑颖人,杨臻,等.黄土隧洞安全系数初探[J].地下空间与工程学报,2009,5(2):291-296.

　[13]郑颖人,陈祖煜,王恭先,等.边坡与滑坡工程治理[M].北京:人民交通出版社,2007.

　[14]郑颖人,赵尚毅,邓楚键,等.有限元极限分析法发展及其在岩土工程中的应用[J].中国工程科学,2006,8(12):39-61.

第5章　海底减震隧道结构的地震动响应

5.1　动力有限元分析

5.1.1　动力分析模型

基于 Biot 动力固结方程的基本假定，孔隙水是不可压缩的，饱和孔隙水的连续方程为

$$\frac{\partial \varepsilon_{ii}}{\partial t} + \frac{1}{\gamma_f} \nabla^T (-K(\nabla P)) = 0 \tag{5-1}$$

式中，∇ 是拉普拉斯算子；K 是岩（土）体的渗透系数矩阵；ε_{ii} 是岩（土）体骨架的体积应变；P 是孔隙水压力；γ_f 是孔隙水重度。

假设岩（土）体是不可压缩的，并且不考虑孔隙水的相对加速度，则饱和岩（土）体的动力平衡方程为

$$\sigma'_{ij,i} + p_{,j}\delta_{ij} + \rho b_i = \rho \ddot{u}_i \quad (i,j = 1,2,3) \tag{5-2}$$

式中，$\sigma'_{ij,i}$ 为有效应力；δ_{ij} 为 Kronecker 记号；ρ 为岩（土）体的密度；b_i 为体积力加速度；$\ddot{u}_i$ 为岩（土）体骨架的加速度。

由结构动力学理论可知，海底隧道衬砌结构的动力控制方程为

$$\sigma_{pij,j} + \rho_p b_{pi} = \rho_p \ddot{u}_{pi} \quad (i,j = 1,2,3) \tag{5-3}$$

式中，$\sigma_{pij,j}$ 为跨海隧道衬砌结构的内应力；ρ_p 为跨海隧道衬砌结构的质量密度；b_{pi} 为跨海隧道衬砌结构的体积力加速度；$\ddot{u}_{pi}$ 为跨海隧道衬砌结构的加速度。

5.1.2　海底隧道的流固耦合动力有限元方程及数值解法

（1）饱和围岩的流固耦合动力有限元方程

应用伽辽金法，对上面所列出的方程（5-1）和方程（5-2）进行有限元离散化[1]，则可得到饱和围岩的流固耦合动力有限元方程为

$$\begin{bmatrix} {}^{t+\Delta t}\boldsymbol{M} & 0 \\ 0 & 0 \end{bmatrix} \begin{Bmatrix} {}^{t+\Delta t}\ddot{\boldsymbol{U}} \\ {}^{t+\Delta t}\ddot{\boldsymbol{p}}_f \end{Bmatrix} + \begin{bmatrix} {}^{t+\Delta t}\boldsymbol{C} & 0 \\ {}^{t+\Delta t}\boldsymbol{K}_{up_f}^{\mathrm{T}} & 0 \end{bmatrix} \begin{Bmatrix} {}^{t+\Delta t}\dot{\boldsymbol{U}} \\ {}^{t+\Delta t}\dot{\boldsymbol{p}}_f \end{Bmatrix} + \begin{bmatrix} {}^{t+\Delta t}\boldsymbol{K}_{uu} & {}^{t+\Delta t}\boldsymbol{K}_{up_f} \\ 0 & -{}^{t+\Delta t}\boldsymbol{K}_{p_f p_f} \end{bmatrix} \begin{Bmatrix} {}^{t+\Delta t}\boldsymbol{U} \\ {}^{t+\Delta t}\boldsymbol{p}_f \end{Bmatrix} = \begin{Bmatrix} {}^{t+\Delta t}\boldsymbol{R}_u \\ {}^{t+\Delta t}\boldsymbol{R}_{p_f} \end{Bmatrix} \tag{5-4}$$

其中,

$$^{t+\Delta t}\boldsymbol{K}_{uu} = \sum_m \int_{t+\Delta t_{v}^{(m)}} {}^{t+\Delta t}\boldsymbol{B}_u^{(m)\mathrm{T}} \, {}^{t+\Delta t}\boldsymbol{D}^{(m)} \, {}^{t+\Delta t}\boldsymbol{B}_u^{(m)} \mathrm{d}^{t+\Delta t}v^{(m)} \tag{5-5a}$$

$$^{t+\Delta t}\boldsymbol{K}_{up_f} = \sum_m \int_{t+\Delta t_{v}^{(m)}} {}^{t+\Delta t}\boldsymbol{B}_u^{(m)\mathrm{T}} \boldsymbol{I}^{(m)} \, {}^{t+\Delta t}\boldsymbol{H}_{p_f}^{(m)} \mathrm{d}^{t+\Delta t}v^{(m)} \tag{5-5b}$$

$$^{t+\Delta t}\boldsymbol{K}_{p_f p_f} = \frac{1}{\gamma_f} \sum_m \int_{t+\Delta t_{(m)}} {}^{t+\Delta t}\boldsymbol{B}_{p_f}^{(m)\mathrm{T}} \, {}^{t+\Delta t}\boldsymbol{K}^{(m)} \, {}^{t+\Delta t}\boldsymbol{B}_{p_f}^{(m)} \mathrm{d}^{t+\Delta t}v^{(m)} \tag{5-5c}$$

$$^{t+\Delta t}\boldsymbol{R}_{p_f} = \sum_m \int_{t+\Delta t_{s_q}^{(m)}} ({}^{t+\Delta t}\boldsymbol{H}_{p_f}^{t+\Delta t_{s_q}^{(m)(m)}})^{\mathrm{T}} \, {}^{t+\Delta t}\boldsymbol{q}^{(m)} \mathrm{d}^{t+\Delta t}\boldsymbol{s}_q^{(m)} \tag{5-5d}$$

$$^{t+\Delta t}\boldsymbol{R}_u = \sum_m \int_{t+\Delta t_{v}^{(m)}} {}^{t+\Delta t}\boldsymbol{H}_u^{(m)\mathrm{T}} \, {}^{t+\Delta t}\boldsymbol{f}^{(m)} \mathrm{d}^{t+\Delta t}\boldsymbol{v}^{(m)} + \sum_m \int_{t+\Delta t_{s_f}^{(m)}} ({}^{t+\Delta t}\boldsymbol{H}_u^{t+\Delta t_{s_f}^{(m)(m)}})^{\mathrm{T}} \, {}^{t+\Delta t}\boldsymbol{f}^{(m)} \mathrm{d}^{t+\Delta t}\boldsymbol{s}_f^{(m)} \tag{5-5e}$$

式中,$\boldsymbol{U}$ 为岩土(体)结点位移向量;p_f 为孔隙水压力向量;$\boldsymbol{M}$ 为岩土的质量矩阵;$\boldsymbol{C}$ 为岩土的阻尼矩阵;$\boldsymbol{D}$ 为岩土(体)的弹性系数矩阵;$\boldsymbol{f}$ 和 $\boldsymbol{q}$ 均为荷载向量;$\boldsymbol{B}_u$ 为岩(土)体结点位移的几何梯度矩阵;$\boldsymbol{B}_{p_f}$ 为孔隙水压力的几何梯度矩阵;$\boldsymbol{H}_u$ 为岩(土)体结点位移的插值函数矩阵;$\boldsymbol{H}_{p_f}$ 为孔隙水压力的插值函数矩阵;$\boldsymbol{I}$ 为单位矩阵。

(2)跨海隧道衬砌结构的动力有限元方程

应用伽辽金法,对方程(5-3)进行有限元离散化,则可得到跨海隧道衬砌结构的动力有限元方程为

$$^{t+\Delta t}\boldsymbol{M}_p \, {}^{t+\Delta t}\ddot{\boldsymbol{U}}_p + {}^{t+\Delta t}\boldsymbol{C}_p \, {}^{t+\Delta t}\dot{\boldsymbol{U}}_p + {}^{t+\Delta t}\boldsymbol{K}_{uup} \, {}^{t+\Delta t}\boldsymbol{U}_p = {}^{t+\Delta t}\boldsymbol{R}_{up} \tag{5-6}$$

其中,

$$^{t+\Delta t}\boldsymbol{K}_{uup} = \sum_m \int_{t+\Delta t_{v_p}^{(m)}} {}^{t+\Delta t}\boldsymbol{B}_{up}^{(m)\mathrm{T}} \, {}^{t+\Delta t}\boldsymbol{D}_p^{(m)} \, {}^{t+\Delta t}\boldsymbol{B}_{up}^{(m)} \mathrm{d}^{t+\Delta t}v_p^{(m)} \tag{5-7a}$$

$$^{t+\Delta t}\boldsymbol{R}_{up} = \sum_m \int_{t+\Delta t_{v_p}^{(m)}} {}^{t+\Delta t}\boldsymbol{H}_{up}^{(m)\mathrm{T}} \, {}^{t+\Delta t}\boldsymbol{f}_p^{(m)} \mathrm{d}^{t+\Delta t}\boldsymbol{v}_p^{(m)} + \sum_m \int_{t+\Delta t_{s_{f_p}^{(m)}}} ({}^{t+\Delta t}\boldsymbol{H}_{up}^{t+\Delta t_{s_{f_p}^{(m)}(m)}})^{\mathrm{T}} \, {}^{t+\Delta t}\boldsymbol{f}_p^{(m)} \mathrm{d}^{t+\Delta t}\boldsymbol{s}_{f_p}^{(m)}$$

$$\tag{5-7b}$$

式中,$\boldsymbol{U}_p$ 为跨海隧道结点位移向量;$\boldsymbol{M}_p$ 为跨海隧道的质量矩阵;$\boldsymbol{C}_p$ 为跨海隧道的阻尼矩阵;$\boldsymbol{D}_p$ 为跨海隧道的弹性系数矩阵;$\boldsymbol{f}_p$ 为荷载向量;$\boldsymbol{B}_{up}$ 为跨海隧道结点位移的几何梯度矩阵;$\boldsymbol{H}_{up}$ 为跨海隧道结点位移的插值函数矩阵。

(3)饱和围岩-衬砌结构的流固耦合动力有限元方程及解法

联立饱和围岩和跨海隧道衬砌结构的动力有限元方程(5-4)和(5-6),并采用Newmark-β逐步积法进行求解,则有

$$\begin{cases} \begin{bmatrix} {}^{t+\Delta t}\boldsymbol{K}_{uu} + \alpha_0 \, {}^{t+\Delta t}\boldsymbol{M} + \alpha_1 \, {}^{t+\Delta t}\boldsymbol{C} & {}^{t+\Delta t}\boldsymbol{K}_{up_f} \\ \boldsymbol{K}_{up_f}^{\mathrm{T}} & -\Delta t \, {}^{t+\Delta t}\boldsymbol{K}_{p_f p_f} \end{bmatrix} \begin{Bmatrix} {}^{t+\Delta t}\boldsymbol{U} \\ {}^{t+\Delta t}\boldsymbol{P}_f \end{Bmatrix} = \begin{Bmatrix} {}^{t+\Delta t}\boldsymbol{R}_u^d \\ -\Delta t \, {}^{t+\Delta t}\boldsymbol{R}_{p_f} + {}^{t+\Delta t}\boldsymbol{K}_{up_f}^{\mathrm{T}} \, {}^{t}\boldsymbol{U} \end{Bmatrix} \\ ({}^{t+\Delta t}\boldsymbol{K}_{uup} + \alpha_0 \, {}^{t+\Delta t}\boldsymbol{M}_p + \alpha_1 \, {}^{t+\Delta t}\boldsymbol{C}_p) \, {}^{t+\Delta t}\boldsymbol{U}_p = {}^{t+\Delta t}\boldsymbol{R}_{up}^d \end{cases} \tag{5-8}$$

其中，

$$^{t+\Delta t}R_u^d = {}^{t+\Delta t}R_u + {}^{t+\Delta t}M(\alpha_0{}^tU + \alpha_2{}^t\dot{U} + \alpha_3{}^t\ddot{U}) + {}^{t+\Delta t}C(\alpha_1{}^tU + \alpha_4{}^t\dot{U} + \alpha_5{}^t\ddot{U}) \quad (5\text{-}9a)$$

$$^{t+\Delta t}R_{up}^d = {}^{t+\Delta t}R_{up} + {}^{t+\Delta t}M_p(\alpha_0{}^tU_p + \alpha_2{}^t\dot{U}_p + \alpha_3{}^t\ddot{U}_p) + {}^{t+\Delta t}C_p(\alpha_1{}^tU_p + \alpha_4{}^t\dot{U}_p + \alpha_5{}^t\ddot{U}_p) \quad (5\text{-}9b)$$

式中，$\alpha_0 = \dfrac{1}{\alpha\Delta t^2}$；$\alpha_1 = \dfrac{\beta}{\alpha\Delta t}$；$\alpha_2 = \dfrac{1}{\alpha\Delta t}$；$\alpha_3 = \dfrac{1}{2\alpha} - 1$；$\alpha_4 = \dfrac{\beta}{\alpha} - 1$；$\alpha_5 = \Delta t(\dfrac{\beta}{2\alpha} - 1)$。

通常情况下，当 $\beta \geqslant 0.5$、$\alpha \geqslant 0.25(0.5+\beta)^2$ 时，利用 Newmark-β 法求解一定是稳定的。本章在计算中取 $\alpha = 0.8$，$\beta = 0.6$。

5.1.3　计算过程

在计算伴随地下水的岩（土）体变形时，应考虑孔隙水压力对岩（土）体应力和岩（土）体变形的影响。隧道完工之后，隧道周围岩（土）体压力和孔隙水压力有利于衬砌结构的稳定。与此同时，岩石间隙之间不再有超孔隙压力。为了模拟真实的结果，先进行固结计算。在此基础上，通过施加地震荷载继续进行动力计算。按照固结沉降的计算、改变边界条件、施加地震荷载、重新进行动力计算的顺序进行计算。

5.1.4　隔震方案

通过三种方法对隧道结构进行隔震：第一种是通过改变隧道自身的特性（比如刚度、质量、强度和阻尼）来控制结构刚度和质量比，这样可以减小衬砌结构的内力。第二种方法是在岩（土）体和隧道衬砌之间设置隔震层，这种隔震层须用重量轻、较为柔软、能够很好地吸收能量的材料，并且这种隔震材料要有大的阻尼系数，通过这种方法，可以将衬砌结构和隧道周围的岩（土）体隔离开来[2]。将岩（土）体的变形转移给围岩结构是很困难的，因此，隧道的地震动反应就得到减小。第三种方法是通过使用锚杆灌浆技术和扩大减震的范围，使岩（土）体得到加固。

采用第二种方法（即设置隔震层的方法）进行隔震时，由于隔震层吸收动态应变，因此，作为隔震层的材料必须有一定的弹性性能以避免在地震中产生塑性，要在下一次的地震中能够继续正常使用。同时，考虑到施工后的地表沉降，隔震层材料的泊松比应接近于0.5或在隧道径向的方向上呈刚度各向异性。通过在初衬砌和二衬砌之间设置泡沫混凝土或橡胶材料作为隔震层，可以比较分析第一主应力时程曲线和二次衬砌结构中的关键点的主应力峰值，从而可以对不同隔震层的减震效果进行比较。

5.2　数值算例

5.2.1　计算模型

本书中假定海底隧道的跨度为15 m，高度为11.25 m，上覆岩层厚度为25 m，海水深度为10 m。考虑围岩稳定性的影响范围，从半无限空间体中切取厚度为1 m（沿隧道纵向）的隔离体。计算范围自隧道底部取5倍洞室高度（即56.25 m），隧道左右两侧各取5倍洞室跨度（即72.5 m）[3]。在初次衬砌和二次衬砌结构之间设置厚度为0.2 m的减震层，鉴于海水流动较为平缓，当海水深度达到某一限值时，将岩体和海面下48 m处的接触面作为透水层，其余的部分作为不透水层。考虑海面波浪运动的影响，在ADINA软件中将海面设为自由液面；考虑地震动作用下海水对海床表面的动水压力作用，将海水与上覆岩层的接触面定义为流固耦合边界；考虑黏弹性边界对地震波的吸收能力，将围岩的位移边界设置为黏弹性人工边界[4]。

$$K_{BN} = \alpha_N \frac{G}{R}, \quad C_{BN} = \rho c_P, \tag{5-10}$$

$$K_{BT} = \alpha_T \frac{G}{R}, \quad C_{BT} = \rho c_S, \tag{5-11}$$

式中，K_{BN}和K_{BT}分别为法向和切向弹簧刚度；C_{BN}和C_{BT}分别为法向和切向阻尼系数；G为介质剪切弹性模量；R为人工边界到波源的距离；ρ为介质的质量密度；α_N和α_T分别为法向和切向黏弹性边界修正系数，通常取α_T=0.35～0.65，α_N=0.8～1.2，在本章中，取α_T=0.5，α_N=1.0，c_P和c_S分别为地震波在介质P和介质S中的传播速度。

$$c_P = \sqrt{\frac{\lambda + 2\mu}{\rho}} \tag{5-12}$$

$$c_S = \sqrt{\frac{\mu}{\rho}} \tag{5-13}$$

式中，λ和μ分别是第一和第二拉梅参数，$\lambda = \dfrac{vE}{(1+v)(1-2v)}$，$\mu = \dfrac{E}{2(1+v)}$，$E$为弹性系数，$v$为泊松比；其他相关参数的取值为$K_{BN}$=20242105 N·s/m，$K_{BT}$=10121052 N·s/m，$C_{BN}$=3847800 N/m，$C_{BT}$=2056842 N/m[5]。

分析模型如图5-1所示。

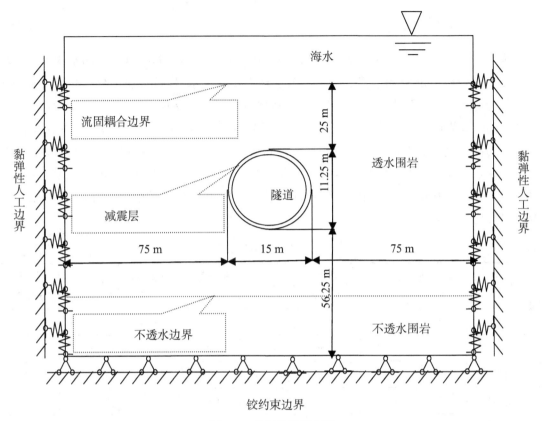

图5-1 分析模型示意图

以往隧道地震灾害显示，拱顶、拱腰和仰拱处是隧道的薄弱部位，本章选取隧道二次衬砌的拱顶（A点）、拱腰（B点）和仰拱（C点）作为监测点，如图5-2所示。分别提取设置泡沫混凝土隔震层和橡胶隔震层的海底隧道二次衬砌结构关键部位的第一主应力时程曲线、第一主应力峰值和第三主应力时程曲线，并且与未设置隔震层的海底隧道二次衬砌结构进行对比，分析不同隔震层对隧道二次衬砌结构的隔震效果。

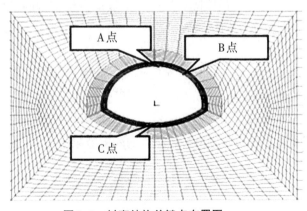

图5-2 衬砌结构关键点布置图

5.2.2　计算参数

为了更好地模拟岩体对隧道结构的动力反应，对于围岩和衬砌混凝土的本构关系，本章选用 Mohr-Coulomb 材料模型，该模型基于理想塑性莫尔-库伦屈服函数、非相关流动法则和拉伸截止；考虑到当海水深度达到某一限值时，海水流动很平缓，将海水深度 48 m 之下的界面（即岩体和海水的接触面）作为透水层，将多孔介质和其余的部分作为不透水层；考虑到衬砌混凝土的本构关系，选用 Mohr-Coulomb 材料模型，初衬砌厚度为 0.30 m，二衬砌厚度为 0.50 m；海水采用不可压的常参数模型 Constant，单元采用 FCBI-C 单元，重度为 10.09 kN/m³，取默认体积模量 10^{20} Pa；泡沫混凝土隔震层和橡胶隔震层厚度都为 0.20 m。材料参数见表 5-1。

表 5-1　材料参数表

材料名称	弹性模量 E/GPa	泊松比 v	重度 γ/(kN·m^{-3})	黏聚力 c/kPa	内摩擦角 φ/(°)	孔隙率 n/%	渗透性 K/(m·s^{-1})	抗拉强度 σ/MPa
透水围岩	5	0.3	21.56	600	35	0.2	1.00E-06	—
不透水围岩	5	0.3	21.56	600	35	—	—	—
初衬砌	30	0.167	24.5	3180	54.9	—	—	2.01
二衬砌	30	0.167	24.5	3180	54.9	—	—	2.01
泡沫混凝土	0.27	0.21	5.46	50	15	—	—	—
橡胶	0.0025	0.45	9.8	0.6	6	—	—	—

5.2.3　减震效果分析

不同的隔震材料有不同的隔震效果。因此，分别提取设置泡沫混凝土隔震层和橡胶隔震层的海底隧道衬砌结构的第一主应力时程曲线、第三主应力时程曲线、第一主应力峰值和第三主应力峰值，并且与未设置隔震层的海底隧道衬砌结构的时程曲线和主应力峰值进行对比，分析不同材料隔震层的减震效果。

（1）橡胶隔震层

在双向地震波的动力响应下，设置橡胶隔震层的海底隧道二次衬砌结构关键部位的第一主应力时程曲线如图 5-3 所示，第三主应力时程曲线如图 5-4 所示，第一主应力峰值和第三主应力峰值如表 5-2 所示，与未设置隔震层的海底隧道衬砌结构的时程曲线和主应力峰值进行对比，分析隔震层对海底隧道衬砌结构的隔震效果。

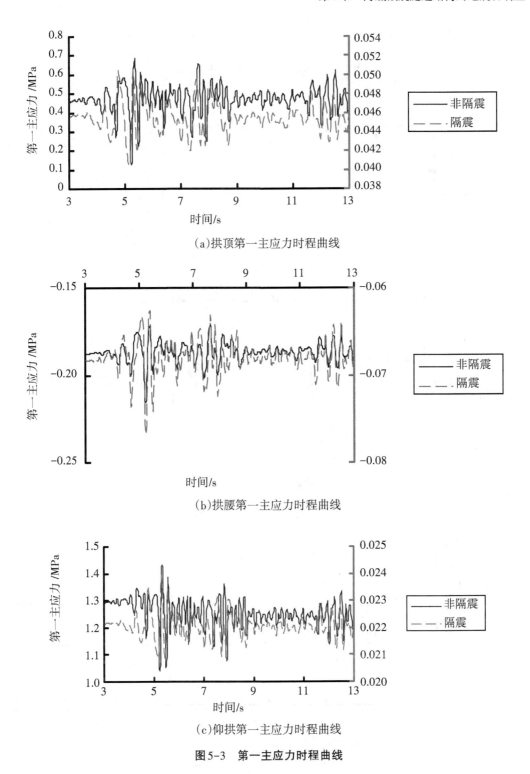

(a)拱顶第一主应力时程曲线

(b)拱腰第一主应力时程曲线

(c)仰拱第一主应力时程曲线

图5-3 第一主应力时程曲线

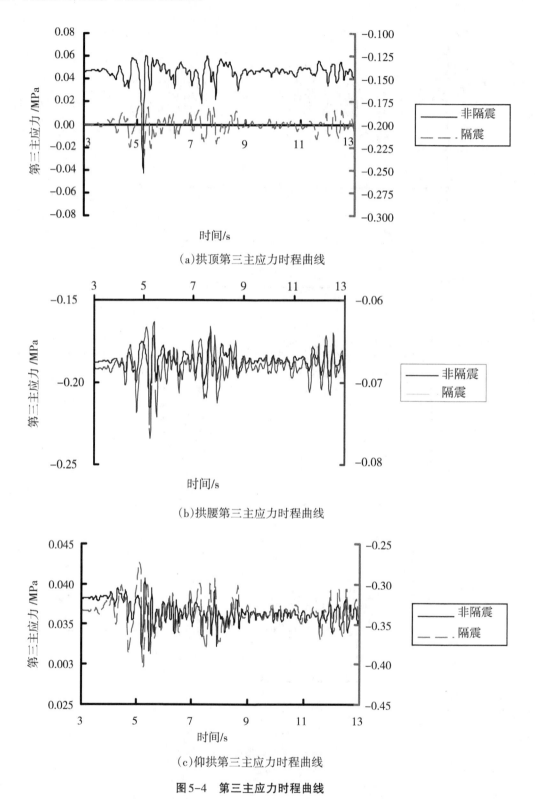

(a)拱顶第三主应力时程曲线

(b)拱腰第三主应力时程曲线

(c)仰拱第三主应力时程曲线

图5-4　第三主应力时程曲线

表5-2　设置橡胶隔震层前后主应力峰值对比表

单位：MPa

区别	拱顶		拱腰		仰拱	
	σ_1^{max} 应力	σ_3^{max} 应力	σ_1^{max} 应力	σ_3^{max} 应力	σ_1^{max} 应力	σ_3^{max} 应力
未设置隔震层	0.69	0.06	−0.22	−6.05	1.43	0.04
设置隔震层	0.05	−0.24	−0.08	−0.37	0.02	−0.40

　　由图5-3、图5-4和表5-2可以看出，通过设置橡胶隔震层来提高海底隧道结构的抗震性能是一种非常有效的方式，而且能较显著地改善隧道衬砌结构的受力情况，隧道结构关键部位监测点的主应力均有不同程度的减小。同时，由时程曲线图可知，设置橡胶隔震层并未改变衬砌结构同时到达应力峰值的时刻，并且应力随时间的变化规律基本一致，时程曲线与无隔震层时十分相似，说明设置橡胶隔震层不会改变隧道结构的频谱特性，设置橡胶隔震层只能改变主应力的大小，不能改变拱顶和仰拱的应力状态，比如设置橡胶隔震层前的受力状态为受拉，设置橡胶隔震层后的受力状态还是为受拉。

（2）泡沫混凝土隔震层

　　在双向地震波的动力响应下，设置泡沫混凝土隔震层的海底隧道二次衬砌结构关键部位的第一主应力时程曲线如图5-5所示，第三主应力时程曲线如图5-6所示，第一主应力峰值和第三主应力峰值如表5-3所示，与未设置隔震层的海底隧道衬砌结构时程曲线和主应力峰值进行对比，分析设置隔震层对改善海底隧道衬砌结构受力状态的隔震效果。

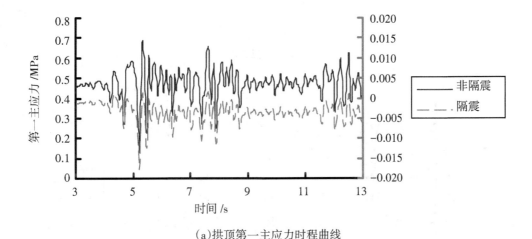

（a）拱顶第一主应力时程曲线

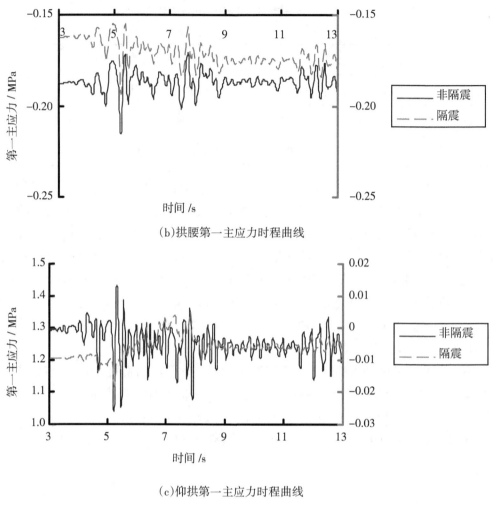

(b)拱腰第一主应力时程曲线

(c)仰拱第一主应力时程曲线

图5-5　第一主应力时程曲线

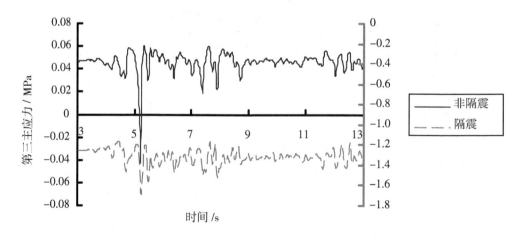

(a)拱顶第三主应力时程曲线

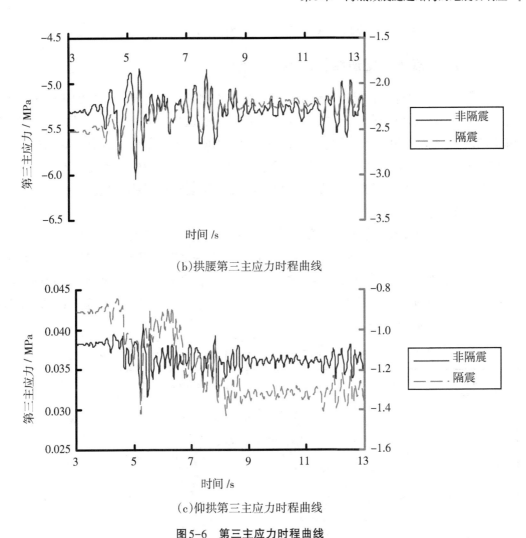

(b)拱腰第三主应力时程曲线

(c)仰拱第三主应力时程曲线

图5-6 第三主应力时程曲线

表5-3 设置泡沫混凝土隔震层前后主应力峰值对比表

单位:MPa

区别	拱顶		拱腰		仰拱	
	σ_1^{max}	σ_3^{max}	σ_1^{max}	σ_3^{max}	σ_1^{max}	σ_3^{max}
未设置隔震层	0.69	0.06	−0.22	−6.05	1.43	0.04
设置隔震层	0.0015	−1.6900	−0.1940	−2.8300	0.0049	−1.4300

由图5-5、图5-6和表5-3可以看出,设置泡沫混凝土隔震层后,不仅衬砌结构的主应力数值发生了改变,拱顶和仰拱的受力状态也发生了改变,比如设置泡沫混凝土隔震层前的受力状态为受拉,设置泡沫混凝土隔震层后的受力状态变为了受压。

一般而言,从主应力角度出发考虑,设置隔震层能在一定程度上隔断四周围岩对海底隧道的约束力，从而达到降低震害、保护衬砌的作用。

5.2.4 海底隔震隧道结构的地震动响应

为了充分考虑有隔震措施的海底隧道在地震作用下的动力响应，分别研究无隔震层的海底隧道的动力响应、有泡沫混凝土隔震层的海底隧道的动力响应、有橡胶隔震层的海底隧道的动力响应，同时考虑不同上覆岩层厚度和不同上覆海水深度对海底隧道动力响应的影响。根据第一和第三主应力的变化，不仅可以得到不同上覆岩层厚度和不同上覆海水深度对海底隧道动力响应的影响，而且可以评估采取隔震措施后的隔震效果[6]。

（1）无隔震层

1）覆岩厚度对海底隧道结构第一主应力和第三主应力的影响

为了得到不同上覆岩层厚度对无隔震措施的海底隧道第一主应力和第三主应力的影响，设上覆海水深度为20 m，海底隧道上覆岩层厚度分别为25 m、35 m和45 m，得到的第一主应力云图如表5-4所示，第一主应力如表5-5所示，第三主应力云图如表5-6所示，第三主应力如表5-7所示。

表5-4 不同上覆岩层厚度下的第一主应力云图

上覆岩层厚度/m	第一主应力云图
25	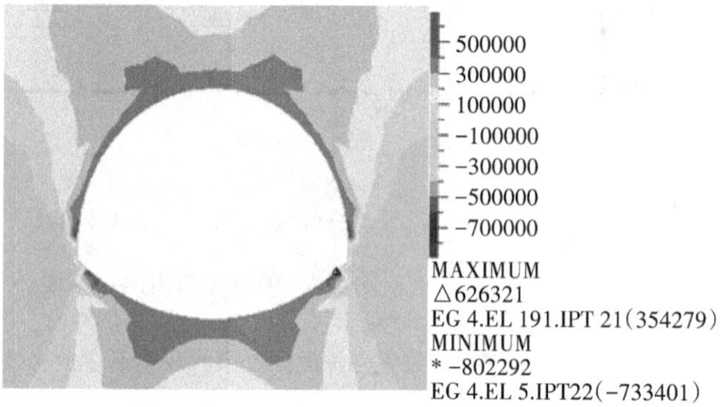 500000 300000 100000 −100000 −300000 −500000 −700000 MAXIMUM △626321 EG 4.EL 191.IPT 21(354279) MINIMUM * −802292 EG 4.EL 5.IPT22(−733401)
35	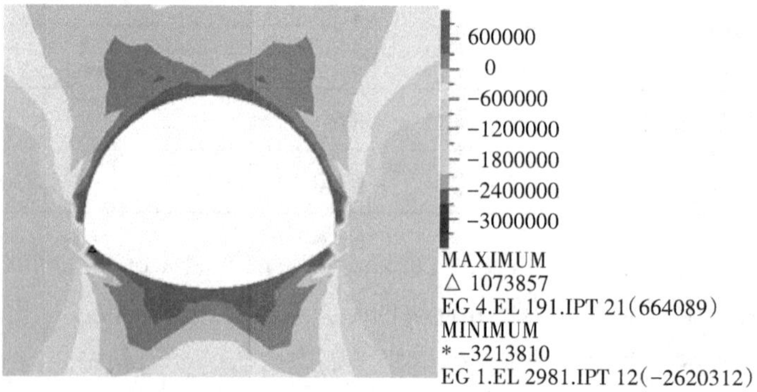 600000 0 −600000 −1200000 −1800000 −2400000 −3000000 MAXIMUM △ 1073857 EG 4.EL 191.IPT 21(664089) MINIMUM * −3213810 EG 1.EL 2981.IPT 12(−2620312)

续表5-4

上覆岩层厚度/m	第一主应力云图
45	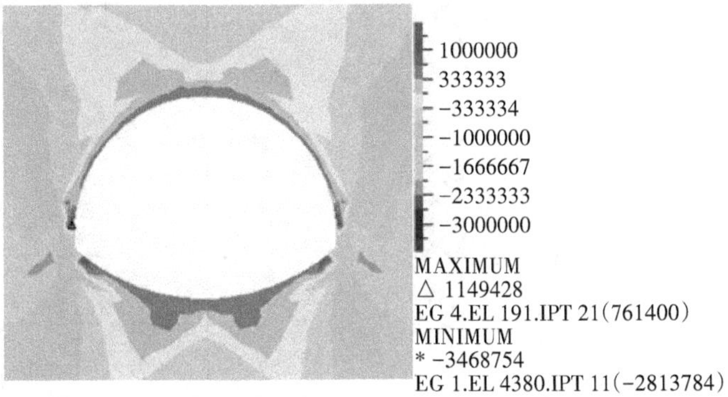 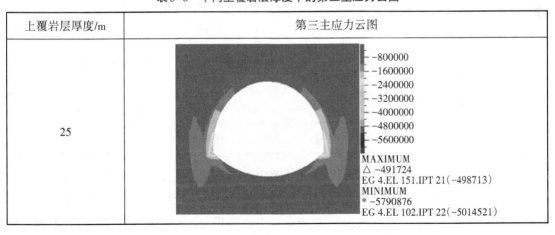

表5-5　不同上覆岩层厚度下的第一主应力

上覆岩层厚度/m	拱顶 σ_A/MPa	仰拱 σ_B/MPa	拱腰 σ_C/MPa
25	0.405	0.633	−0.217
35	0.919	0.947	−0.312
45	0.946	1.022	−0.350

表5-6　不同上覆岩层厚度下的第三主应力云图

上覆岩层厚度/m	第三主应力云图
25	

续表5-6

上覆岩层厚度/m	第三主应力云图
35	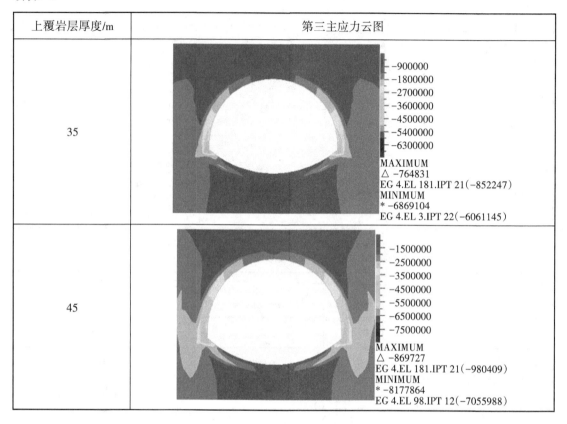
45	

表5-7　不同上覆岩层厚度下的第三主应力

上覆岩层厚度/m	拱顶 σ_A/MPa	仰拱 σ_B/MPa	拱腰 σ_C/MPa
25	−0.022	−0.014	−5.263
35	−0.024	−0.017	−6.465
45	−0.028	−0.021	−8.038

2）海水深度对海底隧道结构第一主应力和第三主应力的影响

为了得到不同海水深度对无隔震措施的海底隧道第一主应力和第三主应力的影响，设上覆岩层厚度为25 m，海水深度分别为20 m、30 m和40 m，得到的第一主应力云图如表5-8所示，第一主应力如表5-9所示，第三主应力云图如表5-10所示，第三主应力如表5-11所示。

表5-8　不同上覆海水深度下的第一主应力云图

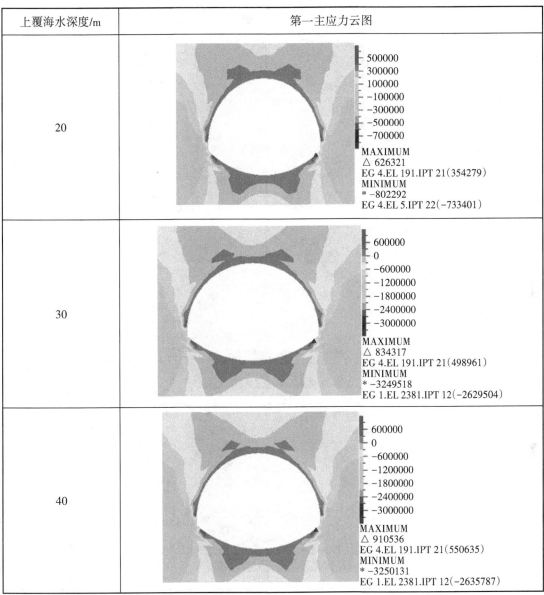

上覆海水深度/m	第一主应力云图
20	MAXIMUM △ 626321 EG 4.EL 191.IPT 21(354279) MINIMUM * −802292 EG 4.EL 5.IPT 22(−733401)
30	MAXIMUM △ 834317 EG 4.EL 191.IPT 21(498961) MINIMUM * −3249518 EG 1.EL 2381.IPT 12(−2629504)
40	MAXIMUM △ 910536 EG 4.EL 191.IPT 21(550635) MINIMUM * −3250131 EG 1.EL 2381.IPT 12(−2635787)

表5-9　不同上覆海水深度下的第一主应力

上覆海水深度/m	拱顶 σ_A/MPa	仰拱 σ_B/MPa	拱腰 σ_C/MPa
20	0.073	0.674	−0.321
30	0.075	0.985	−0.363
40	0.084	0.982	−0.401

表5-10 不同上覆海水深度下的第三主应力云图

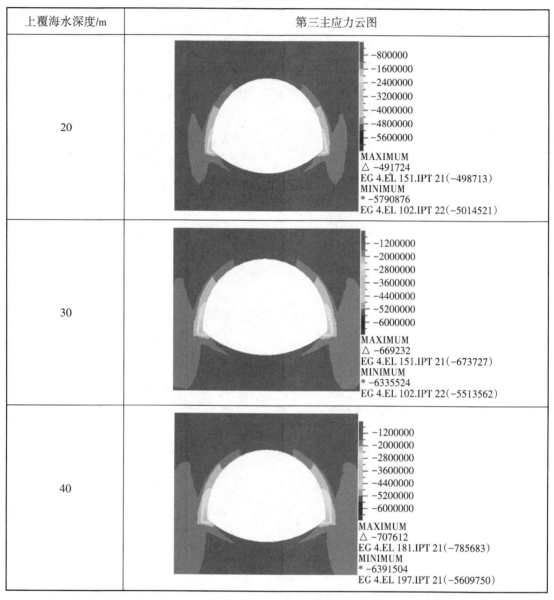

上覆海水深度/m	第三主应力云图
20	
30	
40	

表5-11 不同上覆海水深度下的第三主应力

上覆海水深度/m	拱顶 σ_A/MPa	仰拱 σ_B/MPa	拱腰 σ_C/MPa
20	−0.0011	−0.015	−1.981
30	−0.0018	−0.016	−2.198
40	−0.0033	−0.016	−2.423

由表5-6、表5-7和表5-10、表5-11可以看出，当上覆海水深度为20 m，上覆岩层厚度分别取25 m、35 m和45 m时，衬砌和隧道围岩的压应力随着海底隧道上覆岩层厚度的增大而变大，并且变化更为明显；当上覆岩层厚度为25 m，上覆海水深度分别取20 m、30 m和40 m时，衬砌和隧道围岩的压应力随着上覆海水深度的增大而变大。隧道的压缩区域在拱脚和拱腰的左右两侧均匀分布，因此，在拱脚和拱腰的底部应考虑隧道的压缩破坏。

根据以上结论，在渗流和地震的作用下，拉应力主要集中在拱顶和仰拱处，压应力主要集中在拱腰处。因此，当考虑地震的作用时，应采取一些措施来加强隧道结构。在上覆海水深度一定的情况下，随着上覆岩层厚度的增大，应力集中现象变得更为明显，而隧道结构的安全系数也越小；在上覆岩层厚度一定的情况下，上覆海水深度越大，应力集中现象越明显，上覆岩层的作用效果比上覆海水的作用效果更为显著。

（2）泡沫混凝土隔震层

1）覆岩厚度对海底隧道结构第一主应力和第三主应力的影响

为了得到不同上覆岩层厚度对海底隧道第一主应力和第三主应力的影响，设置泡沫混凝土隔震层，设上覆海水深度为20 m，海底隧道上覆岩层厚度分别为25 m、35 m和45 m，得到的第一主应力云图如表5-12所示，第一主应力如表5-13所示，第三主应力云图如表5-14所示，第三主应力如表5-15所示。

表5-12 不同上覆岩层厚度下的第一主应力云图

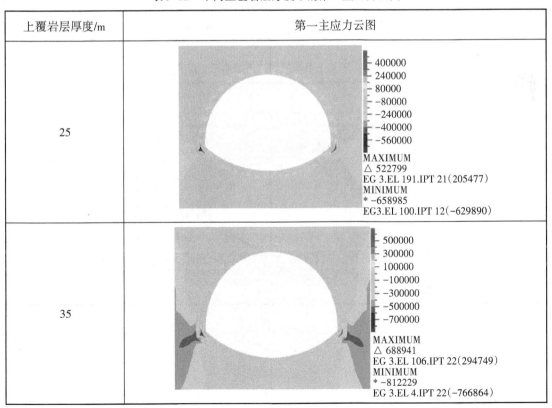

上覆岩层厚度/m	第一主应力云图
25	400000 240000 80000 −80000 −240000 −400000 −560000 MAXIMUM △ 522799 EG 3.EL 191.IPT 21(205477) MINIMUM * −658985 EG3.EL 100.IPT 12(−629890)
35	500000 300000 100000 −100000 −300000 −500000 −700000 MAXIMUM △ 688941 EG 3.EL 106.IPT 22(294749) MINIMUM * −812229 EG 3.EL 4.IPT 22(−766864)

续表5-12

上覆岩层厚度/m	第一主应力云图
45	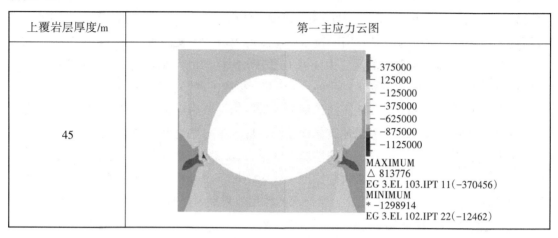

表5-13　不同上覆岩层厚度下的第一主应力

上覆岩层厚度/m	拱顶 σ_A/MPa	仰拱 σ_B/MPa	拱腰 σ_C/MPa
25	0.179	0.0012	−0.342
35	0.170	0.0013	−0.433
45	0.183	0.0096	−0.529

表5-14　不同上覆岩层厚度下的第三主应力云图

上覆岩层厚度/m	第三主应力云图
25	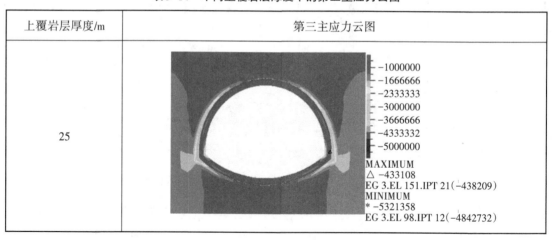

上覆岩层厚度/m	第三主应力云图
35	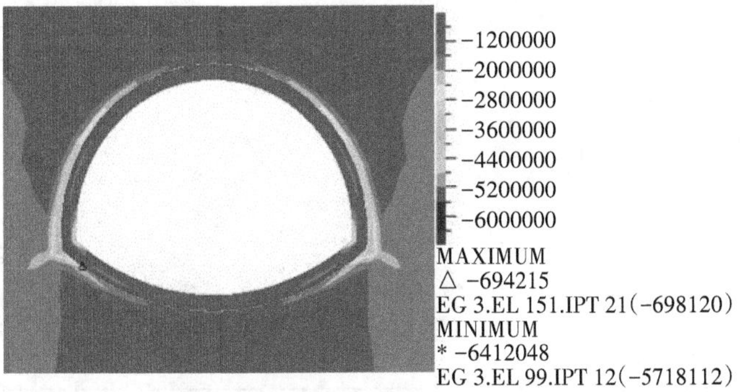
45	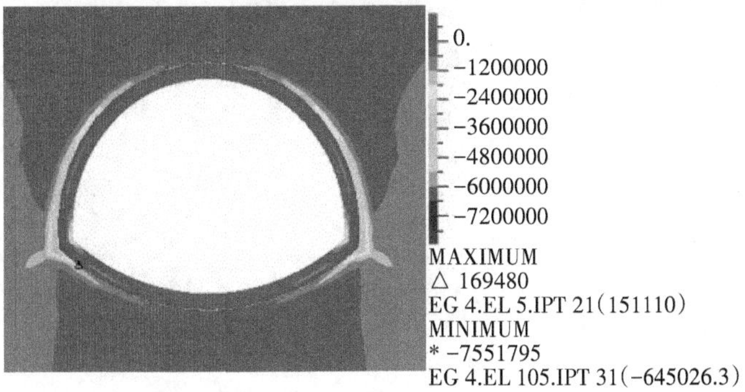

表5-15　不同上覆岩层厚度下的第三主应力

上覆岩层厚度/m	拱顶 σ_A/MPa	仰拱 σ_B/MPa	拱腰 σ_C/MPa
25	−0.0011	−0.066	−2.061
35	−0.0051	−0.066	−2.762
45	−0.0256	−0.066	−3.284

2）海水深度对海底隧道结构第一主应力和第三主应力的影响

为了得到不同海水深度对具有泡沫混凝土隔震层的海底隧道第一主应力和第三主应力的影响，设上覆岩层厚度为25 m，海水深度分别为20 m、30 m和40 m，得到的第一主应力云图如表5-16所示，第一主应力如表5-17所示，第三主应力云图如表5-18所示，第三主应力如表5-19所示。

表5-16　不同上覆海水深度下的第一主应力云图

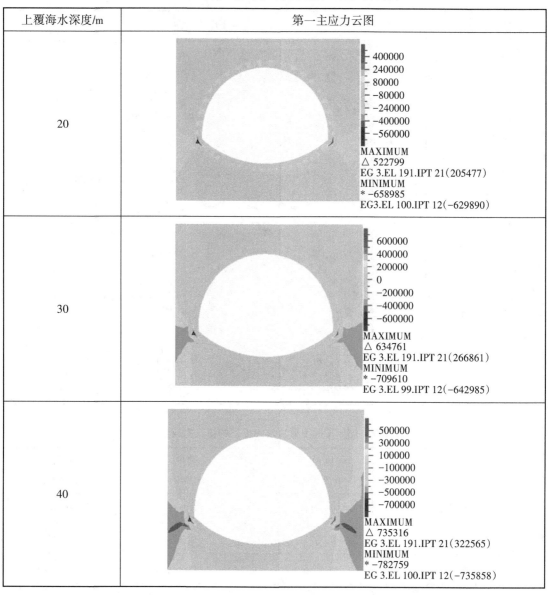

上覆海水深度/m	第一主应力云图
20	400000 240000 80000 −80000 −240000 −400000 −560000 MAXIMUM △ 522799 EG 3.EL 191.IPT 21（205477） MINIMUM * −658985 EG3.EL 100.IPT 12（−629890）
30	600000 400000 200000 0 −200000 −400000 −600000 MAXIMUM △ 634761 EG 3.EL 191.IPT 21（266861） MINIMUM * −709610 EG 3.EL 99.IPT 12（−642985）
40	500000 300000 100000 −100000 −300000 −500000 −700000 MAXIMUM △ 735316 EG 3.EL 191.IPT 21（322565） MINIMUM * −782759 EG 3.EL 100.IPT 12（−735858）

表5-17　不同上覆海水深度下的第一主应力

上覆海水深度/m	拱顶 σ_A/MPa	仰拱 σ_B/MPa	拱腰 σ_C/MPa
20	0.058	0.0016	−0.301
30	0.062	0.0023	−0.376
40	0.051	0.0017	−0.411

表5-18 不同上覆海水深度下的第三主应力云图

上覆海水深度/m	第三主应力云图
20	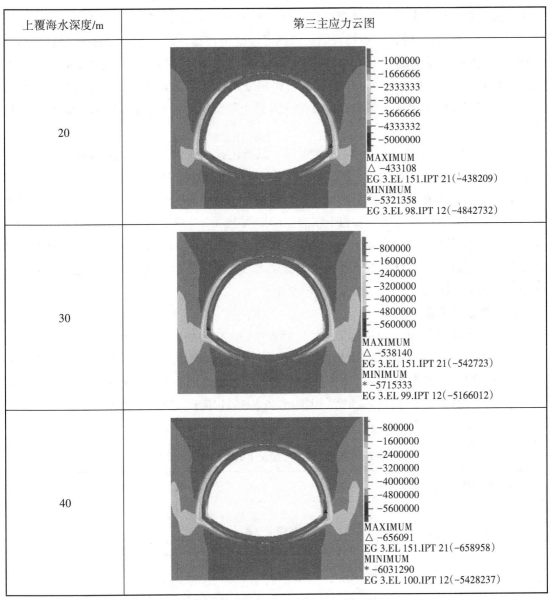
30	
40	

表5-19 不同上覆海水深度下的第三主应力

上覆海水深度/m	拱顶 σ_A/MPa	仰拱 σ_B/MPa	拱腰 σ_C/MPa
20	−0.0015	−0.069	−1.893
30	−0.0021	−0.071	−2.271
40	−0.0037	−0.080	−2.487

由表5-12、表5-13和表5-16、表5-17可以看出，对于设置泡沫混凝土隔震层的海底隧道，其受拉区域主要分布在拱脚左右两侧。当上覆海水深度取20 m，上覆岩层厚度分别取25 m、35 m和45 m时，与不设置隔震层的海底隧道相比，设置泡沫混凝土隔震层之后，拱顶和仰拱处的拉应力随着上覆岩层厚度的增大而变化缓慢；当上覆岩层厚度取25 m，上覆海水深度分别取20 m、30 m和40 m时，拱顶处的拉应力随着上覆海水深度的增大而变大，但是其变化较为稳定。然而，设置泡沫混凝土隔震层之后，拱顶和仰拱处的最大拉应力急剧减小。

由表5-14、表5-15和表5-18、表5-19可以看出，设置泡沫混凝土隔震层之后，受压区域主要分布在拱脚和拱腰的一侧，因此，应考虑拱底和拱腰处的压缩破坏。当上覆海水深度取20 m，上覆岩层厚度分别取25 m、35 m和45 m时，压应力随着上覆岩层厚度的增大而变大，而且其变化较为明显；当上覆岩层厚度取25 m，上覆海水深度分别取20 m、30 m和40 m时，拱腰处的压应力随着海水深度的增大而变大，但是变化不明显。与没有设置隔震层的海底隧道相比，设置泡沫混凝土隔震层之后，拱腰处最大压应力的变化不明显，但压应力的最大值比混凝土的极限压应力值要小。

（3）橡胶隔震层

1）覆岩厚度对海底隧道结构第一主应力和第三主应力的影响

为了得到不同上覆岩层厚度对海底隧道第一主应力和第三主应力的影响，设置橡胶隔震层，设上覆海水深度为20 m，海底隧道上覆岩层厚度分别为25 m、35 m和45 m，得到的第一主应力云图如表5-20所示，第一主应力如表5-21所示，第三主应力云图如表5-22所示，第三主应力如表5-23所示。

表5-20　不同上覆岩层厚度下的第一主应力云图

上覆岩层厚度/m	第一主应力云图
25	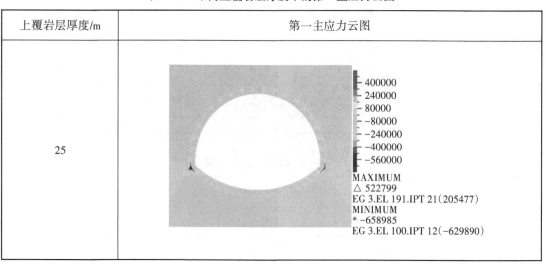

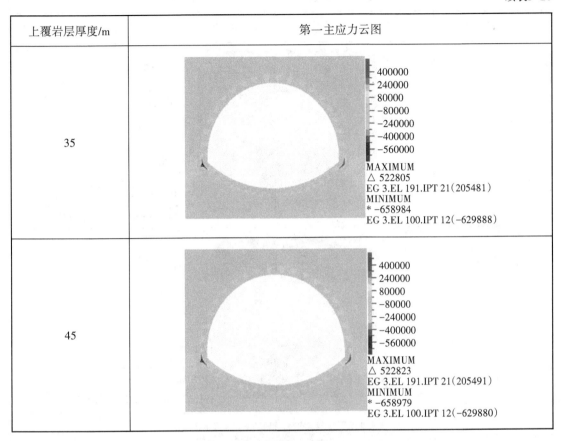

上覆岩层厚度/m	第一主应力云图
35	
45	

表5-21　不同上覆岩层厚度下的第一主应力

上覆岩层厚度/m	拱顶 σ_A/MPa	仰拱 σ_B/MPa	拱腰 σ_C/MPa
25	0.128	0.0019	−0.321
35	0.131	0.0025	−0.383
45	0.139	0.0031	−0.479

表 5-22　不同上覆岩层厚度下的第三主应力云图

上覆岩层厚度/m	第三主应力云图
25	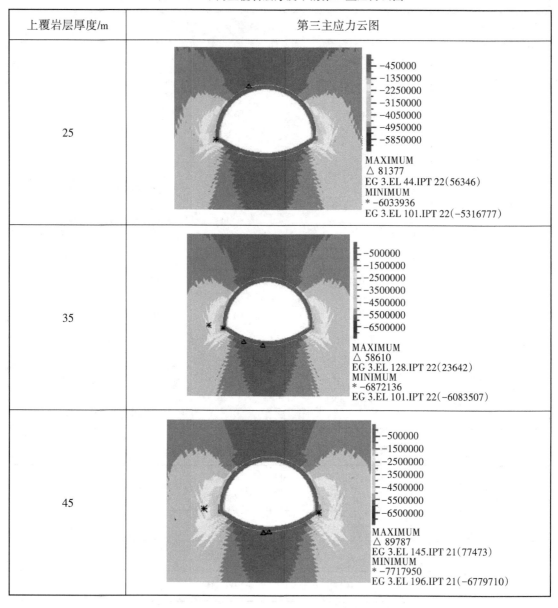
35	
45	

表 5-23　不同上覆岩层厚度下的第三主应力

上覆岩层厚度/m	拱顶 σ_A/MPa	仰拱 σ_B/MPa	拱腰 σ_C/MPa
25 m	−0.0021	−0.053	−1.985
35 m	−0.0025	−0.061	−2.526
45 m	−0.0047	−0.072	−3.024

2）海水深度对海底隧道结构第一主应力和第三主应力的影响

为了得到不同海水深度对具有橡胶隔震层的海底隧道第一主应力和第三主应力的影响，设上覆岩层厚度为25 m，海水深度分别为20 m、30 m和40 m，得到的第一主应力云图如表5-24所示，第一主应力如表5-25所示，第三主应力云图如表5-26所示，第三主应力如表5-27所示。

表5-24 不同上覆海水深度下的第一主应力云图

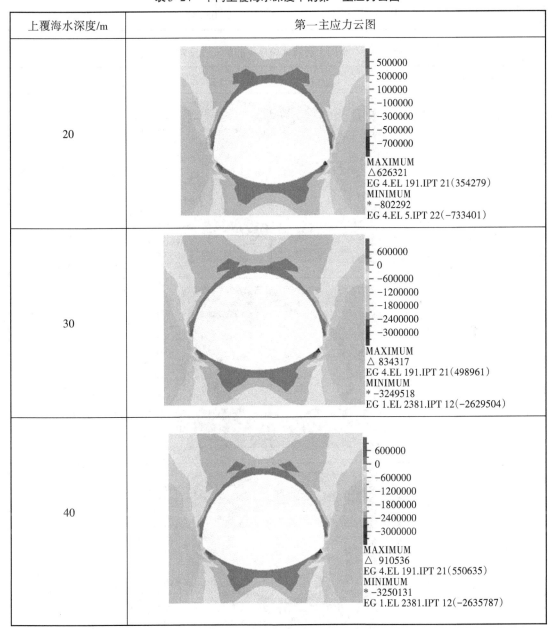

上覆海水深度/m	第一主应力云图
20	MAXIMUM △626321 EG 4.EL 191.IPT 21（354279） MINIMUM *－802292 EG 4.EL 5.IPT 22（－733401）
30	MAXIMUM △ 834317 EG 4.EL 191.IPT 21（498961） MINIMUM *－3249518 EG 1.EL 2381.IPT 12（－2629504）
40	MAXIMUM △ 910536 EG 4.EL 191.IPT 21（550635） MINIMUM *－3250131 EG 1.EL 2381.IPT 12（－2635787）

表 5-25　不同上覆海水深度下的第一主应力

上覆海水深度/m	拱顶 σ_A/MPa	仰拱 σ_B/MPa	拱腰 σ_C/MPa
20	0.047	0.0016	−0.283
30	0.053	0.0019	−0.336
40	0.049	0.0017	−0.402

表 5-26　不同上覆海水深度下的第三主应力云图

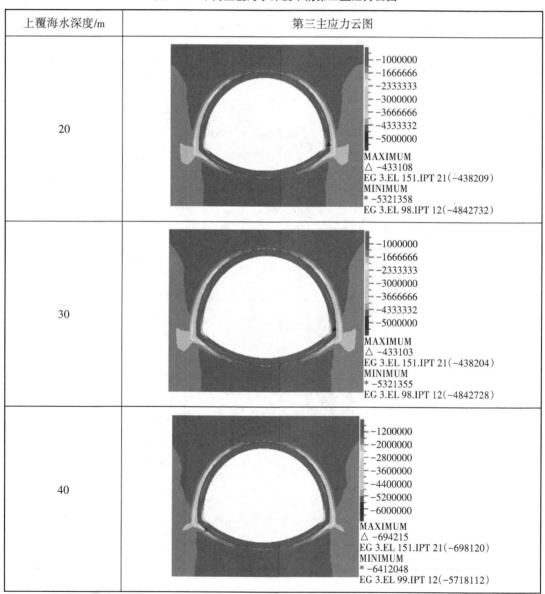

上覆海水深度/m	第三主应力云图
20	
30	
40	

表5-27　不同上覆海水深度下的第三主应力

上覆海水深度/m	拱顶 σ_A/Mpa	仰拱 σ_B/Mpa	拱腰 σ_C/Mpa
20	−0.0016	−0.054	−2.067
30	−0.0023	−0.062	−2.358
40	−0.0027	−0.073	−2.516

由表5-20、表5-21和表5-24、表5-25可以看出，对于设置橡胶隔震层的海底隧道，其受拉区域主要分布在拱脚左右两侧。设置橡胶隔震层之后，拱顶处的拉应力和拱腰处的压应力随着上覆岩层厚度的增大而变大，但是与无隔震层的海底隧道相比，其应力值减小较快。当海水深度取20 m，上覆岩层厚度分别取25 m、35 m和45 m时，与不设置隔震层的海底隧道相比，设置橡胶隔震层的海底隧道拱顶和仰拱处的拉应力随着上覆岩层厚度的增大而缓慢变大；当上覆岩层厚度取25 m，海水深度分别取20 m、30 m和40 m时，拱顶处的拉应力随着海水深度的增大而稳定变大。然而，与无隔震层的海底隧道相比，设置橡胶隔震层的海底隧道拱顶和仰拱处的最大拉应力急剧减小，而且从减小拱顶处拉应力的角度来讲，橡胶隔震层比泡沫混凝土隔震层效果更好。

可以从不同上覆岩层厚度和不同海水深度对海底隧道第一主应力和第三主应力的影响得出结论：拱顶和仰拱处的最大拉应力以及拱腰处的最大压应力随着上覆岩层厚度的增大而变大，随着海水深度的增大而变大。与无隔震层的海底隧道相比，设置隔震层之后，最大拉应力随着上覆岩层厚度和海水深度的增大而稳定变大，拱腰处的最大压应力也随着上覆岩层厚度和海水深度的增大而变大，并且泡沫混凝土和橡胶的隔震效果基本一样。

与无隔震层的海底隧道相比，设置泡沫混凝土隔震层和橡胶隔震层都能够有效地减小拱顶和仰拱处的最大拉应力。当海水深度取定值，上覆岩层厚度增大时，拱腰处的最大压应力相应减小；然而，当上覆岩层厚度取定值，海水深度增大时，设置隔震层的效果并不明显。但是由于混凝土具有良好的压缩性能，拱腰处的最大极限压应力比混凝土的极限压应力小得多。因此，采取一些隔震措施能够有效地减小混凝土的最大拉应力，这就是采取隔震措施在工程应用中的主要目标。

参考文献

[1]WANG X, DONG J. Formulation and study of thermal-mechanical coupling of saturated porous media[J]. International Journal of Computers and Structures, 2003, 81(8-11): 1019-1029.

[2]孙洪稳, 李竹有, 杨国华. 无中隔墙双连拱隧道连拱处减震装置效果的研究[J]. 云南水力发电, 2019, 35(4): 143-145.

[3]昝文博,刘丹.基于安全度的大断面黄土隧道施工方法对比分析[J].公路交通技术,2018,34(S1):163-164.

[4]王建华.地震作用下海底隧道衬砌结构动力研究[J].河南科技,2020(10):118-122.

[5]彭健刚,马宏伟.基于数值模拟的输水隧道地震响应分析[J].山西建筑,2018,44(7):162-163.

[6]陈炜昀,吕振宇.考虑海水-海床耦合效应的海底隧道地震响应研究[J].工程地质学报,2021,29(6):1878-1886.

第6章 海底减震隧道结构的地震动稳定

6.1 海底无减震隧道结构的地震动稳定

6.1.1 数值计算

（1）计算参数

为了更好地模拟岩体对隧道结构的动力反应，对于围岩和衬砌混凝土的本构关系，本章选用莫尔-库伦材料模型，该模型基于理想塑性莫尔-库伦屈服函数、非相关流动法则和拉伸截止；初衬砌厚度为0.30 m，二衬砌厚度为0.50 m；海水采用不可压的常参数模型Constant，单元采用FCBI-C单元，重度为10.09 kN/m³，取默认体积模量10^{20}Pa。材料参数见表6-1。

表6-1 材料参数表

材料名称	弹性模量 E/GPa	泊松比 v	重度 γ/(kN·m⁻³)	黏聚力 c / kPa	内摩擦角 φ/(°)	孔隙率 n/%	渗透性 K/(m·s⁻¹)	抗拉强度 σ/ kPa
透水围岩	2	0.33	26	500	50	0.2	1.00E-06	—
不透水围岩	2	0.33	26	500	50	—	—	—
初衬砌	30	0.167	24.5	3180	54.9	—	—	2.01
二衬砌	30	0.167	24.5	3180	54.9	—	—	2.01

（2）静力和动力分析模型

海底隧道原始模型跨度为14.5 m，高度为11.25 m，覆盖层厚度为25 m，海水深度为20 m。考虑围岩稳定性的影响范围，从半无限空间体中切取厚度为1 m（沿隧道纵向）的隔离体，计算范围自隧道底部取5倍洞室高度（即56.25 m），隧道左右两侧各取5倍洞室跨度（即72.5 m）。考虑海面波浪运动的影响，在ADINA软件中将海面设为自由液面；考虑地震动作用下海水对海床表面的动水压力作用，将海水与上覆岩层的接触面定义为流固耦合边界；考虑黏弹性边界对地震波的吸收能力，将围岩的位移边界设置为黏弹性人工边界。

动力分析模型如图6-1所示,若将两侧边界条件改为水平约束,去掉黏弹性边界,则为静力分析模型。

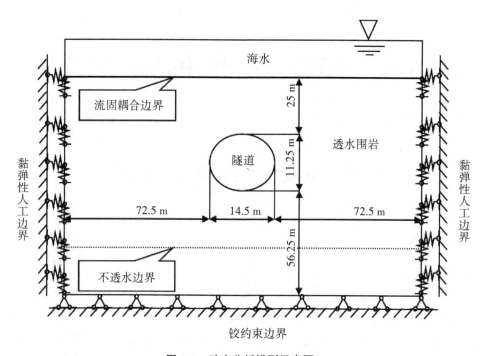

海水

流固耦合边界

透水围岩

隧道

黏弹性人工边界

黏弹性人工边界

25 m

11.25 m

72.5 m   14.5 m   72.5 m

56.25 m

不透水边界

铰约束边界

图6-1 动力分析模型示意图

根据现有文献,通常取 α_T 为 0.35~0.65, α_N 为 0.8~1.2,本章中取 α_T=0.5, α_N =1.0。 K_{BN}=7.44×10^7 N·s/m, K_{BT}=3.72×10^7 N·s/m, C_{BN}=1.2×10^7 N/m, C_{BT}=7.58×10^6 N/m。

(3)单元选择与网格划分

在 ADINA 软件中,单元的重要特点是单元算法与材料本构关系相互独立,因此,选择单元的主要依据为模型的几何形态及其具备的功能。选用 2-D 四边形实体单元来模拟隧道围岩与衬砌,选用 2-D 四边形流体单元来模拟上覆海水,选用弹簧单元来模拟黏弹性人工边界单元。ADINA 软件中包含两种划分网格的方式,分别是映射网格划分和自由网格划分。映射网格划分对划分实体的形状有特殊要求,自由网格划分对划分实体的形状则没有要求。本章采用映射网格划分方式进行网格划分,单元选择和网格划分后的流体计算模型和结构计算模型分别如图6-2和图6-3所示。

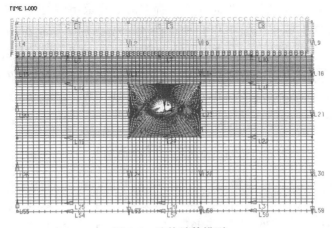

图6-2 流体计算模型

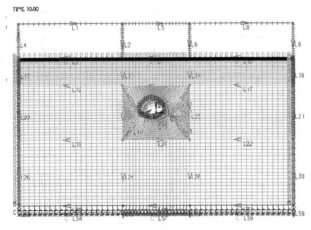

图6-3 结构计算模型

（4）模态分析

ADINA 软件中可以指定的阻尼有 Rayleigh 阻尼、振型阻尼比、弹簧单元阻尼和集中阻尼。Rayleigh 阻尼应用广泛，阻尼矩阵可按下式计算：

$$C = \alpha M + \beta K \tag{6-1}$$

通常无法直接得到 α 和 β 的值，而是通过使用振型阻尼比 ξ_i 和模态的固有频率 ω_i 计算得到，ξ_i 指的是某个振型 i 的实际阻尼和临界阻尼之比，ω_i 是指模态 i 的固有圆频率，α 和 β 满足下式：

$$\xi_i = \frac{\alpha}{2\omega_i} + \frac{\beta\omega_i}{2} \ (i = 1, 2, \cdots, n) \tag{6-2}$$

一般情况下，假设黏性阻尼比 ξ 为 0.03～0.05，并假定 $\xi_1 = \xi_2 = \xi$，然后代入频率范围的下限和上限，通过求解联立方程来计算 α 和 β，可计算得到

$$\alpha = \frac{2\omega_1\omega_2\xi}{\omega_1 + \omega_2}; \quad \beta = \frac{2\xi}{\omega_1 + \omega_2} \tag{6-3}$$

采用Subspace Iteration法进行模态计算，提取海底隧道结构的前100阶频率，如表6-2所示。由表6-2可知，频率结果中包含模型的水波模态和与结构振型相关的高阶模态，可以看到第60阶以前的模态均为海水的振动模态，而第60阶以后的模态才是固体岩石及隧道结构的模态。为了确定该模型在地震分析中的Rayleigh阻尼的常数 α 和 β 的值，本章取 $\xi_1=\xi_2=\xi_3=0.05$。将表6-2中的第61阶和第62阶频率代入式（6-3）计算，可得黏弹性边界条件下的 $\alpha=0.1387$，$\beta=0.0161$。

表6-2　模态分析的固有频率

单位：Hz

振型	频率	振型	频率	振型	频率	振型	频率
1	0.041	26	0.367	51	0.537	76	18.434
2	0.078	27	0.376	52	0.537	77	18.922
3	0.108	28	0.384	53	0.551	78	19.997
4	0.131	29	0.392	54	0.575	79	21.223
5	0.151	30	0.400	55	0.600	80	22.025
6	0.167	31	0.408	56	0.624	81	22.246
7	0.182	32	0.416	57	0.646	82	23.019
8	0.195	33	0.425	58	0.665	83	23.063
9	0.207	34	0.432	59	0.680	84	23.419
10	0.219	35	0.440	60	0.690	85	24.155
11	0.230	36	0.448	61	2.096	86	24.857
12	0.241	37	0.455	62	4.096	87	25.518
13	0.251	38	0.464	63	6.600	88	25.996
14	0.261	39	0.471	64	6.980	89	27.217
15	0.270	40	0.478	65	8.040	90	27.735
16	0.280	41	0.486	66	9.130	91	28.257
17	0.289	42	0.492	67	11.143	92	28.469
18	0.298	43	0.499	68	12.606	93	28.601
19	0.307	44	0.506	69	13.070	94	29.371
20	0.316	45	0.511	70	13.490	95	29.863
21	0.325	46	0.519	71	14.333	96	30.370
22	0.334	47	0.522	72	17.111	97	31.134

振型	频率	振型	频率	振型	频率	振型	频率
23	0.342	48	0.528	73	17.255	98	32.622
24	0.350	49	0.531	74	17.504	99	32.888
25	0.359	50	0.533	75	18.101	100	33.096

6.1.2　动力有限元静力强度折减法的实现

实际工程中，由于海底隧道采用拱形，而且抗拉强度比一般土体高，破坏主要为剪切破坏，因而，对于剪切破坏状态，海底隧道与边坡[1]的情况类似，只是破坏向着洞内临空面，计算与模型试验的破裂面计算十分相似。本书中采用动力有限元静力强度折减法，通过不断折减海底隧道结构整个围岩和衬砌结构的抗剪强度参数，使海底隧道达到极限破坏状态，此时的折减系数即剪切安全系数。

在ADINA软件中，将通过模态分析获得的Rayleigh阻尼的质量矩阵系数和刚度矩阵系数导入动力分析模型，输入El-Centro地震波，对海底隧道进行动力时程分析，得到模型顶点的最大水平位移，最后采用静力分析模型，并考虑自重和左右边界上顶点水平位移最大时的侧向边界节点水平位移，不断折减围岩和衬砌的抗剪强度参数——黏聚力c和内摩擦角φ，直到计算不收敛，从而得到海底隧道在地震作用下的安全系数。

动力分析完成后，选取模型右上角的881节点为观察节点，模型边界节点编号示意图如图6-4所示，由ADINA软件中的Response Curve可以读取到881节点在10~20 s的水平位移时程曲线，如图6-5所示。

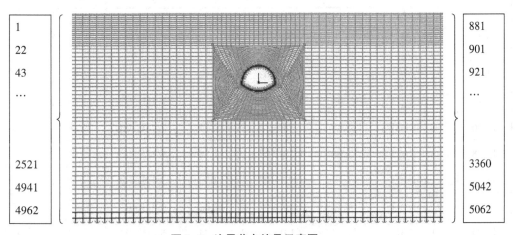

图6-4　边界节点编号示意图

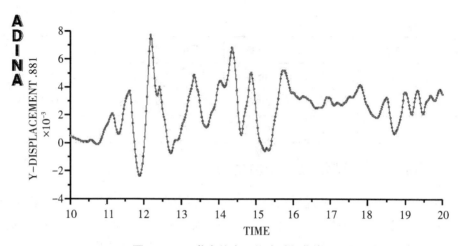

图6-5　881节点的水平位移时程曲线

由881节点的水平位移时程曲线可以看出，当时间介于11～13 s之间时，节点881的水平位移取得最大值，然后通过ADINA软件中的Extreme Values选项可知881节点在11～13 s时的水平位移，见表6-3。

表6-3　11～13 s时节点881的水平位移

时刻/s	位移/m	时刻/s	位移/m	时刻/s	位移/m	时刻/s	位移/m
11.00	1.31E−03	11.50	2.96E−03	12.00	−3.13E−04	12.50	2.44E−03
11.02	1.40E−03	11.52	3.17E−03	12.02	4.46E−04	12.52	2.06E−03
11.04	1.52E−03	11.54	3.33E−03	12.04	1.31E−03	12.54	1.86E−03
11.06	1.66E−03	11.56	3.45E−03	12.06	2.26E−03	12.56	1.66E−03
11.08	1.80E−03	11.58	3.57E−03	12.08	3.30E−03	12.58	1.30E−03
11.10	1.93E−03	11.60	3.70E−03	12.10	4.38E−03	12.60	8.93E−04
11.12	2.02E−03	11.62	3.73E−03	12.12	5.51E−03	12.62	4.69E−04
11.14	2.09E−03	11.64	3.44E−03	12.14	6.55E−03	12.64	7.10E−05
11.16	2.08E−03	11.66	2.88E−03	12.16	7.44E−03	12.66	−2.64E−04
11.18	1.96E−03	11.68	2.18E−03	12.18	7.72E−03	12.68	−5.17E−04
11.20	1.73E−03	11.70	1.41E−03	12.20	7.43E−03	12.70	−6.76E−04
11.22	1.46E−03	11.72	7.09E−04	12.22	6.87E−03	12.72	−7.37E−04
11.24	1.19E−03	11.74	8.14E−05	12.24	6.11E−03	12.74	−6.98E−04
11.26	9.50E−04	11.76	−4.81E−04	12.26	5.34E−03	12.76	−5.63E−04
11.28	7.72E−04	11.78	−9.79E−04	12.28	4.64E−03	12.78	−3.41E−04

时刻/s	位移/m	时刻/s	位移/m	时刻/s	位移/m	时刻/s	位移/m
11.30	6.65E−04	11.80	−1.42E−03	12.30	4.08E−03	12.80	−1.06E−04
11.32	6.32E−04	11.82	−1.79E−03	12.32	3.68E−03	12.82	8.55E−05
11.34	6.74E−04	11.84	−2.07E−03	12.34	3.45E−03	12.84	1.87E−04
11.36	7.95E−04	11.86	−2.27E−03	12.36	3.40E−03	12.86	2.11E−04
11.38	1.00E−03	11.88	−2.36E−03	12.38	3.51E−03	12.88	2.13E−04
11.40	1.28E−03	11.90	−2.34E−03	12.40	3.80E−03	12.90	2.14E−04
11.42	1.65E−03	11.92	−2.18E−03	12.42	4.03E−03	12.92	2.48E−04
11.44	2.05E−03	11.94	−1.91E−03	12.44	3.79E−03	12.94	3.32E−04
11.46	2.41E−03	11.96	−1.50E−03	12.46	3.41E−03	12.96	4.86E−04
11.48	2.72E−03	11.98	−9.67E−04	12.48	2.91E−03	12.98	7.12E−04

通过表6-3可以看出，12.18 s时节点881的水平位移达到最大值。为了考虑渗流作用对海底隧道围岩结构安全系数的影响，时刻段选为12.18 s，由ADINA软件中的Value List选项可得到模型两侧竖向边界全部节点在12.18 s时的水平位移，如表6-4所示。

表6-4 12.18 s时竖向边界全部节点的水平位移

单位:m

节点	位移	节点	位移	节点	位移	节点	位移
1	3.13E−03	1492	6.06E−03	4962	6.58E−03	1911	7.83E−03
22	3.29E−03	1513	6.10E−03	881	7.18E−03	1932	7.88E−03
43	3.41E−03	1534	6.15E−03	901	7.20E−03	1953	7.93E−03
64	3.50E−03	1555	6.19E−03	921	7.20E−03	1974	7.98E−03
85	3.58E−03	1576	6.22E−03	941	7.22E−03	1995	8.03E−03
106	3.65E−03	1597	6.25E−03	961	7.23E−03	2016	8.07E−03
127	3.72E−03	1618	6.27E−03	981	7.25E−03	2037	8.12E−03
148	3.78E−03	1639	6.28E−03	1001	7.26E−03	2058	8.17E−03
169	3.83E−03	1660	6.28E−03	1021	7.28E−03	2079	8.22E−03
190	3.89E−03	1681	6.21E−03	1041	7.30E−03	2100	8.28E−03
211	3.94E−03	2122	6.45E−03	1061	7.32E−03	2121	8.32E−03
232	3.99E−03	2143	6.57E−03	1081	7.34E−03	2980	8.36E−03

续表6-4

节点	位移	节点	位移	节点	位移	节点	位移
253	4.04E-03	2164	6.65E-03	1101	7.36E-03	3000	8.39E-03
274	4.10E-03	2185	6.71E-03	1121	7.38E-03	3020	8.43E-03
295	4.15E-03	2206	6.75E-03	1141	7.40E-03	3040	8.47E-03
316	4.21E-03	2227	6.79E-03	1161	7.42E-03	3060	8.51E-03
337	4.27E-03	2248	6.81E-03	1181	7.44E-03	3080	8.55E-03
358	4.33E-03	2269	6.83E-03	1201	7.46E-03	3100	8.59E-03
379	4.40E-03	2290	6.85E-03	1221	7.48E-03	3120	8.63E-03
400	4.47E-03	2311	6.86E-03	1241	7.50E-03	3140	8.67E-03
421	4.55E-03	2332	6.86E-03	1261	7.52E-03	3160	8.71E-03
1282	4.95E-03	2353	6.87E-03	1281	7.52E-03	3180	8.75E-03
1303	5.19E-03	2374	6.86E-03	1722	7.52E-03	3200	8.78E-03
1324	5.37E-03	2395	6.86E-03	1743	7.52E-03	3220	8.81E-03
1345	5.51E-03	2416	6.84E-03	1764	7.54E-03	3240	8.84E-03
1366	5.62E-03	2437	6.82E-03	1785	7.57E-03	3260	8.87E-03
1387	5.72E-03	2458	6.80E-03	1806	7.61E-03	3280	8.90E-03
1408	5.80E-03	2479	6.76E-03	1827	7.65E-03	3300	8.93E-03
1429	5.88E-03	2500	6.69E-03	1848	7.69E-03	3320	8.95E-03
1450	5.94E-03	2521	6.57E-03	1869	7.74E-03	3340	8.98E-03
1471	6.00E-03	4941	6.68E-03	1890	7.79E-03	3360	8.99E-03
5042	9.02E-03	5062	9.01E-03	—	—	—	—

　　将表6-4所示的节点位移导入静力分析模型,动力分析模型的两侧边界条件改为水平约束和去掉黏弹性边界后即为静力分析模型。利用动力有限元静力强度折减法,不断折减海底隧道结构围岩和衬砌的抗剪强度参数——黏聚力c和内摩擦角φ,直到计算不收敛,从而得到海底隧道在9度设防地震作用下的安全系数。

　　塑性应变云图见图6-6。由图6-6可以看出,在渗流和地震的共同作用下,当隧道上覆海水深度为20 m,上覆岩层厚度为25 m时,隧道的拱脚及拱顶两侧靠近衬砌的小范围围岩最先发生破坏,塑性区呈现出蝶状分布,海底隧道的安全系数为2.748。

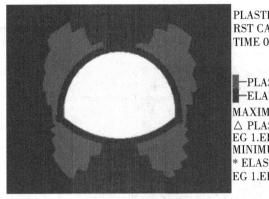

$\eta=2.748$

图6-6 塑性应变云图

6.1.3 不同覆岩厚度下海底隧道结构的地震动稳定

（1）覆岩厚度对海底隧道结构安全系数的影响

为了得到不同上覆岩层厚度对海底隧道地震动稳定性安全系数的影响，设海底隧道上覆岩层厚度分别为25 m、35 m和45 m，上覆海水深度依然取20 m，其余参数同前。不同上覆岩层厚度下的塑性区分布图和安全系数如表6-5所示。

表6-5 不同上覆岩层厚度下的塑性区分布图和安全系数

上覆岩层厚度/m	塑性区分布图	安全系数 η
25	PLASTIC_FLAG RST CALC TIME 0.2000 — PLASTIC — ELASTIC MAXIMUM △ PLASTIC EG 1.EL 2281. IPT 12 MINIMUM * ELASTIC EG 1.EL 1. IPT 22	2.748
35	PLASTIC_FLAG RST CALC TIME 0.2000 — PLASTIC — ELASTIC MAXIMUM △ PLASTIC EG 1.EL 3800. IPT 12 MINIMUM * ELASTIC EG 1.EL 1. IPT 22	2.722

续表6-5

上覆岩层厚度/m	塑性区分布图	安全系数 η
45	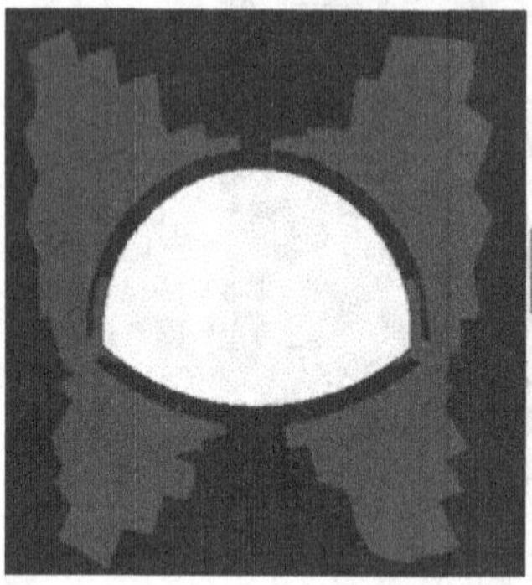 PLASTIC_FLAG RST CALC TIME 0.2000 — PLASTIC — ELASTIC MAXIMUM △ PLASTIC EG 1.EL 4441. IPT 22 MINIMUM * ELASTIC EG 1.EL 1. IPT 22	2.648

由表6-5可以看出，海底隧道最先出现塑性区的位置同样在隧道两侧拱脚靠近衬砌的小范围及拱顶两侧周边部位。在海水深度取一定值20 m的情况下，上覆岩层厚度为25 m、35 m和45 m时，海底隧道塑性区分布愈加明显，安全系数分别为2.748、2.722和2.648。在上覆岩层厚度由25 m增加到35 m后，可以清楚地看到，拱脚两侧塑性区同拱腰塑性区逐渐连在一起，塑性区面积增大明显；在上覆岩层厚度增加到45 m后，拱顶两侧塑性区向着围岩上部慢慢发展，并且变化幅度逐渐增大。

（2）覆岩厚度对海底隧道结构应力的影响

1）覆岩厚度对有效应力的影响

海底隧道结构应力随着上覆岩层厚度的变化而变化。为了得到不同上覆岩层厚度对海底隧道结构有效应力的影响，取上覆海水深度为一定值20 m，上覆岩层厚度分别取25 m、35 m及45 m，不同上覆岩层厚度下的有效应力云图如表6-6所示。

表6-6　不同上覆岩层厚度下的有效应力云图

上覆岩层厚度/m	有效应力云图	最大有效应力/kPa
25	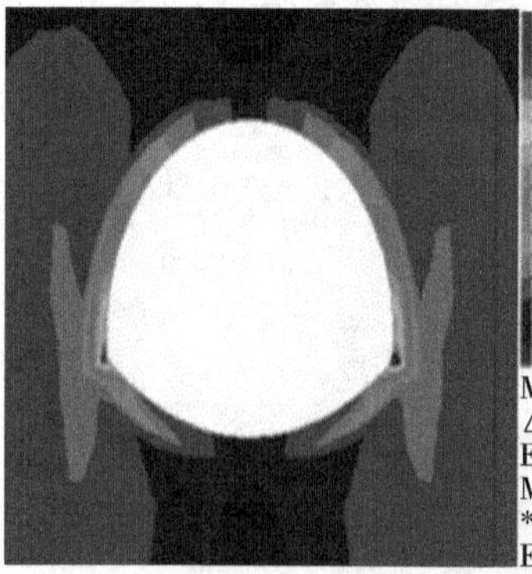 — 4666666 — 3999999 — 3333333 — 2666666 — 2000000 — 1333333 — 666667 MAXIMUM △ 5116228 EG 4.EL 102.IPT 22(4344057) MINIMUM * 458181 EG 4.EL 151.IPT 21(467277)	5116.228

上覆岩层厚度/m	有效应力云图	最大有效应力/ kPa
35	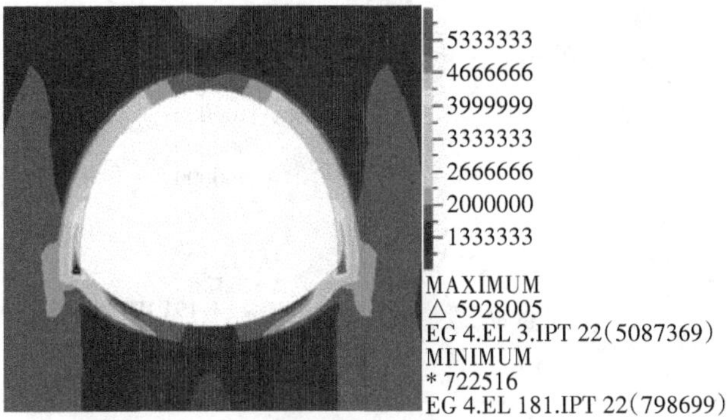 ─ 5333333 ─ 4666666 ─ 3999999 ─ 3333333 ─ 2666666 ─ 2000000 ─ 1333333 MAXIMUM △ 5928005 EG 4.EL 3.IPT 22（5087369） MINIMUM * 722516 EG 4.EL 181.IPT 22（798699）	5928.005
45	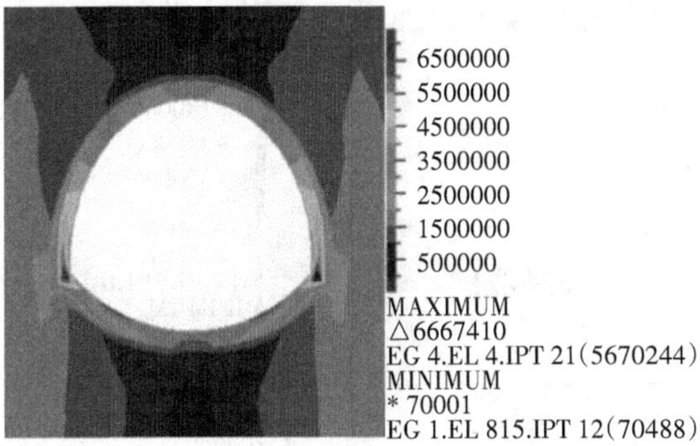 ─ 6500000 ─ 5500000 ─ 4500000 ─ 3500000 ─ 2500000 ─ 1500000 ─ 500000 MAXIMUM △6667410 EG 4.EL 4.IPT 21（5670244） MINIMUM * 70001 EG 1.EL 815.IPT 12（70488）	6667.410

由表6-6可以看出，海底隧道有效应力的最大值分布在两侧拱脚处。在海水深度取一定值20 m的情况下，上覆岩层厚度分别为25 m、35 m和45 m时，最大有效应力分别达到了5116.228 kPa、5928.005 kPa和6667.410 kPa。

2）覆岩厚度对第一主应力的影响

为了得到不同上覆岩层厚度对海底隧道结构第一主应力的影响，取上覆海水深度为一定值20 m，上覆岩层厚度分别取25 m、35 m及45 m，不同上覆岩层厚度下的第一主应力云图如表6-7所示。

表6-7　不同上覆岩层厚度下的第一主应力云图

上覆岩层厚度/m	第一主应力云图	最大拉应力/ kPa
25	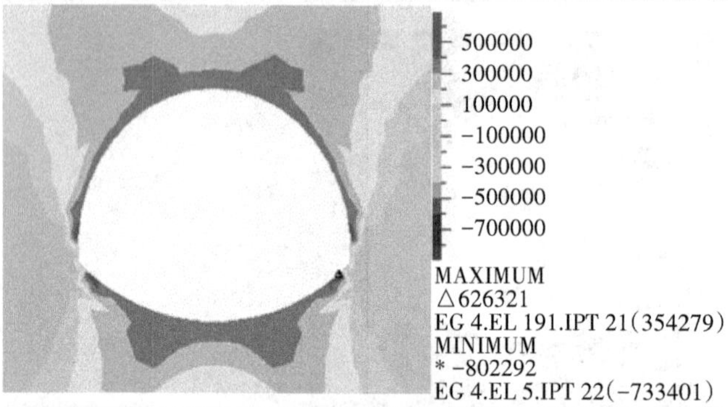 500000 300000 100000 −100000 −300000 −500000 −700000 MAXIMUM △ 626321 EG 4.EL 191.IPT 21(354279) MINIMUM * −802292 EG 4.EL 5.IPT 22(−733401)	626.321
35	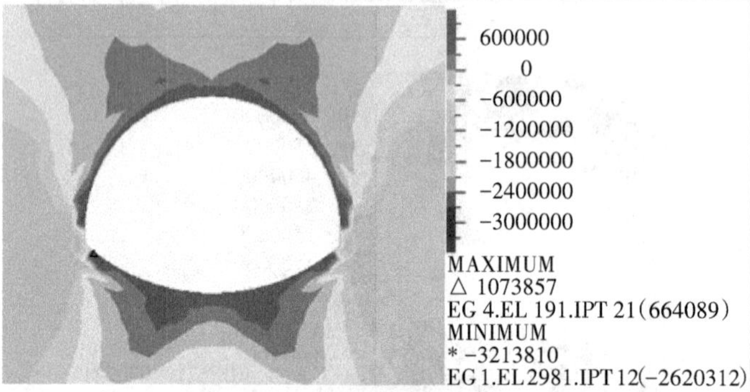 600000 0 −600000 −1200000 −1800000 −2400000 −3000000 MAXIMUM △ 1073857 EG 4.EL 191.IPT 21(664089) MINIMUM * −3213810 EG 1.EL2981.IPT 12(−2620312)	1073.857
45	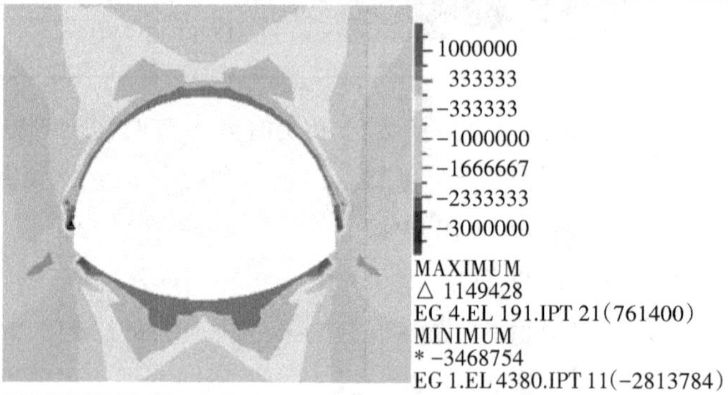 1000000 333333 −333333 −1000000 −1666667 −2333333 −3000000 MAXIMUM △ 1149428 EG 4.EL 191.IPT 21(761400) MINIMUM * −3468754 EG 1.EL 4380.IPT 11(−2813784)	1149.428

由表6-7可以看出，海底隧道的受拉区一般分布在拱顶及仰拱部位，说明隧道结构的拱顶和仰拱处在地震动响应下会出现局部受拉破坏，应采取一定的减震措施加以预防。在海水深度取一定值20 m的情况下，上覆岩层厚度分别为25 m、35 m和45 m时，拉应力极值分别达到了626.321 kPa、1073.857 kPa和1149.428 kPa。拉应力的大小随着海底隧道上覆岩层厚度的增加而增大，在上覆岩层厚度由25 m增加到35 m时，拉应力有较大的突变，应当注意隧道局部受拉破坏。

3）覆岩厚度对第三主应力的影响

为了得到不同上覆岩层厚度对海底隧道结构第三主应力的影响，取上覆海水深度为一定值20 m，上覆岩层厚度分别取25 m、35 m及45 m，不同上覆岩层厚度下的第三主应力云图如表6-8所示。

表6-8　不同上覆岩层厚度下的第三主应力云图

上覆岩层厚度/m	第三主应力云图	最大压应力/kPa
25	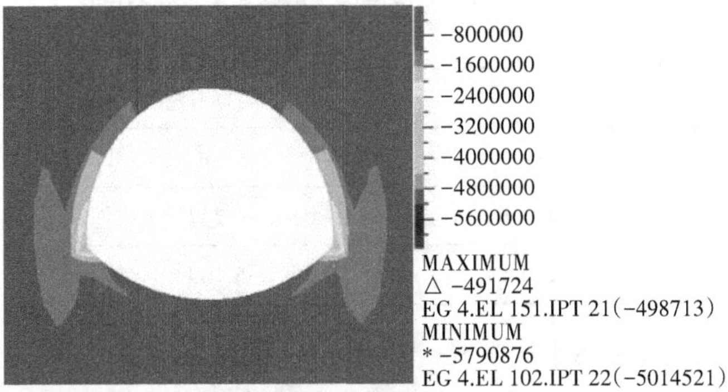 MAXIMUM △ −491724 EG 4.EL 151.IPT 21(−498713) MINIMUM * −5790876 EG 4.EL 102.IPT 22(−5014521)	5790.876
35	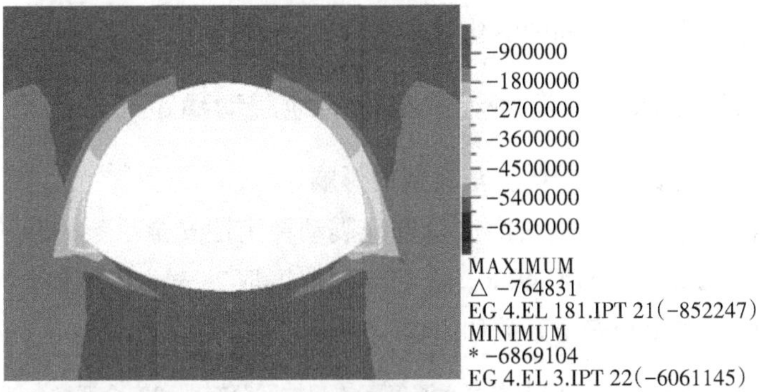 MAXIMUM △ −764831 EG 4.EL 181.IPT 21(−852247) MINIMUM * −6869104 EG 4.EL 3.IPT 22(−6061145)	6869.104
45	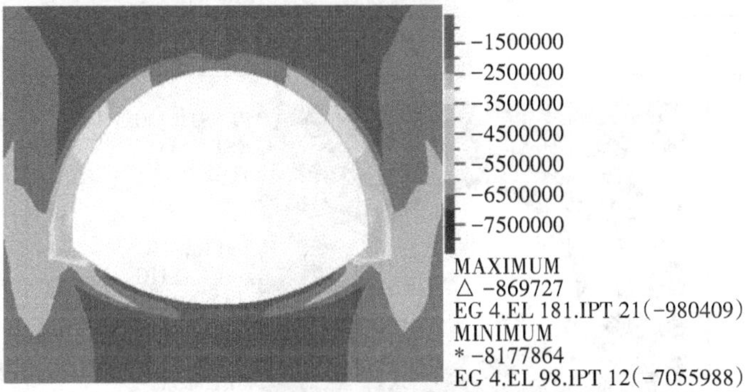 MAXIMUM △ −869727 EG 4.EL 181.IPT 21(−980409) MINIMUM * −8177864 EG 4.EL 98.IPT 12(−7055988)	8177.864

由表6-8可以看出，海底隧道的受压区一般分布在拱脚和两侧拱腰部位，因此，在拱脚和拱腰处需要考虑其受压破坏。在海水深度取一定值20 m的情况下，上覆岩层厚度分别为25 m、35 m和45 m时，压应力极值分别达到了5790.876 kPa、6869.104 kPa和8177.864 kPa。海底隧道围岩及衬砌结构的压应力随着海底隧道上覆岩层厚度的增加而增大，变化较为明显。

（3）覆岩厚度对海底隧道结构位移的影响

为了得到不同上覆岩层厚度对海底隧道结构位移的影响，考虑渗流及地震作用，再不断折减围岩和衬砌的抗剪强度参数，直至计算不收敛，此时不同上覆岩层厚度下的隧道结构在 Y 方向（水平方向）、Z 方向（竖直方向）的最大位移如表6-9所示。

表6-9　不同上覆岩层厚度下的隧道结构最大位移

单位：mm

最大位移	上覆岩层厚度		
	25 m	35 m	45 m
Y_{max}	−0.154	−0.247	−0.343
Z_{max}	−4.382	−5.169	−5.930

由表6-9可知，在同一海水深度下，海底隧道结构在 Y 方向、Z 方向的最大位移均随着上覆岩层厚度的增加而增大，位移在同一时刻达到最大值，说明海底隧道是整体振动的，并且水平位移和竖直位移随时间的变化规律是一致的。

6.1.4　不同海水深度下海底隧道结构的地震动稳定

（1）海水深度对海底隧道结构安全系数的影响

为了得到不同上覆海水深度对海底隧道地震动稳定性安全系数的影响，设海底隧道上覆海水深度分别为20 m、30 m和40 m，上覆岩层厚度取25 m，其余参数同前。不同上覆海水深度下的塑性区分布图和安全系数如表6-10所示。

表6-10　不同上覆海水深度下的塑性区分布图和安全系数

上覆海水深度/m	塑性区分布图	安全系数 η
20	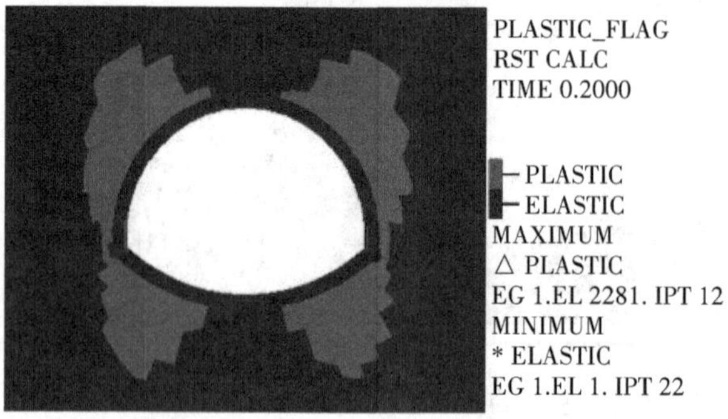	2.748

上覆海水深度/m	塑性区分布图	安全系数η
30	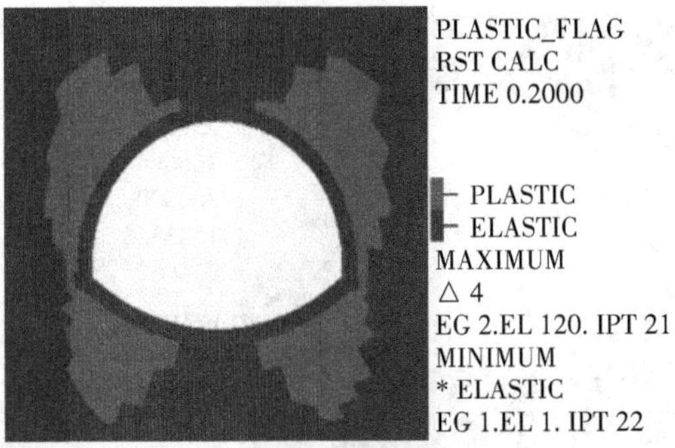 PLASTIC_FLAG RST CALC TIME 0.2000 PLASTIC ELASTIC MAXIMUM △ 4 EG 2.EL 120. IPT 21 MINIMUM * ELASTIC EG 1.EL 1. IPT 22	2.733
40	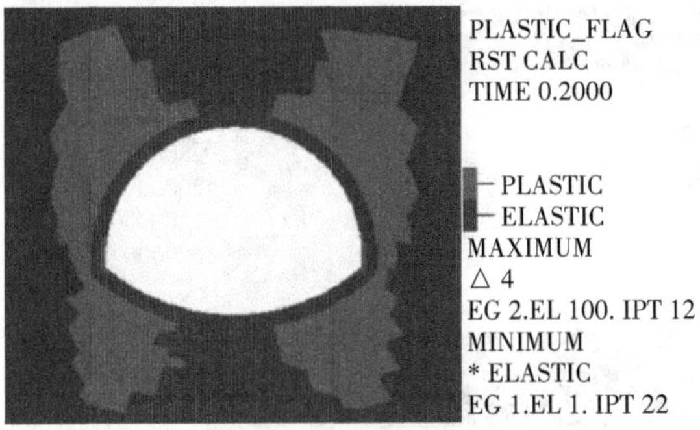 PLASTIC_FLAG RST CALC TIME 0.2000 PLASTIC ELASTIC MAXIMUM △ 4 EG 2.EL 100. IPT 12 MINIMUM * ELASTIC EG 1.EL 1. IPT 22	2.723

由表6-10可以看出，海底隧道最先出现塑性区的位置同样在隧道两侧拱脚靠近衬砌的小范围及拱顶两侧周边部位。在上覆岩层厚度取一定值25 m的情况下，上覆海水深度分别为20 m、30 m和40 m时，安全系数分别为2.748、2.733和2.723，并且变化幅度较小。

（2）海水深度对海底隧道结构应力的影响

1）海水深度对有效应力的影响

为了得到不同上覆海水深度对海底隧道结构有效应力的影响，取上覆岩层厚度为一定值25 m，上覆海水深度分别取20 m、30 m及40 m，不同上覆海水深度下的有效应力云图如表6-11所示。

表6-11 不同上覆海水深度下的有效应力云图

上覆海水深度/m	有效应力云图	最大有效应力/ kPa
20	 4666666 3999999 3333333 2666666 2000000 1333333 666667 MAXIMUM △ 5116228 EG 4.EL 102.IPT 22(4344057) MINIMUM * 458181 EG 4.EL 151.IPT 21(467277)	5116.228
30	 5200000 4400000 3600000 2800000 2000000 1200000 400000 MAXIMUM △ 5344812 EG 4.EL 102.IPT 22(4617396) MINIMUM * 102503 EG 1.EL 406.IPT 11(103628)	5348.812
40	 5200000 4400000 3600000 2800000 2000000 1200000 400000 MAXIMUM △ 5330916 EG 4.EL 97.IPT 12(4661694) MINIMUM * 118558 EG 1.EL 414.IPT 12(119637)	5330.916

由表6-11可以看出，海底隧道有效应力的最大值分布在两侧拱脚处。在上覆岩层厚度取一定值25 m的情况下，上覆海水深度分别为20 m、30 m和40 m时，最大有效应力分别达到了5116.228 kPa、5348.812 kPa和5330.916 kPa。

2）海水深度对第一主应力的影响

为了得到不同上覆海水深度对海底隧道结构第一主应力的影响，取上覆岩层厚度为一定值25 m，上覆海水深度分别取20 m、30 m及40 m，不同上覆海水深度下的第一主应力云图如表6-12所示。

表6-12　不同上覆海水深度下的第一主应力云图

上覆海水深度/m	第一主应力云图	最大拉应力/kPa
20	 - 500000 - 300000 - 100000 - -100000 - -300000 - -500000 - -700000 MAXIMUM △626321 EG 4.EL 191.IPT 21(354279) MINIMUM * -802292 EG 4.EL 5.IPT 22(-733401)	626.321
30	 - 600000 - 0 - -600000 - -1200000 - -1800000 - -2400000 - -3000000 MAXIMUM △ 834317 EG 4.EL 191.IPT 21(498961) MINIMUM * -3249518 EG 1.EL 2381.IPT 12(-2629504)	834.317
40	 - 600000 - 0 - -600000 - -1200000 - -1800000 - -2400000 - -3000000 MAXIMUM △ 910536 EG 4.EL 191.IPT 21(550635) MINIMUM * -3250131 EG 1.EL 2381.IPT 12(-2635787)	910.536

　　由表6-12可以看出，海底隧道的受拉区一般分布在拱顶及仰拱部位，说明隧道结构的拱顶和仰拱处在地震动响应下会出现局部受拉破坏，应采取一定的减震措施加以预防。在上覆岩层厚度取一定值25 m的情况下，上覆海水深度分别为20 m、30 m和40 m时，拉应力极值分别达到了626.321 kPa、834.317 kPa和910.536 kPa。拉应力的大小随着海底隧道上覆海水深度的增加而增大，并且变化较为均匀。

　　3）海水深度对第三主应力的影响

　　为了得到不同上覆海水深度对海底隧道结构第三主应力的影响，取上覆岩层厚度为一定值25 m，上覆海水深度分别取20 m、30 m及40 m，不同上覆海水深度下的第三主应力云图如表6-13所示。

表6-13　不同上覆海水深度下的第三主应力云图

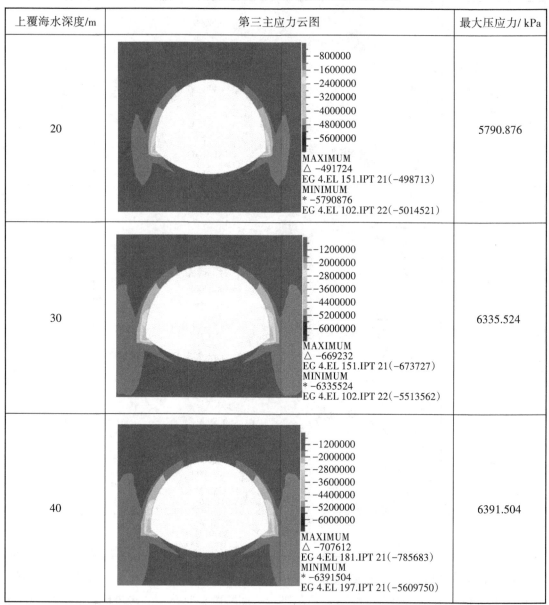

上覆海水深度/m	第三主应力云图	最大压应力/kPa
20		5790.876
30		6335.524
40		6391.504

由表6-13可以看出，海底隧道的受压区主要分布在拱脚及两侧拱腰部位，因此，在拱脚和拱腰处需要考虑其受压破坏。在上覆岩层厚度取一定值25 m的情况下，上覆海水深度分别为20 m、30 m和40 m时，压应力极值分别达到了5790.876 kPa、6335.524 kPa和6391.504 kPa。海底隧道围岩及衬砌结构的压应力随着海底隧道上覆海水深度的增加而增大，并且幅度逐渐减小。

（3）海水深度对海底隧道结构位移的影响

为了得到不同上覆海水深度对海底隧道结构位移的影响，考虑渗流及地震作用，再不断折减围岩和衬砌的抗剪强度参数，直至计算不收敛，此时不同上覆海水深度下的隧道结构在 Y 方向（水平方向）、Z 方向（竖直方向）的最大位移如表6-14所示。

表6-14　不同上覆海水深度下的隧道结构最大位移

单位：mm

最大位移	上覆海水深度		
	20 m	30 m	40 m
Y_{max}	−0.154	−0.180	−0.199
Z_{max}	−4.382	−4.731	−4.883

由表6-14可知，在同一上覆岩层厚度下，海底隧道结构在 Y 方向、Z 方向的最大位移均随着海水深度的增加而增大，但增幅随海水深度的增加而有所减缓。位移在同一时刻达到最大值，说明海底隧道是整体振动的，并且水平位移和竖直位移随时间的变化规律是一致的。

6.1.5　不同渗透系数下海底隧道结构的地震动稳定

（1）渗透系数对海底隧道结构安全系数的影响

为了得到不同上覆岩层渗透系数对海底隧道地震动稳定性安全系数的影响，取上覆岩层厚度为一定值25 m，上覆海水深度为一定值20 m，渗透系数分别取4.72E-10、2.60E-09和4.72E-09。不同渗透系数下的塑性区分布图和安全系数如表6-15所示。

表6-15　不同渗透系数下的塑性区分布图和安全系数

渗透系数	塑性区分布图	安全系数 η
4.72E-10	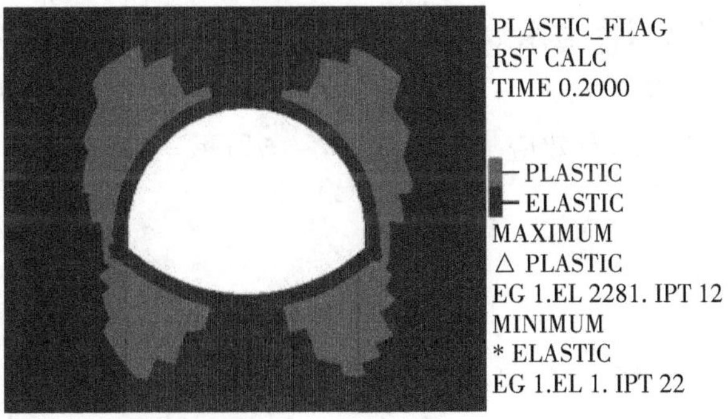	2.748

续表6-15

渗透系数	塑性区分布图	安全系数 η
2.60E-09	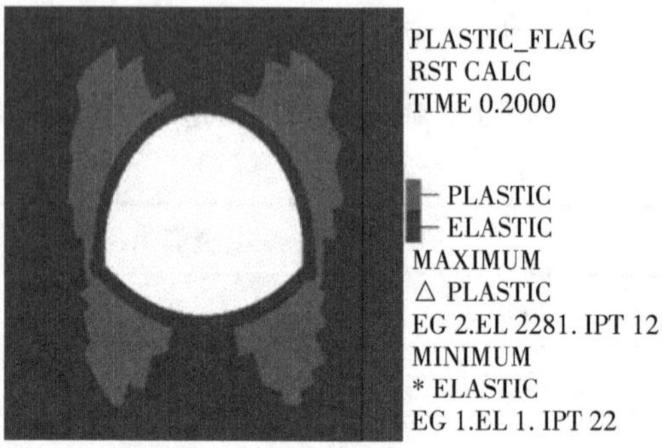 PLASTIC_FLAG RST CALC TIME 0.2000 — PLASTIC — ELASTIC MAXIMUM △ PLASTIC EG 2.EL 2281. IPT 12 MINIMUM * ELASTIC EG 1.EL 1. IPT 22	2.748
4.72E-09	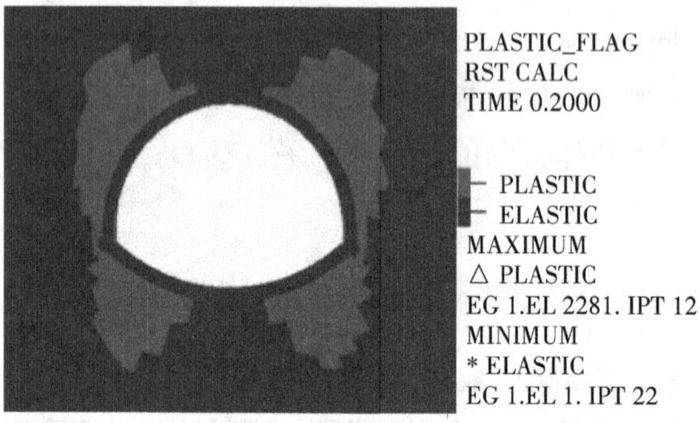 PLASTIC_FLAG RST CALC TIME 0.2000 — PLASTIC — ELASTIC MAXIMUM △ PLASTIC EG 1.EL 2281. IPT 12 MINIMUM * ELASTIC EG 1.EL 1. IPT 22	2.748

由表6-15可以看出，海底隧道最先出现塑性区的位置同样在隧道两侧拱脚靠近衬砌的小范围及拱顶两侧周边部位。在上覆岩层厚度及海水深度等不变时，渗透系数变化对安全系数基本无影响。

（2）渗透系数对海底隧道结构应力的影响

1）渗透系数对有效应力的影响

为了得到不同上覆岩层渗透系数对海底隧道结构有效应力的影响，取上覆岩层厚度为一定值25 m，上覆海水深度为一定值20 m，渗透系数分别取4.72E-10、2.60E-09和4.72E-09。不同渗透系数下的有效应力云图如表6-16所示。

表6-16 不同渗透系数下的有效应力云图

渗透系数	有效应力云图	最大有效应力/ kPa
4.72E-10	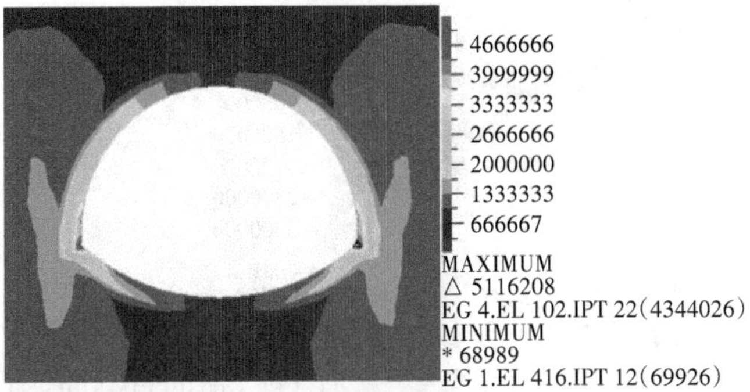	5116.208
2.60E-09	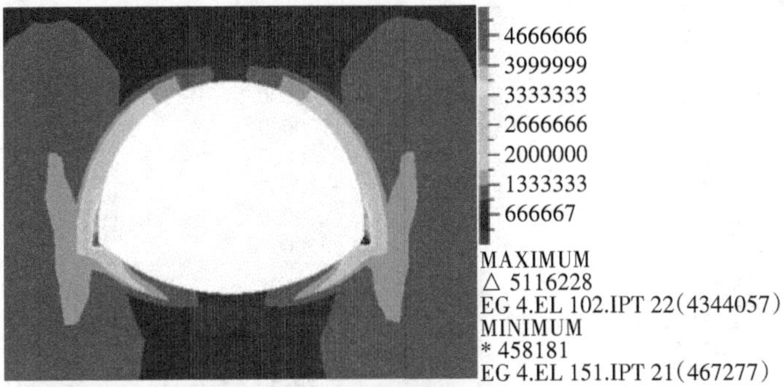	5116.228
4.72E-09	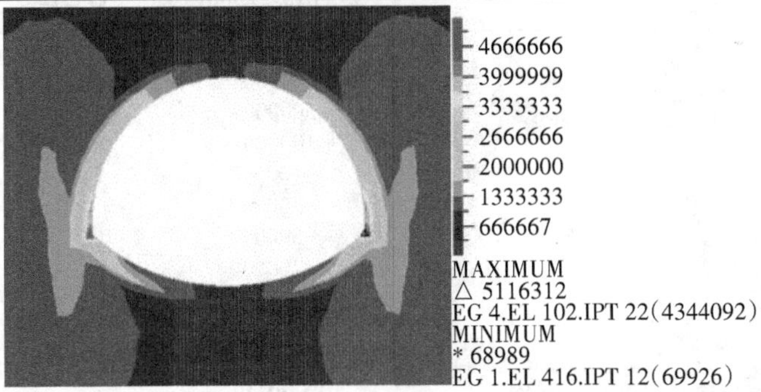	5116.312

由表6-16可以看出,海底隧道有效应力的最大值分布在两侧拱脚处。在上覆岩层厚度为25 m、上覆海水深度为20 m的情况下,渗透系数分别为4.72E-10、2.60E-09和4.72E-09时,最大有效应力分别达到了5116.208 kPa、5116.228 kPa和5116.312 kPa,变化幅度较小。

2)渗透系数对第一主应力的影响

为了得到不同上覆岩层渗透系数对海底隧道结构第一主应力的影响,取上覆岩层厚度为一定值25 m,上覆海水深度为一定值20 m,渗透系数分别取4.72E-10、2.60E-09和4.72E-09。不同渗透系数下的第一主应力云图如表6-17所示。

表6-17 不同渗透系数下的第一主应力云图

渗透系数	第一主应力云图	最大拉应力/kPa
4.72E-10	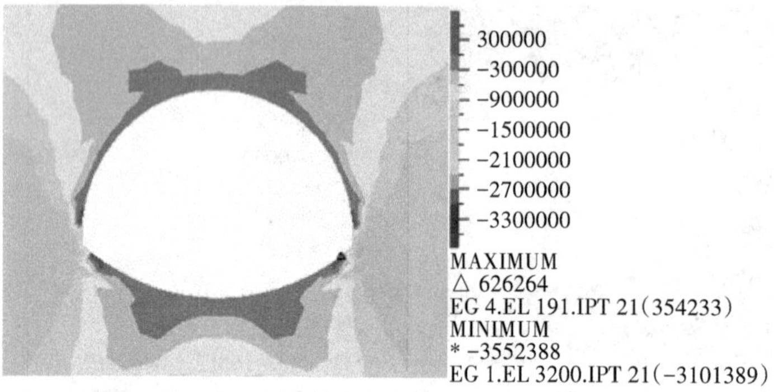	626.264
2.60E-09	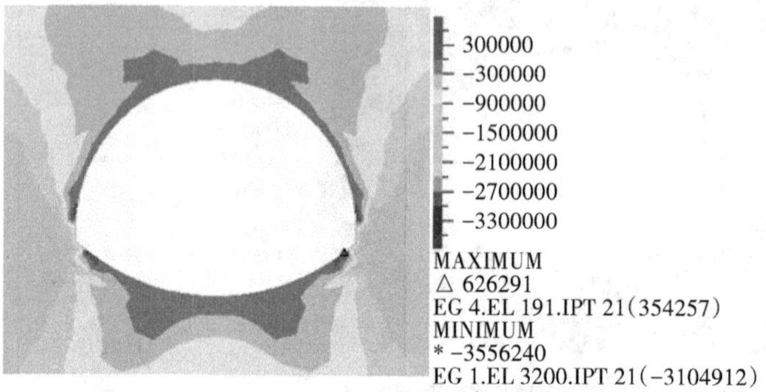	626.291
4.72E-09	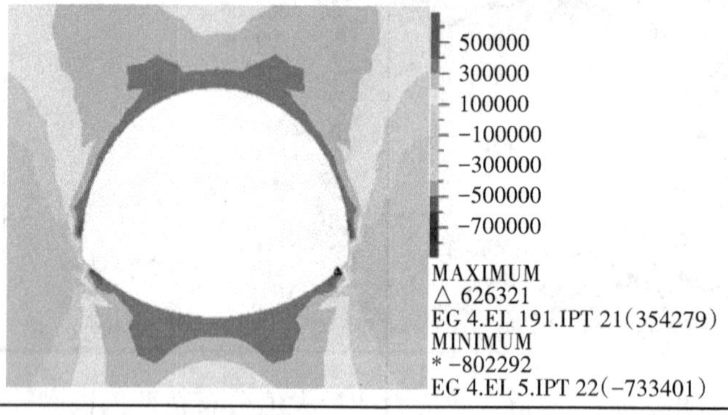	626.321

由表6-17可以看出，海底隧道的受拉区一般分布在拱顶及仰拱部位，说明隧道结构的拱顶和仰拱处在地震动响应下会出现局部受拉破坏，应采取一定的减震措施加以预防。在上覆岩层厚度为25 m、上覆海水深度为20 m的情况下，渗透系数分别取4.72E-10、2.60E-09和4.72E-09时，最大拉应力分别达到了626.264 kPa、626.291 kPa和626.321 kPa，基本无变化。

3）渗透系数对第三主应力的影响

为了得到不同上覆岩层渗透系数对海底隧道结构第三主应力的影响，取上覆岩层厚度为一定值 25 m，上覆海水深度为一定值 20 m，渗透系数分别取 4.72E-10、2.60E-09 和 4.72E-09。不同渗透系数下的第三主应力云图如表6-18所示。

表6-18　不同渗透系数下的第三主应力云图

渗透系数	第三主应力云图	最大压应力/kPa
4.72E-10	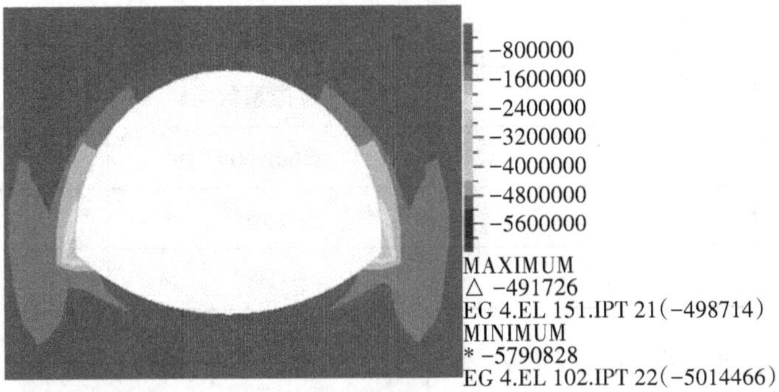	5790.828
2.60E-09	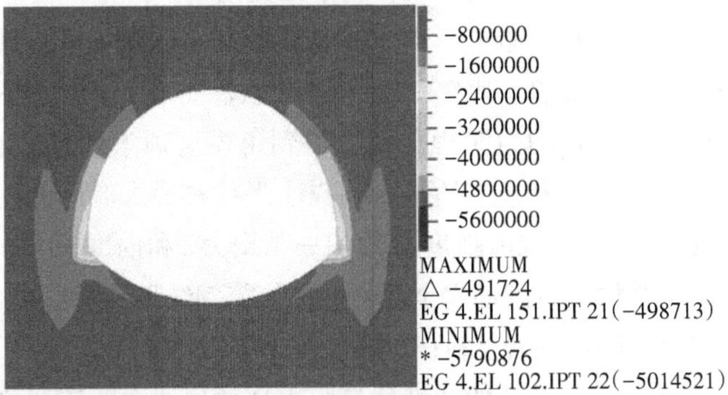	5790.876
4.72E-09	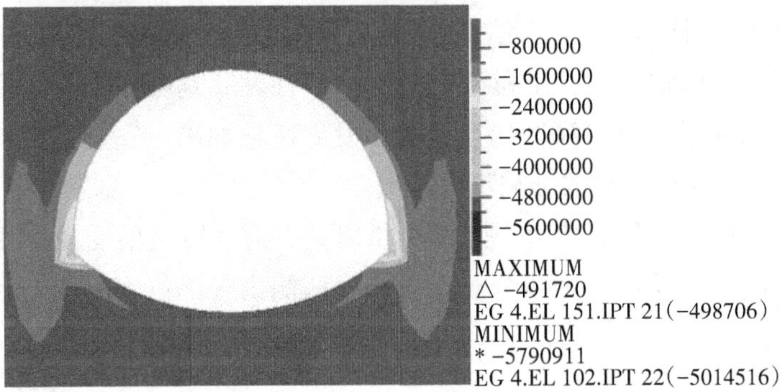	5790.911

由表6-18可以看出，海底隧道的受压区主要分布在拱脚及两侧拱腰部位，因此，在拱脚和拱腰处需要考虑其受压破坏。在上覆岩层厚度为25 m、上覆海水深度为20 m的情况下，渗透系数分别取 4.72E-10、2.60E-09 和 4.72E-09 时，最大压应力分别达到了 5790.828 kPa、5790.876 kPa 和 5790.911 kPa，基本无变化。

（3）渗透系数对海底隧道结构位移的影响

为了得到不同上覆岩层渗透系数对海底隧道结构位移的影响，考虑渗流及地震作用，再不断折减围岩和衬砌的抗剪强度参数，直至计算不收敛，此时不同渗透系数下的隧道结构在 Y 方向（水平方向）、Z 方向（竖直方向）的最大位移如表6-19所示。

表6-19　不同渗透系数下的隧道结构最大位移

单位：mm

最大位移	渗透系数		
	4.72E-10	2.60E-09	4.72E-09
Y_{max}	−0.154	−0.154	−0.154
Z_{max}	−4.382	−4.382	−4.382

由表6-19可知，在上覆岩层厚度为25 m、上覆海水深度为20 m的情况下，渗透系数分别取4.72E-10、2.60E-09和4.72E-09时，位移基本无变化。

本章通过有限元软件ADINA，首先，对水平地震作用下的模型进行模态分析，得到了质量阻尼系数 α 和刚度阻尼系数 β；其次，在ADINA软件中导入动力分析模型，输入El-Centro地震波，对海底隧道进行动力时程分析，得到了模型顶点的最大水平位移；最后，采用静力分析模型，并考虑自重和左右边界上顶点水平位移最大时的侧向边界节点水平位移，通过不断折减围岩和衬砌的抗剪强度参数——黏聚力 c 和内摩擦角 φ，直到计算不收敛，从而得到了隧道围岩结构的地震动安全系数。数值算例结果表明：

①地震作用会使得海底隧道围岩及衬砌结构的安全系数降低。

②渗流和地震作用下，海底隧道的塑性区最先出现的位置在隧道两侧拱脚靠近衬砌的小范围土体及拱顶两侧周边部位。因此，考虑地震作用时应采取构造措施进行加强。

③在海水深度一定的情况下，上覆岩层越厚，塑性发展越明显，安全系数越小；在上覆岩层厚度一定的情况下，海水深度越大，塑性发展区越加深，安全系数越小，并且变化幅度不大；渗透系数对安全系数的影响不大。

④海底隧道有效应力的最大值分布在两侧拱脚处；海底隧道的受拉区主要分布在拱顶及仰拱部位；海底隧道的受压区主要分布在拱脚及两侧拱腰部位。因此，对一些薄弱部位应做加强处理。

6.2　海底减震隧道结构的地震动稳定

根据现有研究成果[2-16]，设置减震层后，地震作用下隧道结构具有以下特点：①围岩和衬砌的应力明显改善；②围岩和衬砌的震动频谱特性都不会发生变化，并且围岩的加速度都比无减震层时小，围岩加速度的传递性明显减弱；③衬砌的最大位移差和相对变形量都有所减小；④减震层虽然不能从根本上改变隧道衬砌结构的地震动响应应值，但是它本身具备减震缓冲和耗能的作用，会使得应力的传递系数减小，从而对衬砌结构起到良好的减震效果。因此，本章在初衬砌和二衬砌之间设置一定厚度的泡沫混凝土减震层，考虑黏弹性人工边界及渗流的影响，利用动力有限元静力强度折减法，研究海水深度、上覆岩层厚度和渗透系数对地震动稳定性安全系数、有效应力、主应力和位移的影响。

6.2.1　海底隧道结构的减震方法

隧道结构的减震研究最早始于盾构隧道减震，日本学者铃木猛康较早对盾构隧道的减震进行了研究，其基本思想是在隧道衬砌与围岩之间设置减震层，隔断围岩对隧道的约束力，并用减震层吸收隧道结构与围岩之间的应变和相对位移。

不可能将隧道结构与场地岩土分离而单独得出其地震反应，因此，通过延长结构周期达到减少地震反应的做法是不可行的。同时，隧道结构整体覆盖在场地土之下，也无法设置隔震支座与阻尼器等隔震装置。目前，针对隧道结构的减震主要有三种方法[17-24]：第一种方法是通过改变隧道本身的性能（刚度、质量、强度、阻尼等）、控制结构的刚度比和质量比来减轻隧道衬砌的内力；第二种方法是在隧道衬砌和地层之间设置减震层（主要是铺设轻质、柔软、高阻尼比的吸能材料），使用减震层将衬砌与围岩介质隔开，使地层的变形难以传递到隧道上，从而减小隧道的地震反应；第三种方法是为锚杆注浆加固围岩，采用较大范围内注浆加固围岩的方法进行减震。

本书采用第二种方法，即设置减震层。由于减震层吸收的是动应变，因此，减震层的材料必须具有一定的弹性，能够在地震中不被塑性化，以便在下次地震中仍可以继续发挥作用；同时，考虑到施工后的地表下沉，减震层材料的泊松比要接近于0.5，或采用在隧道径向具有一定刚性的各向异性材料。减震材料可采用压注方式注入衬砌与围岩之间的孔隙内，从而形成减震层，而泡沫混凝土是一种新型的节能型建筑材料，其特点是质轻多孔、变形能力强，在其中加入纤维材料后，可以进一步增强其延性，使其成为理想的减震层填充材料。

6.2.2　数值计算

（1）计算参数

为了更好地模拟岩体对隧道结构的动力反应，本章选用莫尔-库伦材料模型，该模型基于理想塑性莫尔-库伦屈服函数、非相关流动法则和拉伸截止；初衬砌厚度为0.30 m，二衬砌厚度为0.50 m；海水采用不可压的常参数模型Constant，单元采用FCBI-C单元，重度为10.09 kN/m³，默认体积模量为1020 Pa；泡沫混凝土减震层厚度均为0.20 m，采用线弹性材料。材料参数见表6-20。

表6-20　材料参数表

材料名称	弹性模量 E/GPa	泊松比 v	重度 γ/(kN·m^{-3})	黏聚力 c/kPa	内摩擦角 φ/(°)	孔隙率 n/%	渗透性 K/(m·s^{-1})	抗拉强度 σ/kPa
透水围岩	2	0.33	26	500	50	0.2	1.00E-06	—
不透水围岩	2	0.33	26	500	50	—	—	—
初衬砌	30	0.167	24.5	3180	54.9	—	—	2.01
二衬砌	30	0.167	24.5	3180	54.9	—	—	2.01
泡沫混凝土	0.27	0.21	5.57	—	—	—	—	—

（2）静力和动力分析模型

取隧道跨度为15 m，高度为11.25 m，覆盖层厚度为25 m，海水深度为10 m。考虑围岩稳定性的影响范围，从半无限空间体中切取厚度为1 m（沿隧道纵向）的隔离体，计算范围自隧道底部取5倍洞室高度（即56.25 m），隧道左右两侧各取5倍洞室跨度（即75 m），在初衬砌和二衬砌之间设置厚度为20 cm的减震层。考虑海面波浪运动的影响，在ADINA软件中将海面设为自由液面；考虑地震动作用下海水对海床表面的动水压力作用，将海水与上覆岩层的接触面定义为流固耦合边界；考虑黏弹性边界对地震波的吸收能力，将围岩的位移边界设置为黏弹性人工边界。动力分析模型示意图如图6-7所示，若将两侧边界条件改为水平约束，去掉黏弹性边界，则为静力分析模型。

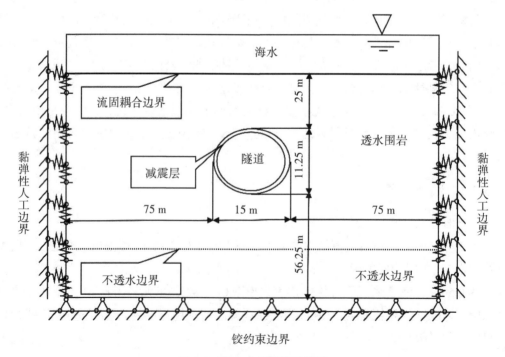

图6-7　动力分析模型示意图

（3）计算模型

对图6-2、图6-3所建模型进行局部修改，计算模型如图6-8、图6-9所示，在初衬砌与二衬砌之间设置了20 cm的减震层，减震层材料主要采用泡沫混凝土，单元采用实体单元。

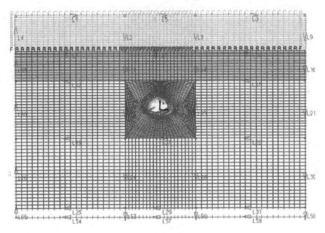

图6-8　流体计算有限元模型

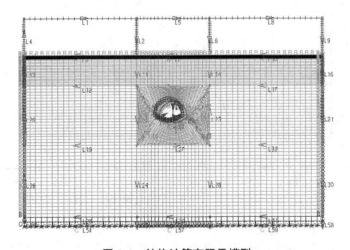

图6-9　结构计算有限元模型

6.2.3　动力有限元静力强度折减法的实现

将通过模态分析获得的Rayleigh阻尼的质量矩阵系数及刚度矩阵系数在ADINA软件中导入动力分析模型，输入El-Centro地震波，对海底隧道进行动力时程分析，得到模型顶点的最大水平位移，最后采用静力分析模型，并考虑自重和左右边界上顶点水平位移最大时的侧向边界节点水平位移，不断折减围岩和衬砌的抗剪强度参数——黏聚力c和内摩擦角φ，直到计算不收敛，从而得到海底隧道在地震作用下的安全系数。

动力分析完成后，选取模型右上角的881节点为观察节点，模型边界节点编号示意图如图6-10所示，由ADINA软件中的Response Curve可以读取到881节点在10～20 s的水平位移时程曲线，如图6-11所示。

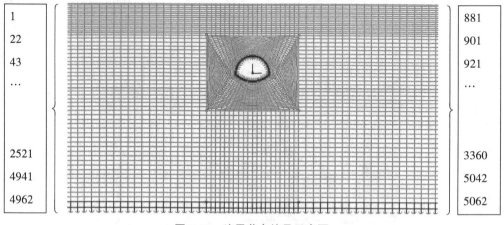

图6-10　边界节点编号示意图

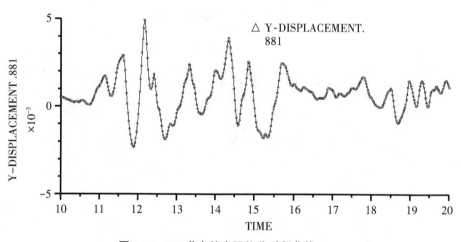

图6-11　881节点的水平位移时程曲线

　　由881节点的水平位移时程曲线可以看出，当时间介于11～13 s之间时，节点881的水平位移取得最大值，然后通过ADINA软件中的Extreme Values选项可知881节点在11～13 s时的水平位移，见表6-21。

表6-21　11～13 s时节点881的水平位移

时刻/s	位移/m	时刻/s	位移/m	时刻/s	位移/m	时刻/s	位移/m
11.00	1.17E-03	11.50	2.50E-03	12.00	−4.63E-04	12.50	2.33E-04
11.02	1.24E-03	11.52	2.61E-03	12.02	1.42E-04	12.52	−4.59E-05
11.04	1.33E-03	11.54	2.68E-03	12.04	8.16E-04	12.54	−1.28E-04

时刻/s	位移/m	时刻/s	位移/m	时刻/s	位移/m	时刻/s	位移/m
11.06	1.45E-03	11.56	2.74E-03	12.06	1.54E-03	12.56	-2.18E-04
11.08	1.56E-03	11.58	2.81E-03	12.08	2.29E-03	12.58	-4.83E-04
11.10	1.65E-03	11.60	2.90E-03	12.10	3.06E-03	12.60	-7.93E-04
11.12	1.71E-03	11.62	2.89E-03	12.12	3.81E-03	12.62	-1.12E-03
11.14	1.74E-03	11.64	2.58E-03	12.14	4.46E-03	12.64	-1.42E-03
11.16	1.71E-03	11.66	2.04E-03	12.16	4.94E-03	12.66	-1.65E-03
11.18	1.57E-03	11.68	1.40E-03	12.18	4.83E-03	12.68	-1.80E-03
11.20	1.34E-03	11.70	7.39E-04	12.20	4.26E-03	12.70	-1.86E-03
11.22	1.09E-03	11.72	1.36E-04	12.22	3.53E-03	12.72	-1.85E-03
11.24	8.70E-04	11.74	-3.93E-04	12.24	2.75E-03	12.74	-1.76E-03
11.26	7.02E-04	11.76	-8.58E-04	12.26	2.07E-03	12.76	-1.60E-03
11.28	5.99E-04	11.78	-1.27E-03	12.28	1.54E-03	12.78	-1.38E-03
11.30	5.64E-04	11.80	-1.63E-03	12.30	1.20E-03	12.80	-1.18E-03
11.32	5.90E-04	11.82	-1.94E-03	12.32	1.02E-03	12.82	-1.04E-03
11.34	6.74E-04	11.84	-2.16E-03	12.34	9.86E-04	12.84	-1.01E-03
11.36	8.13E-04	11.86	-2.29E-03	12.36	1.08E-03	12.86	-1.04E-03
11.38	1.01E-03	11.88	-2.33E-03	12.38	1.29E-03	12.88	-1.08E-03
11.40	1.27E-03	11.90	-2.26E-03	12.4	1.61E-03	12.90	-1.11E-03
11.42	1.58E-03	11.92	-2.09E-03	12.42	1.83E-03	12.92	-1.09E-03
11.44	1.90E-03	11.94	-1.82E-03	12.44	1.54E-03	12.94	-1.01E-03
11.46	2.16E-03	11.96	-1.45E-03	12.46	1.13E-03	12.96	-8.66E-04
11.48	2.36E-03	11.98	-1.00E-03	12.48	6.40E-04	12.98	-6.59E-04

通过表6-21可以看出，12.16 s时节点881的水平位移达到最大值。为了考虑地震作用对海底隧道围岩结构安全系数的影响，时刻段选为12.16 s，由ADINA软件中的Value List选项可得到模型两侧竖向边界全部节点在12.16 s时的水平位移，如表6-22所示。

表 6-22　12.16 s 时竖向边界全部节点的水平位移

单位:m

节点	位移	节点	位移	节点	位移	节点	位移
1	0.003966	1492	0.005187	4962	0.004375	1911	0.005153
22	0.004080	1513	0.005199	881	0.004402	1932	0.005163
43	0.004166	1534	0.005209	901	0.004424	1953	0.005170
64	0.004232	1555	0.005217	921	0.004437	1974	0.005175
85	0.004284	1576	0.005223	941	0.004452	1995	0.005178
106	0.004326	1597	0.005227	961	0.004469	2016	0.005179
127	0.004362	1618	0.005229	981	0.004488	2037	0.005177
148	0.004393	1639	0.005225	1001	0.004508	2058	0.005172
169	0.004421	1660	0.005208	1021	0.004528	2079	0.005165
190	0.004448	1681	0.005159	1041	0.004548	2100	0.005152
211	0.004473	2122	0.005236	1061	0.004568	2121	0.005120
232	0.004498	2143	0.005255	1081	0.004588	2980	0.005155
253	0.004522	2164	0.005256	1101	0.004607	3000	0.005156
274	0.004545	2185	0.005251	1121	0.004627	3020	0.005147
295	0.004569	2206	0.005241	1141	0.004647	3040	0.005133
316	0.004591	2227	0.005229	1161	0.004667	3060	0.005114
337	0.004613	2248	0.005214	1181	0.004687	3080	0.005090
358	0.004634	2269	0.005196	1201	0.004709	3100	0.005062
379	0.004655	2290	0.005176	1221	0.004731	3120	0.005031
400	0.004673	2311	0.005154	1241	0.004755	3140	0.004996
421	0.004690	2332	0.005129	1261	0.004779	3160	0.004957
1282	0.004859	2353	0.005102	1281	0.004797	3180	0.004915
1303	0.004941	2374	0.005073	1722	0.004891	3200	0.004869
1324	0.004992	2395	0.005040	1743	0.004948	3220	0.004819
1345	0.005031	2416	0.005005	1764	0.004993	3240	0.004764
1366	0.005063	2437	0.004965	1785	0.005030	3260	0.004705
1387	0.005090	2458	0.004920	1806	0.005060	3280	0.004640

节点	位移	节点	位移	节点	位移	节点	位移
1408	0.005115	2479	0.004867	1827	0.005085	3300	0.004568
1429	0.005137	2500	0.004796	1848	0.005107	3320	0.004488
1450	0.005156	2521	0.004659	1869	0.005125	3340	0.004395
1471	0.005172	4941	0.004577	1890	0.005141	3360	0.004268
5042	0.004177	5062	0.004016	—	—	—	—

将表6-22所示的节点位移导入静力分析模型，动力分析模型的两侧边界条件改为水平约束和去掉黏弹性边界后即为静力分析模型。利用动力有限元静力强度折减法，不断折减海底隧道围岩和衬砌的抗剪强度参数——黏聚力 c 和内摩擦角 φ，直到计算不收敛，从而得到海底隧道在9度设防地震作用下的安全系数。

塑性应变云图见图6-12。由图6-12可以看出，在渗流和地震的共同作用下，当有减震层的海底隧道上覆海水深度为20 m，上覆岩层厚度为25 m时，隧道的拱脚及拱顶两侧靠近衬砌的小范围围岩最先发生破坏，塑性区呈现出蝶状分布，海底隧道的安全系数为2.916。

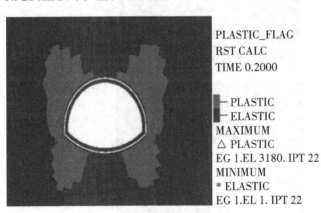

$\eta=2.916$

图6-12　塑性应变云图

6.2.4　不同覆岩厚度下海底隧道结构的地震动稳定

（1）覆岩厚度对海底隧道结构安全系数的影响

为了得到不同上覆岩层厚度对有减震层的海底隧道结构地震动稳定性安全系数的影响，设海底隧道上覆岩层厚度分别为25 m、35 m和45 m，上覆海水深度取20 m，其余参数同前。不同上覆岩层厚度下的塑性区分布图和安全系数如表6-23所示。

表6-23 不同上覆岩层厚度下的塑性区分布图和安全系数

上覆岩层厚度/m	塑性区分布图		安全系数 η
25		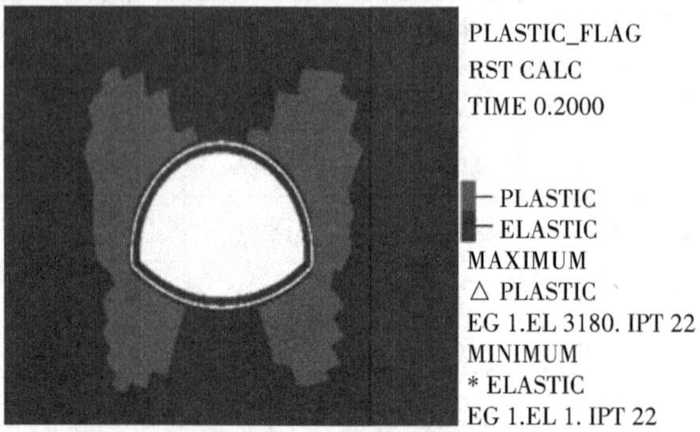 PLASTIC_FLAG RST CALC TIME 0.2000 ⊢ PLASTIC ⊢ ELASTIC MAXIMUM △ PLASTIC EG 1.EL 3180. IPT 22 MINIMUM * ELASTIC EG 1.EL 1. IPT 22	2.916
35		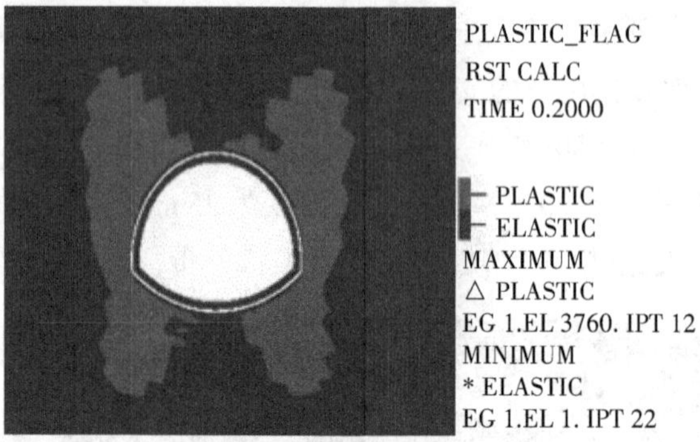 PLASTIC_FLAG RST CALC TIME 0.2000 ⊢ PLASTIC ⊢ ELASTIC MAXIMUM △ PLASTIC EG 1.EL 3760. IPT 12 MINIMUM * ELASTIC EG 1.EL 1. IPT 22	2.807
45		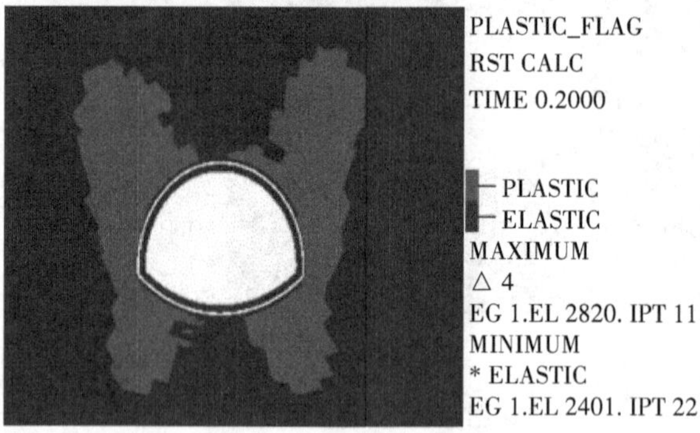 PLASTIC_FLAG RST CALC TIME 0.2000 ⊢ PLASTIC ⊢ ELASTIC MAXIMUM △ 4 EG 1.EL 2820. IPT 11 MINIMUM * ELASTIC EG 1.EL 2401. IPT 22	2.701

由表6-23可以看出，有减震层的海底隧道最先出现塑性区的位置在隧道两侧拱脚靠近衬砌的小范围及拱顶两侧周边部位。在上覆海水深度取一定值20 m的情况下，上覆岩层厚度为25 m、35 m和45 m时，海底隧道塑性区分布愈加明显，安全系数分别为2.916、2.807和2.701。在上覆岩层厚度由25 m增加到35 m后，可以看出，拱脚两侧塑性区逐渐靠拢，塑性区面积增大明显；在上覆岩层厚度增加到45 m后，拱顶两侧塑性区向着围岩上部慢慢发展，并且变化幅度逐渐增大。

（2）覆岩厚度对海底隧道结构应力的影响

1）覆岩厚度对有效应力的影响

为了得到不同上覆岩层厚度对有减震层的海底隧道结构有效应力的影响，取上覆海水深度为一定值20 m，上覆岩层厚度分别取25 m、35 m及45 m，不同上覆岩层厚度下的有效应力云图如表6-24所示。

表6-24　不同上覆岩层厚度下的有效应力云图

上覆岩层厚度/m	有效应力云图	最大有效应力/ kPa
25	 — 4333332 — 3666666 — 3000000 — 2333333 — 1666666 — 1000000 — 333333 MAXIMUM △ 4735442 EG 4.EL 200.IPT 11(3889120) MINIMUM * 9293 EG 4.EL 180.IPT 21(20850)	4735.442
35	 — 5000000 — 4333332 — 3666666 — 3000000 — 2333333 — 1666666 — 1000000 MAXIMUM △ 5302026 EG 3.EL 100.IPT 12(4671908) MINIMUM * 609278 EG 3.EL 151.IPT 22(612616)	5302.026
45	 — 5333333 — 4666666 — 3999999 — 3333333 — 2666666 — 2000000 — 1333333 MAXIMUM △ 5881982 EG 3.EL 103.IPT 22(4781425) MINIMUM * 1003349 EG 3.EL 200.IPT 12(1163679)	5881.982

由表6-24可以看出，有减震层的海底隧道有效应力的最大值分布在两侧拱脚处。在上覆海水深度取一定值20 m的情况下，上覆岩层厚度分别为25 m、35 m和45 m时，最大有效应力分别达到了4735.442 kPa、5302.026 kPa和5881.982 kPa。

2）覆岩厚度对第一主应力的影响

为了得到不同上覆岩层厚度对有减震层的海底隧道结构第一主应力的影响，取上覆海水深度为一定值20 m，上覆岩层厚度分别取25 m、35 m及45 m，不同上覆岩层厚度下的第一主应力云图如表6-25所示。

表6-25　不同上覆岩层厚度下的第一主应力云图

上覆岩层厚度/m	第一主应力云图	最大拉应力/kPa
25	 400000 240000 80000 −80000 −240000 −400000 −560000 MAXIMUM △ 522799 EG 3.EL 191.IPT 21（205477） MINIMUM * −658985 EG 3.EL 100.IPT 12（−629890）	522.799
35	 500000 300000 100000 −100000 −300000 −500000 −700000 MAXIMUM △ 688941 EG 3.EL 106.IPT 22（294740） MINIMUM * −812229 EG 3.EL 4.IPT 22（−766864）	688.941
45	 375000 125000 −125000 −375000 −625000 −875000 −1125000 MAXIMUM △ 813776 EG 3.EL 103.IPT 11（−370456） MINIMUM * −1298914 EG 3.EL 102.IPT 22（12462）	813.776

由表6-25可以看出，有减震层的海底隧道的受拉区主要分布在两侧拱脚部位。在上覆海水深度取一定值20 m的情况下，上覆岩层厚度分别为25 m、35 m和45 m时，拉应力极值分别达到了522.799 kPa、688.941 kPa和813.776 kPa。拉应力的大小随着海底隧道上覆岩层

厚度的增加而增大，应当注意其局部受拉破坏。

3）覆岩厚度对第三主应力的影响

为了得到不同上覆岩层厚度对有减震层的海底隧道结构第三主应力的影响，取上覆海水深度为一定值20 m，上覆岩层厚度分别取25 m、35 m及45 m，不同上覆岩层厚度下的第三主应力云图如表6-26所示。

表6-26　不同上覆岩层厚度下的第三主应力云图

上覆岩层厚度/m	第三主应力云图	最大压应力/kPa
25	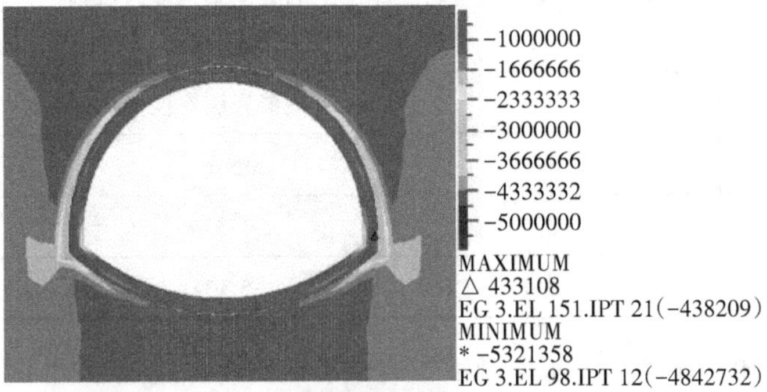	5321.358
35	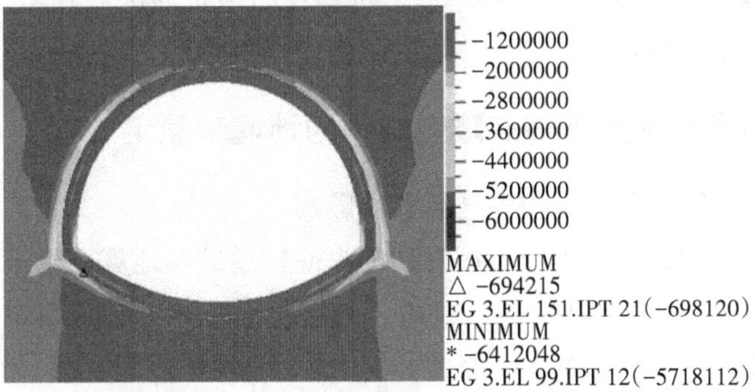	6412.048
45	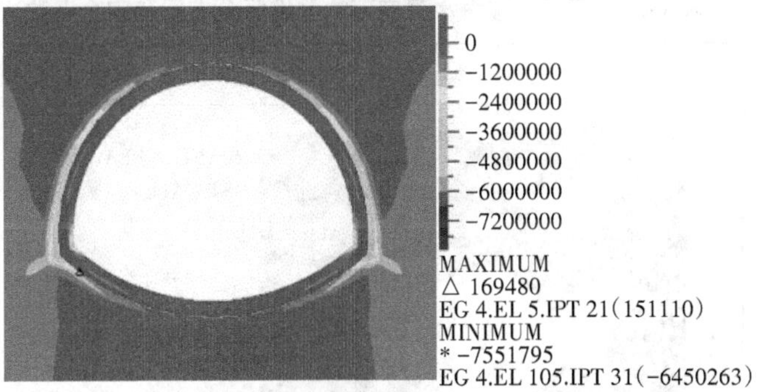	7551.795

由表6-26可以看出，有减震层的海底隧道的受压区主要分布在拱脚及两侧拱腰部位，因此，在拱脚和拱腰处需要考虑其受压破坏。在上覆海水深度取一定值20 m的情况下，上覆岩层厚度分别为25 m、35 m和45 m时，压应力极值分别达到了5321.358 kPa、

6412.048 kPa和7551.795 kPa。海底隧道围岩及衬砌结构的压应力随着海底隧道上覆岩层厚度的增加而增大，变化较为明显。

（3）覆岩厚度对海底隧道结构位移的影响

为了得到不同上覆岩层厚度对有减震层的海底隧道结构位移的影响，考虑渗流及地震作用，再不断折减围岩和衬砌的抗剪强度参数，直至计算不收敛，此时不同上覆岩层厚度下的有减震层的隧道结构在 Y 方向（水平方向）、Z 方向（竖直方向）的最大位移如表6-27所示。

表6-27　不同上覆岩层厚度下的隧道结构最大位移

单位:mm

最大位移	上覆岩层厚度		
	25 m	35 m	45 m
Y_{max}	−0.276	−0.314	−0.415
Z_{max}	−4.541	−5.304	−5.563

由表6-27可知，在同一海水深度下，有减震层的海底隧道结构在 Y 方向、Z 方向的最大位移均随着上覆岩层厚度的增加而增大，位移在同一时刻达到最大值，说明海底隧道是整体振动的，并且水平位移和竖直位移随时间的变化规律是一致的。

6.2.5　不同海水深度下海底隧道结构的地震动稳定

（1）海水深度对海底隧道结构安全系数的影响

为了得到不同上覆海水深度对有减震层的海底隧道结构地震动稳定性安全系数的影响，设海底隧道上覆海水深度分别为20 m、30 m和40 m，上覆岩层厚度取25 m，其余参数同前。不同上覆海水深度下的塑性区分布图和安全系数如表6-28所示。

表6-28　不同上覆海水深度下的塑性区分布图和安全系数

上覆海水深度/m	塑性区分布图	安全系数 η
20	PLASTIC_FLAG / RST CALC / TIME 0.2000 / ■ PLASTIC / ▬ ELASTIC / MAXIMUM / △ PLASTIC / EG 1.EL 3180. IPT 22 / MINIMUM / * ELASTIC / EG 1.EL 1. IPT 22	2.916

上覆海水深度/m	塑性区分布图	安全系数η
30	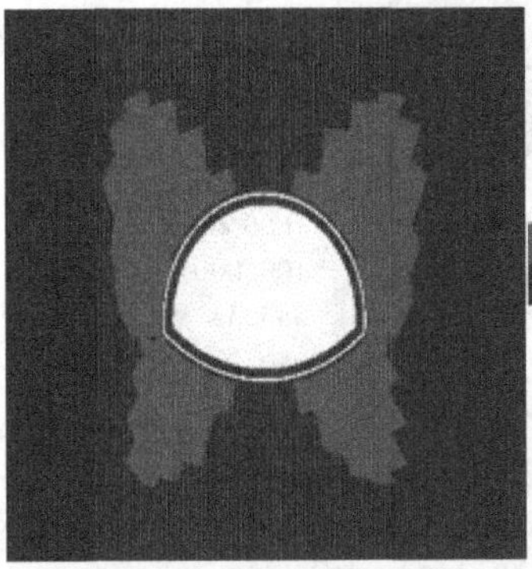 PLASTIC_FLAG RST CALC TIME 0.2000 ▬ PLASTIC ▬ ELASTIC MAXIMUM △ PLASTIC EG 1.EL 3160. IPT MINIMUM * ELASTIC EG 1.EL 1. IPT 22	2.903
40	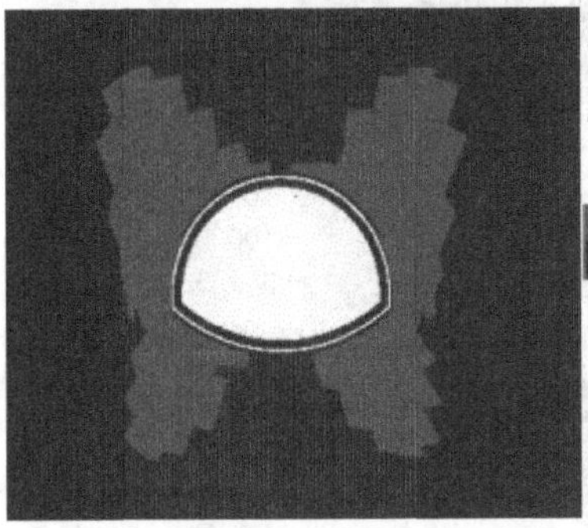 PLASTIC_FLAG RST CALC TIME 0.2000 ▬ PLASTIC ▬ ELASTIC MAXIMUM △ PLASTIC EG 1.EL 3180. IPT 12 MINIMUM * ELASTIC EG 1.EL 1. IPT 22	2.893

由表6-28可以看出,有减震层的海底隧道最先出现塑性区的位置同样在隧道两侧拱脚靠近衬砌的小范围及拱顶两侧周边部位。在上覆岩层厚度取一定值25 m的情况下,上覆海水深度分别为20 m、30 m和40 m时,安全系数分别为2.916、2.903和2.893,并且变化幅度较小。

(2)海水深度对海底隧道结构应力的影响

1)海水深度对有效应力的影响

为了得到不同上覆海水深度对有减震层的海底隧道结构有效应力的影响,取上覆岩层厚度为一定值25 m,上覆海水深度分别取20 m、30 m及40 m,不同上覆海水深度下的有效应力云图如表6-29所示。

表6-29　不同上覆海水深度下的有效应力云图

上覆海水深度/m	有效应力云图	最大有效应力/kPa
20	 4333332 3666666 3000000 2333333 1666666 1000000 333333 MAXIMUM △ 4735442 EG 4.EL 200.IPT 11（3889120） MINIMUM * 9293 EG 4.EL 180.IPT 21（20850）	4735.442
30	 4333332 3666666 3000000 2333333 1666666 1000000 333333 MAXIMUM △ 4920826 EG 3.EL 5.IPT 22（4327248） MINIMUM * 1685 EG 4.EL 125.IPT 21（6631）	4920.826
40	 4666666 3999999 3333333 2666666 2000000 1333333 666667 MAXIMUM △ 5092894 EG 3.EL 100.IPT 12（4466599） MINIMUM * 4627 EG 4.EL 125.IPT 21（3045）	5092.894

由表6-29可以看出，有减震层的海底隧道有效应力的最大值分布在两侧拱脚处。在上覆岩层厚度取一定值25 m的情况下，上覆海水深度分别为20 m、30 m和40 m时，最大有效应力分别达到了4735.442 kPa、4920.826 kPa和5092.894 kPa。

2）海水深度对第一主应力的影响

为了得到不同上覆海水深度对有减震层的海底隧道结构第一主应力的影响，取上覆岩层厚度为一定值25 m，上覆海水深度分别取20 m、30 m及40 m，不同上覆海水深度下的第一主应力云图如表6-30所示。

表6-30 不同上覆海水深度下的第一主应力云图

上覆海水深度/m	第一主应力云图	最大拉应力/ kPa
20	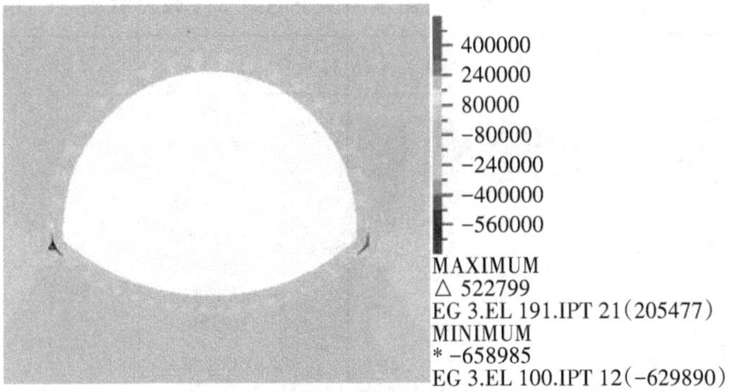 400000 240000 80000 −80000 −240000 −400000 −560000 MAXIMUM △ 522799 EG 3.EL 191.IPT 21(205477) MINIMUM * −658985 EG 3.EL 100.IPT 12(−629890)	522.799
30	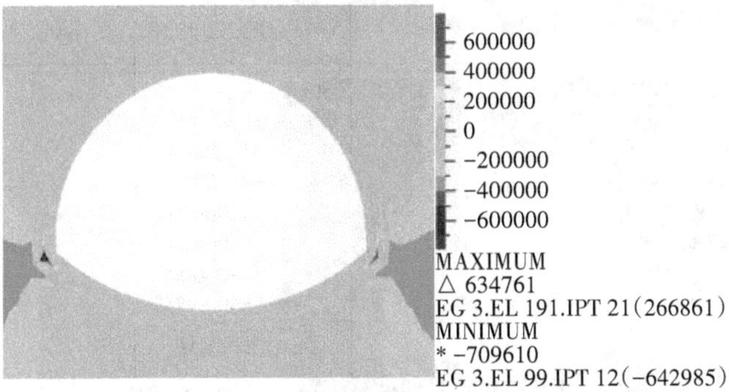 600000 400000 200000 0 −200000 −400000 −600000 MAXIMUM △ 634761 EG 3.EL 191.IPT 21(266861) MINIMUM * −709610 EG 3.EL 99.IPT 12(−642985)	634.761
40	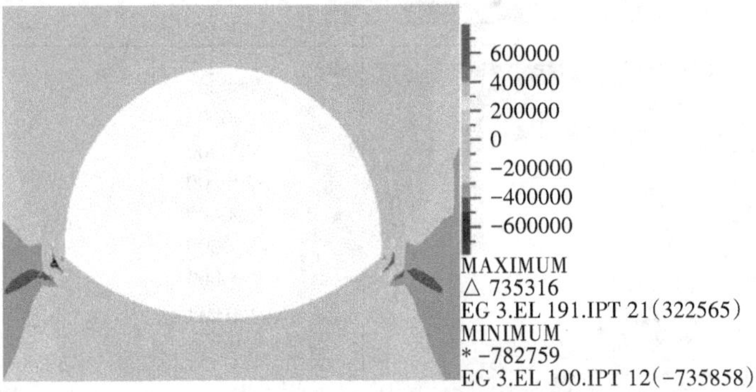 600000 400000 200000 0 −200000 −400000 −600000 MAXIMUM △ 735316 EG 3.EL 191.IPT 21(322565) MINIMUM * −782759 EG 3.EL 100.IPT 12(−735858)	735.316

　　由表6-30可以看出，有减震层的海底隧道的受拉区主要分布在拱顶及仰拱部位，说明隧道结构的拱顶和仰拱处在地震动响应下会出现局部受拉破坏，应采取一定的减震措施加以预防。在上覆岩层厚度取一定值25 m的情况下，上覆海水深度分别为20 m、30 m和40 m时，拉应力极值分别达到了522.799 kPa、634.761 kPa和735.316 kPa。

　　3）海水深度对第三主应力的影响

　　为了得到不同上覆海水深度对有减震层的海底隧道结构第三主应力的影响，取上覆岩层厚度为一定值25 m，上覆海水深度分别取20 m、30 m及40 m，不同上覆海水深度下的第三主应力云图如表6-31所示。

表6-31 不同上覆海水深度下的第三主应力云图

上覆海水深度/m	第三主应力云图	最大压应力/ kPa
20	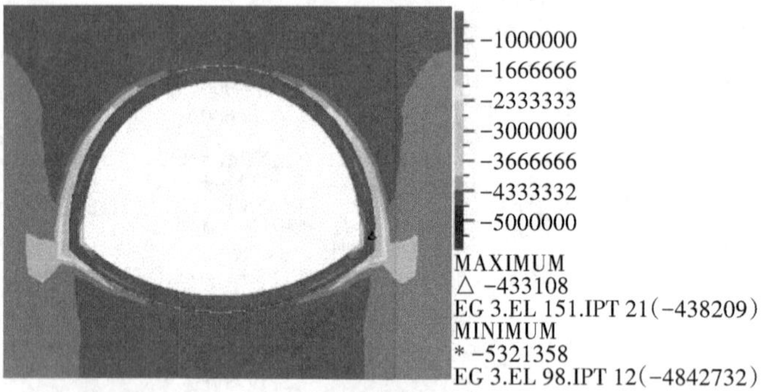	5321.358
30	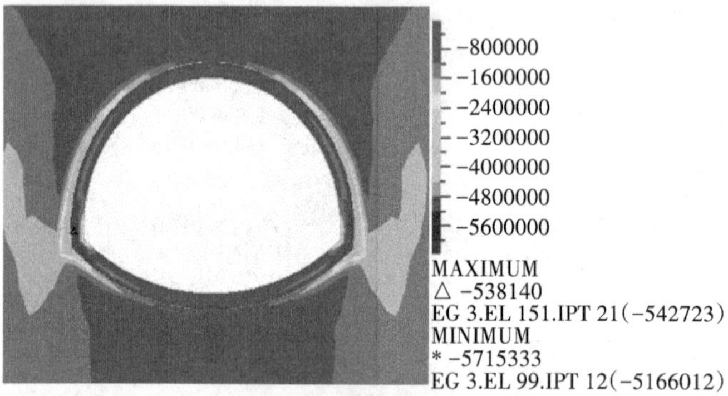	5715.333
40	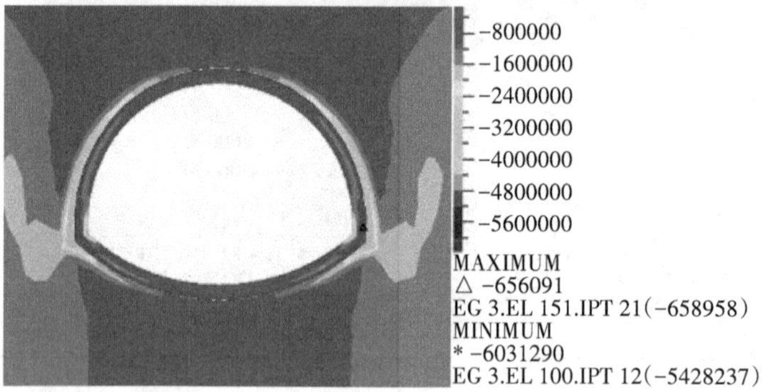	6031.290

由表6-31可以看出，有减震层的海底隧道的受压区主要分布在拱脚及两侧拱腰部位，因此，在拱脚和拱腰处需要考虑其受压破坏。在上覆岩层厚度取一定值25 m的情况下，上覆海水深度分别为20 m、30 m和40 m时，压应力极值分别达到了5321.358 kPa、5715.333 kPa和6031.290 kPa。海底隧道围岩及衬砌结构的压应力随着海底隧道上覆海水深度的增加而增大，增加幅度不大。

（3）海水深度对海底隧道结构位移的影响

为了得到不同上覆海水深度对有减震层的海底隧道结构位移的影响，考虑渗流和地震作用，再不断折减围岩和衬砌的抗剪强度参数，直至计算不收敛，此时不同上覆海水深度下的有减震层的隧道结构在 Y 方向（水平方向）、Z 方向（竖直方向）的最大位移如表6-32所示。

表6-32　不同上覆海水深度下的隧道结构最大位移

单位:mm

最大位移	上覆海水深度		
	20 m	30 m	40 m
Y_{max}	−0.276	−0.328	−0.402
Z_{max}	−4.541	−4.877	−5.219

由表6-32可知，在同一上覆岩层厚度下，海底隧道结构在 Y 方向、Z 方向的最大位移均随着海水深度的增加而增大，位移在同一时刻达到最大值，说明海底隧道是整体振动的，并且水平位移和竖直位移随时间的变化规律是一致的。

6.2.6　不同渗透系数下海底隧道结构的地震动稳定

（1）渗透系数对海底隧道结构安全系数的影响

为了得到不同上覆岩层渗透系数对有减震层的海底隧道结构地震动稳定性安全系数的影响，取上覆岩层厚度为一定值25 m，上覆海水深度为一定值20 m，渗透系数分别取4.72E-10、2.60E-09和4.72E-09。不同渗透系数下的塑性区分布图和安全系数如表6-33所示。

表6-33　不同渗透系数下的塑性区分布图和安全系数

渗透系数	塑性区分布图	安全系数 η
4.72E-10	PLASTIC_FLAG RST CALC TIME 0.2000 ━ PLASTIC ━ ELASTIC MAXIMUM △ PLASTIC EG 1.EL 3180. IPT 22 MINIMUM * ELASTIC EG 1.EL 1. IPT 22	2.916

续表6-33

渗透系数	塑性区分布图	安全系数 η
2.60E−09	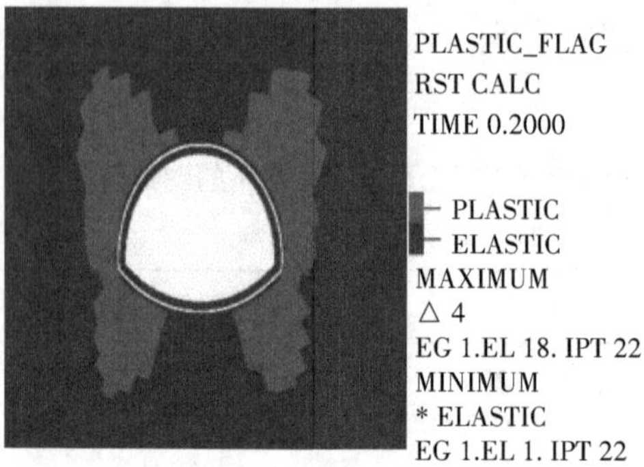 PLASTIC_FLAG RST CALC TIME 0.2000 PLASTIC ELASTIC MAXIMUM △ 4 EG 1.EL 18. IPT 22 MINIMUM * ELASTIC EG 1.EL 1. IPT 22	2.916
4.72E−09	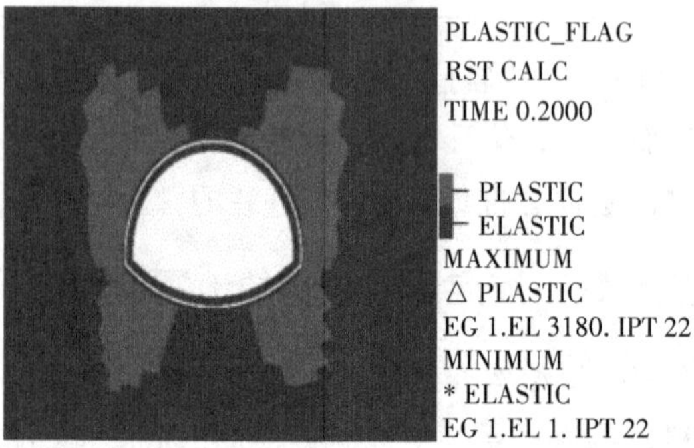 PLASTIC_FLAG RST CALC TIME 0.2000 PLASTIC ELASTIC MAXIMUM △ PLASTIC EG 1.EL 3180. IPT 22 MINIMUM * ELASTIC EG 1.EL 1. IPT 22	2.916

由表6-33可以看出，有减震层的海底隧道最先出现塑性区的位置同样在隧道两侧拱脚靠近衬砌的小范围及拱顶两侧周边部位。在上覆岩层厚度及海水深度等不变时，渗透系数变化对安全系数基本无影响。

（2）渗透系数对海底隧道结构应力的影响

1）渗透系数对有效应力的影响

为了得到不同上覆岩层渗透系数对有减震层的海底隧道结构有效应力的影响，取上覆岩层厚度为一定值25 m，上覆海水深度为一定值20 m，渗透系数分别取4.72E−10、2.60E−09和4.72E−09。不同渗透系数下的有效应力云图如表6-34所示。

表6-34　不同渗透系数下的有效应力云图

渗透系数	有效应力云图	最大有效应力/kPa
4.72E-10	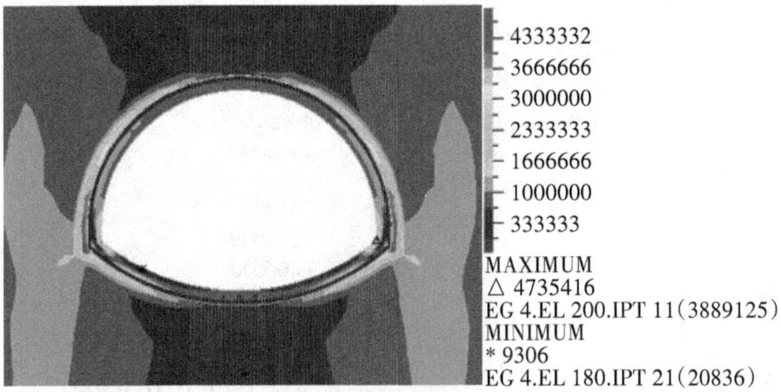	4735.416
2.60E-09	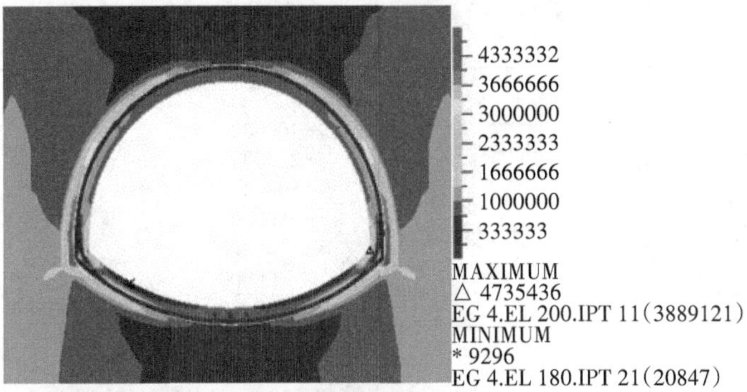	4735.436
4.72E-09	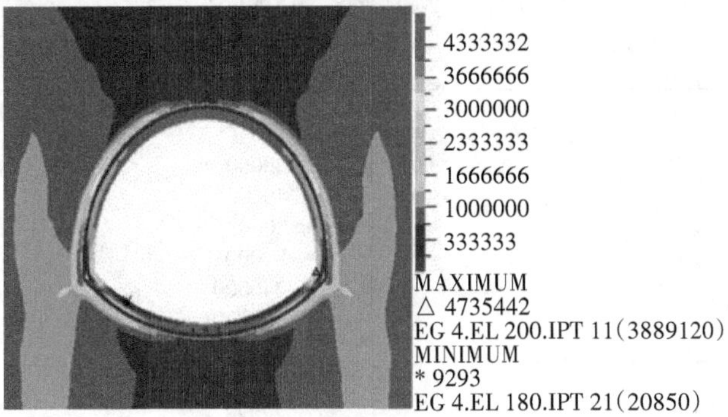	4735.442

由表6-34可以看出，有减震层的海底隧道有效应力的最大值分布在两侧拱脚处。在上覆岩层厚度为25 m、上覆海水深度为20 m的情况下，渗透系数分别为4.72E-10、2.60E-09和4.72E-09时，最大有效应力分别达到了4735.416 kPa、4735.436 kPa和4735.442 kPa，变化幅度很小。

2）渗透系数对第一主应力的影响

为了得到不同上覆岩层渗透系数对有减震层的海底隧道结构第一主应力的影响，取上覆岩层厚度为一定值25 m，上覆海水深度为一定值20 m，渗透系数分别取4.72E-10、

2.60E-09和4.72E-09。不同渗透系数下的第一主应力云图如表6-35所示。

表6-35 不同渗透系数下的第一主应力云图

渗透系数	第一主应力云图	最大拉应力/kPa
4.72E-10	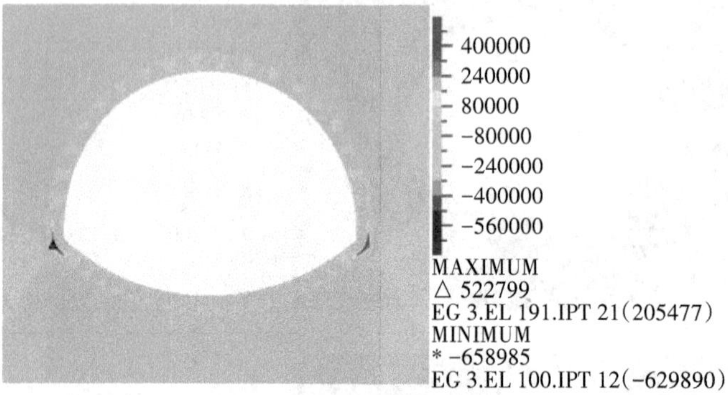	522.799
2.60E-09	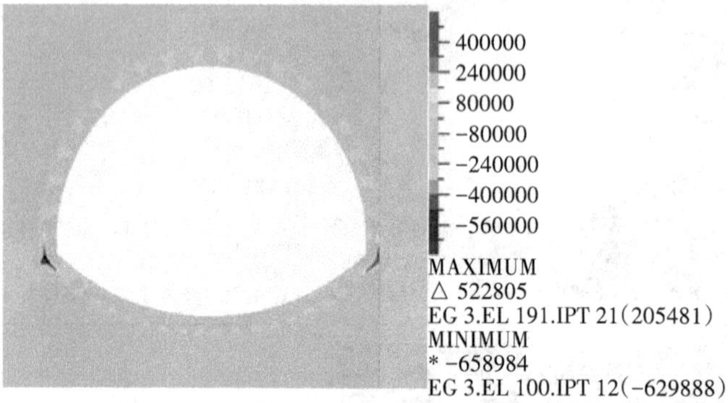	522.805
4.72E-09	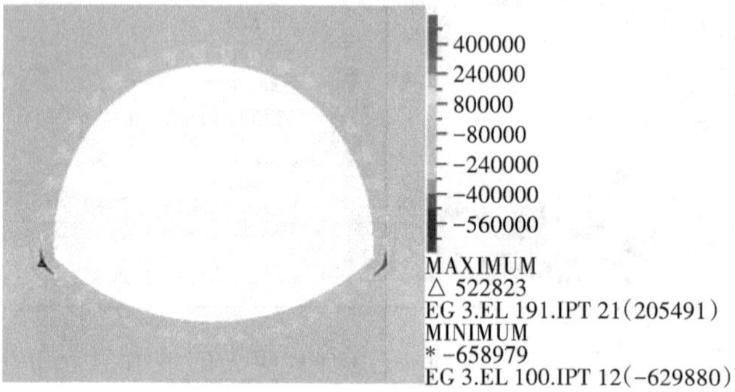	522.823

由表6-35可以看出，有减震层的海底隧道的受拉区主要分布在拱顶及仰拱部位，说明隧道结构的拱顶和仰拱处在地震动响应下会出现局部受拉破坏，应采取一定的减震措施加以预防。在上覆岩层厚度为25 m、上覆海水深度为20 m的情况下，渗透系数分别取4.72E-10、2.60E-09和4.72E-09时，最大拉应力分别达到了522.799 kPa、522.805 kPa和522.823 kPa，变化幅度很小。

3）渗透系数对第三主应力的影响

为了得到不同上覆岩层渗透系数对有减震层的海底隧道结构第三主应力的影响，取上覆岩层厚度为一定值25 m，上覆海水深度为一定值20 m，渗透系数分别取4.72E-10、2.60E-09和4.72E-09。不同渗透系数下的第三主应力云图如表6-36所示。

表6-36　不同渗透系数下的第三主应力云图

渗透系数	第三主应力云图	最大压应力/ kPa
4.72E-10	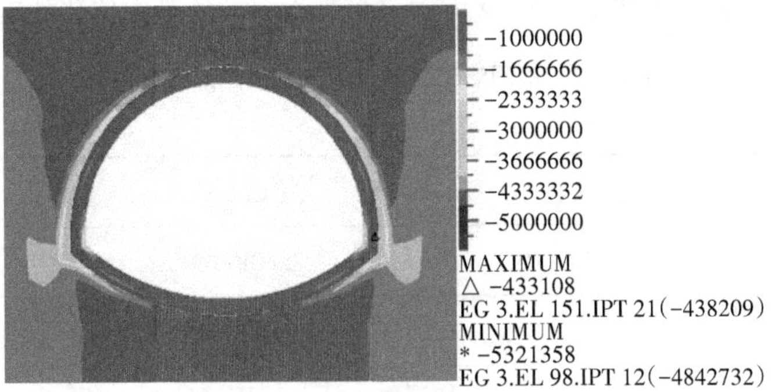	5321.358
2.60E-09	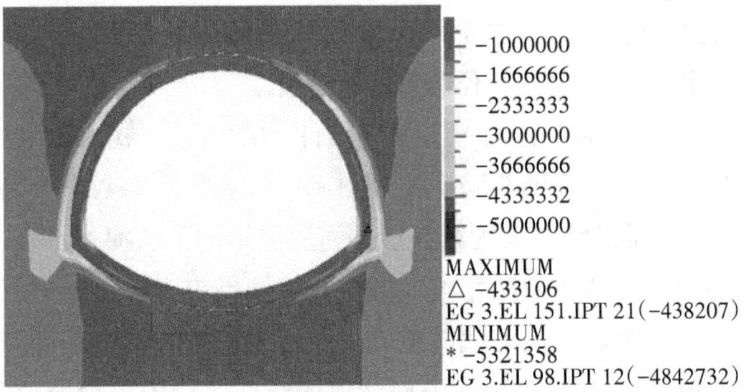	5321.358
4.72E-09	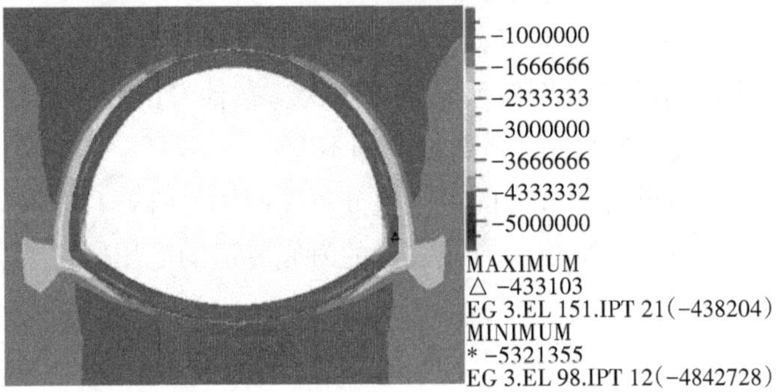	5321.355

由表6-36可以看出，有减震层的海底隧道的受压区主要分布在拱脚及两侧拱腰部位，因此，在拱脚和拱腰处需要考虑其受压破坏。在上覆岩层厚度为25 m、上覆海水深度为20 m的情况下，渗透系数分别取4.72E-10、2.60E-09和4.72E-09时，最大压应力分别达到了5321.358 kPa、5321.358 kPa和5321.355 kPa，基本无变化。

（3）渗透系数对海底隧道结构位移的影响

为了得到不同上覆岩层渗透系数对有减震层的海底隧道结构位移的影响，考虑渗流及地震作用，再不断折减围岩和衬砌的抗剪强度参数，直至计算不收敛，此时不同渗透系数下的隧道结构在Y方向（水平方向）、Z方向（竖直方向）的最大位移如表6-37所示。

表6-37　不同渗透系数下的隧道结构最大位移

单位:mm

最大位移	渗透系数		
	4.72E-10	2.60E-09	4.72E-09
Y_{max}	−0.276	−0.276	−0.276
Z_{max}	−4.541	−4.541	−4.541

由此可知，在上覆岩层厚度为25 m、上覆海水深度为20 m的情况下，渗透系数分别取4.72E-10、2.60E-09和4.72E-09时，位移基本无变化。

本节在前部分研究的基础上，通过有限元软件ADINA，在初衬砌和二衬砌之间设置泡沫混凝土作为减震层，再通过不断折减围岩和衬砌的抗剪强度参数——黏聚力c和内摩擦角φ，直到计算不收敛，从而得到了设置减震层的海底隧道的上覆海水深度、上覆岩层厚度和渗透系数对地震动稳定性安全系数的影响。数值算例结果表明：

①地震作用会使得有减震层的海底隧道围岩及衬砌结构的安全系数降低。

②渗流和地震作用下，有减震层的海底隧道的塑性区最先出现的位置在隧道两侧拱脚靠近衬砌的小范围土体及拱顶两侧周边部位。

③在上覆海水深度一定的情况下，上覆岩层越厚，塑性发展越明显，安全系数越小；在上覆岩层厚度一定的情况下，上覆海水深度越大，塑性发展区越加深，安全系数越小，并且变化幅度不大；渗透系数对安全系数的影响不大。

④有减震层的海底隧道有效应力的最大值分布在两侧拱脚处；有减震层的海底隧道的受拉区主要分布在拱顶及仰拱部位；有减震层的海底隧道的受压区主要分布在拱脚及两侧拱腰部位。

6.3 有无减震层海底隧道结构的地震动稳定性分析

本节在前两节研究的基础上,通过对比分析在初衬砌和二衬砌之间设置和不设置减震层的海底隧道的地震动安全系数、有效应力、主应力、位移,从而得到有无减震层、上覆岩层厚度、上覆海水深度和渗透系数对海底隧道安全系数、有效应力、主应力、位移的影响。

6.3.1 安全系数

在利用强度折减法计算海底隧道的安全系数时,要用到两个弹性常数,即弹性模量 E 和泊松比 v。

由于隧道周围的位移受岩(土)体的弹性模量影响很大,因此,即使为同一点,围岩结构的弹性模量不同时,位移也存在着很大的差异。在实践过程中发现,某些隧道虽然发生了大于极限位移的变形,却不产生破坏,而有些隧道的变形虽然小于极限位移,却产生了破坏。现有文献[25]通过对土体隧洞围岩结构稳定性进行分析,研究了不同弹性模量对安全系数的影响,见表6-38。

表6-38 不同弹性模量的计算结果

弹性模量	拱顶最大垂直位移/mm	侧墙最大水平位移/mm	安全系数
20 MPa	94	76	1.62
30 MPa	73	51	1.62
40 MPa	47	38	1.62
50 MPa	44	30	1.62
60 MPa	36	25	1.62

由表6-38可以看出,隧洞不同部位产生的位移值不同,总体上拱顶的位移比侧墙的位移大,在隧洞受力状态与土体强度相同的情况下,隧洞拱顶与侧墙的最大位移随着弹性模量的增大而减小。当弹性模量为20 MPa时,拱顶最大垂直位移与侧墙最大水平位移分别为弹性模量为60 MPa时的2.6倍与3.0倍,由此可见,弹性模量对隧洞位移的影响很大。同时可以看出,安全系数不受弹性模量的影响,即使弹性模量测量得不是很精确,也不会影响隧洞围岩的稳定性分析。

根据弹塑性力学和现有文献,泊松比对塑性区分布范围的影响很大。在受力状态与土体强度相同的情况下,泊松比取值不同时,围岩塑性区的差别很大,按经验法就会得出不同的判定结果。现有文献[25]通过对土体隧洞围岩结构稳定性进行分析,研究了不同泊松比对安全系数的影响，见表6-39。

表6-39　不同泊松比的计算结果

泊松比	围岩塑性区面积/m²	围岩塑性区最大深度/m	安全系数
0.20	294.56	14.00	1.624
0.25	38.39	6.26	1.626
0.30	12.85	2.76	1.625
0.35	8.96	1.57	1.625
0.40	8.71	1.28	1.626
0.45	8.68	1.20	1.627

　　由表6-39可以看出，泊松比不同时，围岩塑性区面积、围岩塑性区最大深度、安全系数均不同。当泊松比的取值较大时，塑性区主要分布在隧洞的周围，并与隧洞的形状类似，塑性区的面积较小，扩展深度较小。当泊松比取0.20时，围岩塑性区面积与最大深度分别为泊松比取0.45时的33.9倍与11.7倍。由此可见，泊松比取值对隧道围岩塑性区面积的影响很大。同时可以看出，安全系数受泊松比的影响很小，甚至基本不受影响。

　　6.1节和6.2节运用动力有限元静力强度折减法，分别获得了有减震层和无减震层的海底隧道在地震作用下的安全系数。不同上覆岩层厚度、不同上覆海水深度和不同渗透系数下的地震动安全系数见表6-40至表6-42。

表6-40　不同上覆岩层厚度下的地震动安全系数

有无减震层	上覆岩层厚度		
	25 m	35 m	45 m
无减震层	2.748	2.722	2.648
有减震层	2.916	2.807	2.701

表6-41　不同上覆海水深度下的地震动安全系数

有无减震层	上覆海水深度		
	20 m	30 m	40 m
无减震层	2.748	2.733	2.723
有减震层	2.916	2.903	2.893

表6-42　不同渗透系数下的地震动安全系数

有无减震层	渗透系数		
	4.72E-10	2.60E-09	4.72E-09
无减震层	2.748	2.748	2.748
有减震层	2.916	2.916	2.916

为方便对比，可将表6-40至表6-42以图的形式表示，如图6-13至图6-15所示。

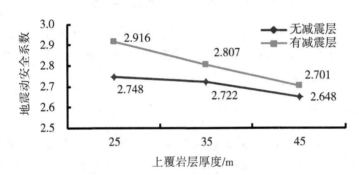

图6-13　不同上覆岩层厚度下的地震动安全系数

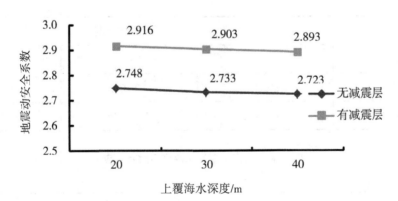

图6-14　不同上覆海水深度下的地震动安全系数

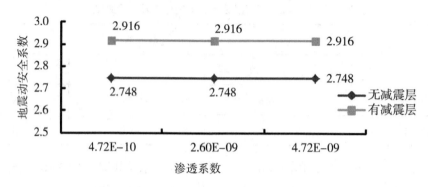

图6-15 不同渗透系数下的地震动安全系数

由表6-40至表6-42、图6-13至图6-15可以看出：设置减震层可以提高海底隧道结构的地震动安全系数；上覆岩层越厚，地震动安全系数提高越少；上覆海水深度和渗透系数对地震动安全系数的提高影响不大。

6.3.2 有效应力

6.1节和6.2节运用动力有限元静力强度折减法，分别获得了有减震层和无减震层的海底隧道在地震作用下的有效应力。地震作用下，不同上覆岩层厚度、不同上覆海水深度和不同渗透系数下的有效应力见表6-43至表6-45。

表6-43 不同上覆岩层厚度下的有效应力

单位：kPa

有无减震层	上覆岩层厚度		
	25 m	35 m	45 m
无减震层	5116.228	5928.005	6667.410
有减震层	4735.442	5302.026	5881.982

表6-44 不同上覆海水深度下的有效应力

单位：kPa

有无减震层	上覆海水深度		
	20 m	30 m	40 m
无减震层	5116.228	5348.812	5530.916
有减震层	4735.442	4920.826	5092.894

表6-45　不同渗透系数下的有效应力

单位:kPa

有无减震层	渗透系数		
	4.72E-10	2.60E-09	4.72E-09
无减震层	5116.208	5116.228	5116.312
有减震层	4735.416	4735.436	4735.442

为方便对比，可将表6-43至表6-45以图的形式表示，如图6-16至图6-18所示。

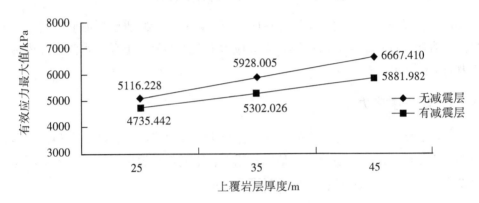

图6-16　不同上覆岩层厚度下的有效应力

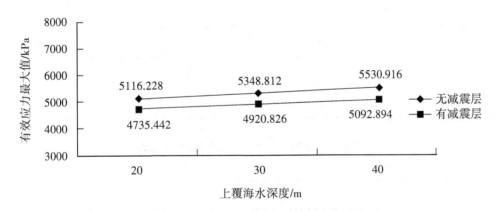

图6-17　不同上覆海水深度下的有效应力

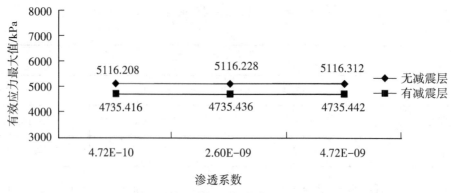

图6-18 不同渗透系数下的有效应力/kPa

由表6-43至表6-45、图6-16至图6-18可以看出：设置减震层后海底隧道结构的有效应力最大值有所降低；上覆岩层越厚，有效应力降低越明显；上覆海水深度和渗透系数对有效应力的降低基本没有影响。

6.3.3 第一主应力

6.1节和6.2节运用动力有限元静力强度折减法，分别获得了有减震层和无减震层的海底隧道在地震作用下的第一主应力。地震作用下，不同上覆岩层厚度、不同上覆海水深度和不同渗透系数下的第一主应力见表6-46至表6-48。

表6-46 不同上覆岩层厚度下的第一主应力

单位：kPa

有无减震层	上覆岩层厚度		
	25 m	35 m	45 m
无减震层	626.321	1073.857	1149.428
有减震层	522.799	688.941	813.776

表6-47 不同上覆海水深度下的第一主应力

单位：kPa

有无减震层	上覆海水深度		
	20 m	30 m	40 m
无减震层	626.321	834.317	910.536
有减震层	522.799	634.761	735.316

表6-48　不同渗透系数下的第一主应力

单位：kPa

有无减震层	渗透系数		
	4.72E-10	2.60E-09	4.72E-09
无减震层	626.264	626.291	626.321
有减震层	522.799	522.805	522.823

为方便对比，可将表6-46至表6-48以图的形式表示，如图6-19至图6-21所示。

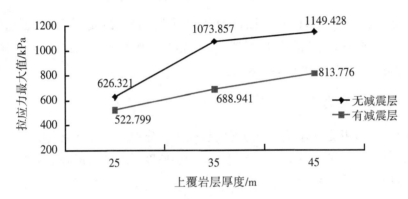

图6-19　不同上覆岩层厚度下的第一主应力

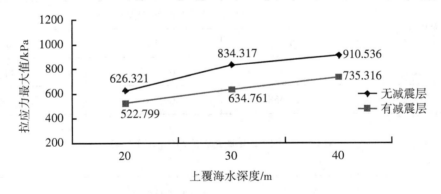

图6-20　不同上覆海水深度下的第一主应力

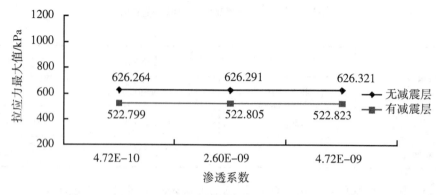

图6-21 不同渗透系数下的第一主应力

由表6-46至表6-48、图6-19至图6-21可以看出：设置减震层后海底隧道结构的第一主应力最大值有所降低；上覆岩层厚度越小，上覆海水深度越小，第一主应力降低越明显；渗透系数变化对第一主应力没有影响。

6.3.4 第三主应力

6.1节和6.2节运用动力有限元静力强度折减法，分别获得了有减震层和无减震层的海底隧道在地震作用下的第三主应力。不同上覆岩层厚度、不同上覆海水深度和不同渗透系数下的第三主应力见表6-49至表6-51。

表6-49 不同上覆岩层厚度下的第三主应力

单位：kPa

有无减震层	上覆岩层厚度		
	25 m	35 m	45 m
无减震层	5790.876	6869.104	8177.864
有减震层	5321.358	6412.048	7551.795

表6-50 不同上覆海水深度下的第三主应力

单位：kPa

有无减震层	上覆海水深度		
	20 m	30 m	40 m
无减震层	5790.876	6335.524	6391.504
有减震层	5321.308	5715.333	6031.290

表6-51　不同渗透系数下的第三主应力

单位:kPa

有无减震层	渗透系数		
	4.72E-10	2.60E-09	4.72E-09
无减震层	5790.828	5790.876	5790.911
有减震层	5321.350	5321.358	5321.358

为方便对比,可将表6-49至表6-51以图的形式表示,如图6-22至图6-24所示。

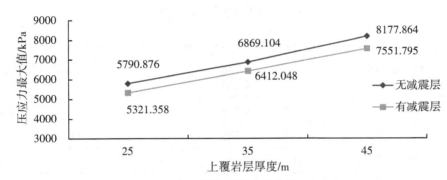

图6-22　不同上覆岩层厚度下的第三主应力

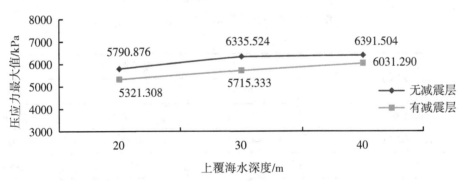

图6-23　不同上覆海水深度下的第三主应力

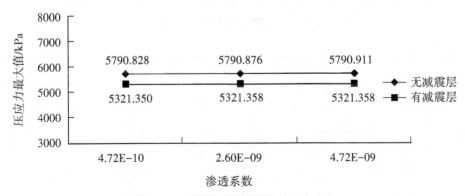

图6-24　不同渗透系数下的第三主应力

由表6-49至表6-51、图6-22至图6-24可以看出：设置减震层后海底隧道结构的第三主应力最大值有所降低；上覆岩层厚度越小，上覆海水深度越小，第三主应力降低就越明显；渗透系数变化对第三主应力没有影响。

6.3.5　结构位移

6.1节和6.2节运用动力有限元静力强度折减法，分别获得了有减震层和无减震层的海底隧道衬砌结构在地震作用下的最大位移。不同上覆岩层厚度、不同上覆海水深度和不同渗透系数下的衬砌结构位移见表6-52至表6-54。

表6-52　不同上覆岩层厚度下的位移

单位：mm

有无减震层	上覆岩层厚度		
	25 m	35 m	45 m
无减震层 Y_{max}	−0.154	−0.247	−0.343
有减震层 Y_{max}	−0.276	−0.314	−0.415
无减震层 Z_{max}	−4.382	−5.169	−5.930
有减震层 Z_{max}	−4.541	−5.304	−5.563

表6-53　不同上覆海水深度下的位移

单位：mm

有无减震层	上覆海水深度		
	20 m	30 m	40 m
无减震层 Y_{max}	−0.154	−0.180	−0.199
有减震层 Y_{max}	−0.276	−0.328	−0.402
无减震层 Z_{max}	−4.382	−4.731	−4.883
有减震层 Z_{max}	−4.541	−4.877	−5.219

表6-54　不同渗透系数下的位移

单位：mm

有无减震层	渗透系数		
	4.72E-10	2.60E-09	4.72E-09
无减震层 Y_{max}	−0.154	−0.154	−0.154
有减震层 Y_{max}	−0.276	−0.276	−0.276
无减震层 Z_{max}	−4.382	−4.382	−4.382
有减震层 Z_{max}	−4.541	−4.541	−4.541

为方便对比，可将表6-52至表6-54以图的形式表示，如图6-25至图6-27所示。

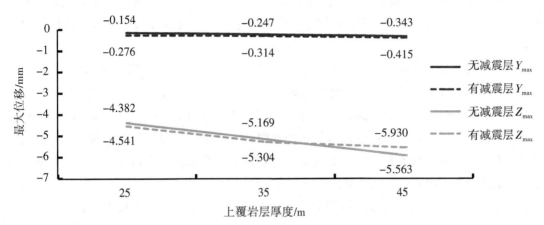

图6-25　不同上覆岩层厚度下的位移

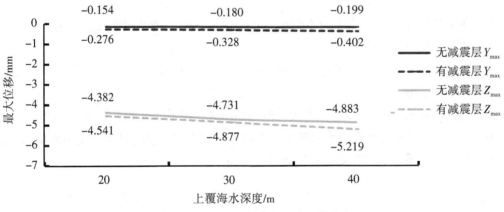

图6-26　不同上覆海水深度下的位移

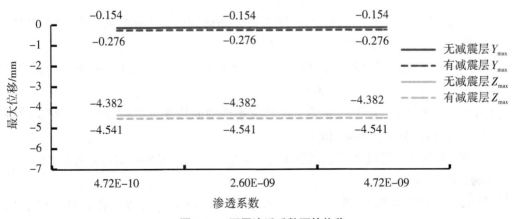

图6-27　不同渗透系数下的位移

由表6-52至表6-54、图6-25至图6-27可以看出：设置减震层后Y_{max}和Z_{max}都增大，但增幅不大；随着上覆岩层厚度的增大，有减震层的海底隧道的Z_{max}反而出现减小的现象；海水深度越大，有减震层的海底隧道的Z_{max}增大越明显；渗透系数的变化对位移增减没有影响。

本节在前两节研究的基础上，通过对比分析有无减震层的海底隧道的地震动安全系数、有效应力、主应力、位移，探讨在设置减震层和不设置减震层的情况下，上覆岩层厚度、上覆海水深度和渗透系数对海底隧道安全系数、有效应力、主应力、位移的影响，具体如下：

①设置减震层可以提高海底隧道结构的地震动安全系数，减震层能够起到良好的减震作用；不论是否设置减震层，上覆岩层越厚，地震动安全系数均提高越少；上覆海水深度和渗透系数对地震动安全系数的提高影响不大。

②设置减震层后，海底隧道结构的有效应力最大值、第一主应力最大值和第三主应力最大值有所降低。

③上覆岩层越厚，有效应力降低越明显；上覆海水深度和渗透系数对有效应力的降低基本没有影响。

④上覆岩层厚度越小，上覆海水深度越小，第一主应力降低越明显；渗透系数变化对第一主应力没有影响。

⑤上覆岩层厚度越小，上覆海水深度越小，第三主应力降低越明显；渗透系数变化对第三主应力没有影响。

⑥设置减震层后，Y_{max}和Z_{max}都增大，但增幅不大；随着上覆岩层厚度的增加，有减震层的海底隧道的Z_{max}反而出现减小的现象；上覆海水深度越大，有减震层的海底隧道的Z_{max}增大越明显；渗透系数的变化对位移增减没有影响。

参考文献

[1]孙铁成,高波,叶朝良.地下结构抗震减震的理论与计算现状研究(一)[J].路基工程,2008(1):26-27.

[2]刘金云,陈键云,姜伟.输水隧道的减震措施研究[J].防灾减灾工程学报,2010,30(2):196-201.

[3]闻毓民,信春雷,申玉生,等.隧道衬砌结构减震层效能评定方法的振动台试验研究[J].振动与冲击,2022,41(5):197-207.

[4]王明年,崔光耀.高烈度地震区隧道减震模型的建立及其减震效果模型试验研究[J].岩土力学,2010,31(6):1884-1890.

[5]黄胜,陈卫忠,杨建平,等.地下工程地震动力响应及抗震研究[J].岩石力学与工程学报,2009,28(3):483-490.

[6]赵凯,卢艺静,王彦臻,等.海底盾构隧道结构端部效应及抗减震措施研究[J].振动与冲击,2022,41(16):10.

[7]高丽,陈艳华.基于ANSYS的隧道减震措施及分析[J].石河子大学学报:自然科学版,2008,26(4):495-498.

[8]信春雷,高波,周佳媚,等.跨断层隧道设置常规抗减震措施振动台试验研究[J].岩石力学与工程学报,2014,33(10):2047-2055.

[9]高文立.高烈度地震区特长隧道浅埋段地震动力响应及减免震措施研究[D].北京:北京交通大学,2011.

[10]王正松.双连拱隧道洞口段地震动力响应及减震措施研究[D].成都:西南交通大学,2008.

[11]孙卓宇.地层交界处海底隧道地震动力响应研究[D].大连:大连交通大学,2019.

[12]彭健刚.输水隧道的地震响应及减震措施研究[D].淮南:安徽理工大学,2018.

[13]高峰,石玉成,严松宏,等.隧道的两种减震研究[J].岩石力学与工程学报,2005,24(2):222-229.

[14]凌燕婷,高波.高烈度地震区双线公路隧道减震措施研究[J].隧道建设,2008,28(4):412-415.

[15]HASHEMINEJAD S M,MIRI A K. Seismic isolation effect of lined circular tunnels with damping treatments[J]. Earthquake Engineering and Engineering Vibration,2008,7(3):305-319.

[16]KONAGAI K,KIM D S. Simple evaluation of the effect of seismic isolation by covering a tunnel with a thin flexible material[J]. Soil Dynamics and Earthquake Engineering,2001,21(4):287-295.

[17]KIM D S,KONAGAI K. Seismic isolation effect of a tunnel covered with coating material[J]. Tunnelling and Underground Space Technology,2000,15(4):437-443.

[18]唐德高,王昆明,贺虎成,等.泡沫混凝土回填层在坑道中的耗能作用[J].解放军理工大学学报(自然科学版),2006,7(4):365-370.

[19]田志敏,钱七虎,吴步旭.大压力爆炸动载作用下地下复合圆形结构研究[J].特种结构,2006,14(3):40-43.

[20]苏佳轩.爆炸作用下曲墙式黄土隧道的动力响应研究[D].兰州:兰州理工大学,2010.

[21]王明年.高地震区地下结构减震技术原理的研究[D].成都:西南交通大学,1999.

[22]KIRYU S,MURONO Y,MORIKAWA H. Mechanism and applicability of the isolation method for cut and cover tunnel[J]. Doboku Gakkai Ronbunshuu A,2008,64(4):905-914.

[23]SHIMAMURA S,KASAI H,HARUUMI M. Seismic isolation effect for a tunnel with a soft isolation layer[J]. Structural Engineering & Earthquake Engineering,1999,16(2):143-154.

[24]CHENG X S,REN Y,DU X L,et al. Seismic stability of subsea tunnels subjected to seepage[J]. The Scientific World Journal,2014(2014):631925.

[25]郑颖人,邱陈瑜,张红,等.关于土体隧洞围岩稳定性分析方法的探索[J].岩石力学与工程学报,2008,27(10):1968-1980.

第7章　滨海软土区盾构隧道结构的流固耦合施工沉降分析

7.1　流固耦合基本原理

大直径盾构穿江隧道在饱和软黏土地层中掘进时，对围岩土体造成扰动，固体颗粒和孔隙水流固耦合作用显著，孔隙水压力改变，引起土颗粒有效应力的变化，而土颗粒有效应力的变化又影响孔隙水的渗流和孔隙压力的分布。所以，有必要进行盾构掘进时饱和软黏土地层中流固耦合的响应分析。对于盾构掘进水下隧道围岩的流固耦合响应问题，王非等[1]基于K. M.Lee等提出的等效地层损失参数法，利用数值分析方法研究了注浆压力和掌子面推力对盾构隧道施工沉降的影响规律。有文献[2-6]建立了流固耦合数值模型，对盾构隧道掘进过程中围岩内的应力场、位移场和渗流场的分布情况进行了分析。袁大军等[7]通过现场实测，研究了某超大直径泥水盾构隧道盾构掘进各阶段对土体的扰动机制、扰动规律、影响范围及影响程度。Shahin等[8]采用模型试验与有限元模拟，研究了地面超载及施工次序对地面沉降的影响。孙玉永等[9]通过数值模拟与现场实测，研究了软土地区盾构掘进对深层位移场分布规律的影响。Xie等[10]采用三维有限差分法模拟了EPB盾构机的掘进过程，进行了参数化研究，优化了施工参数，通过现场实测验证了数值模型在大直径隧道中的适用性。Chen、Gong[11]运用三维弹塑性FDM模型，对双圆盾构隧道开挖引起的地表位移场和应力场分布进行了计算分析，并将数值模型计算结果与现场监测数据进行了对比验证。Xiang等[12]基于Peck公式，考虑了盾构隧道开挖间隙参数，引入了沉降槽宽度修正系数b，获得了盾构隧道施工沉降解析解，对隧道施工引起的地面沉降进行了分析。

7.1.1　饱和软黏土渗流场方程

假设土体内孔隙水流动服从达西定律，多孔介质的压缩遵循太沙基有效应力原理，土体中渗流为饱和流动。依据多孔介质渗流理论，仅考虑垂直方向上的压缩，多孔介质单相流体三维渗流连续性方程[13]如下：

$$\frac{\partial}{\partial x}\left(\frac{\rho K}{\mu}\frac{\partial p}{\partial x}\right) + \frac{\partial}{\partial y}\left(\frac{\rho K}{\mu}\frac{\partial p}{\partial y}\right) + \frac{\partial}{\partial z}\left(\frac{\rho K}{\mu}\frac{\partial p}{\partial z}\right) + \rho(\alpha + n\beta)\frac{\partial p}{\partial t} = 0 \tag{7-1}$$

式中，ρ 为流体密度（kg/m³）；K 为多孔介质渗透率（m²）；μ 为流体黏度（Pa·s）；p 为孔隙压力（kPa）；n 为多孔介质孔隙度；t 为时间（s）；α 为多孔介质压缩系数，$\alpha = -\frac{1}{V_b}\cdot\frac{\mathrm{d}V_b}{\mathrm{d}p}$，（1/kPa）；$\beta$ 为流体压缩系数，$\beta = \frac{1}{\rho}\cdot\frac{\mathrm{d}\rho}{\mathrm{d}p}$，（1/kPa）。

在实际渗流问题中，在上式的左端考虑加入汇源项 w，即得到可压密介质的单相流体渗流基本微分方程

$$\frac{\partial}{\partial x}\left(\frac{\rho K}{\mu}\frac{\partial p}{\partial x}\right) + \frac{\partial}{\partial y}\left(\frac{\rho K}{\mu}\frac{\partial p}{\partial y}\right) + \frac{\partial}{\partial z}\left(\frac{\rho K}{\mu}\frac{\partial p}{\partial z}\right) + w + \rho(\alpha + n\beta)\frac{\partial p}{\partial t} = 0 \tag{7-2}$$

式中，w 为汇源项。

边界条件：

定压边界条件为

$$p(x,y,z,t)\Big|_{S_1} = p_1(x,y,z,t) \quad (x,y,z \in S_1) \tag{7-3}$$

上式表示在边界 S_1 上点（x，y，z）在 t 时刻的压力为给定的函数 $p_1(x,y,z)$。

定流量边界条件为

$$K\cdot\frac{\partial p}{\partial n}\Big|_{S_2} = q_1(x,y,z,t) \quad (x,y,z \in S_2) \tag{7-4}$$

式中，n 为 S_2 的外法线方向；$\frac{\partial p}{\partial n}$ 为压力在边界 S_2 的外法线方向导数；$q_1(x,y,z,t)$ 为边界 S_2 上的已知函数。

根据定压边界条件或者定流量边界条件，即可求解渗流场方程。

7.1.2　饱和软黏土位移场方程

对于小变形，不考虑温度影响时，流体质点平衡方程为

$$-q_{i,j} + q_v = \frac{1}{M}\frac{\partial p}{\partial t} + \alpha\frac{\partial \varepsilon}{\partial t} \tag{7-5}$$

式中，$q_{i,j}$ 是流体渗流速度（m/s）；q_v 是被测体积的流体源强度（1/s）；M 是 Biot 模量（N/m²）；p 是孔隙压力；α 是 Biot 系数；ε 是体积应变。

岩体体积应变的改变引起流体孔隙压力的变化，同时，孔隙压力的变化也会导致体积应变的变化。多孔介质本构方程的增量形式为

$$\Delta\tilde{\sigma}_{ij} + \alpha\Delta p\delta_{ij} = \hat{H}_{ij}(\sigma_{ij}, \Delta\varepsilon_{ij}) \tag{7-6}$$

式中，$\Delta\sigma_{ij}$ 是应力增量；H_{ij} 是给定函数；ε_{ij} 是总应变。

用相容方程表征应变率和速度梯度之间的关系，如下：

$$\dot{\varepsilon}_{ij} = \frac{1}{2} \left[\frac{\partial \dot{u}_i}{\partial x_j} + \frac{\partial \dot{u}_j}{\partial x_i} \right] \qquad (7\text{-}7)$$

式中，$\dot{u}$ 是介质中某点的速度。

已知岩土骨架的表面位移 $u_{ij} = u_{ij}(x,y,z)$，可进行位移场求解。

7.2　盾构隧道施工计算模型及计算方案

7.2.1　计算参数

以温州市域铁路S2线一期工程江中盾构段工程为背景，该工程过瓯江北口水域段，采用直径14900 mm的泥水气压平衡盾构从江南工作井始发后向北推进，下穿瓯江北口水域，到达江北工作井内接收，隧道衬砌管片结构为钢筋混凝土管片，外径为14500 mm，内径为13300 mm，环宽为2000 mm，管片厚度为600 mm，混凝土强度等级为C60，衬砌管片壁后注浆层厚200 mm（图7-1、图7-2）。

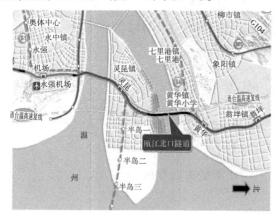

图7-1　工程位置示意图

图7-2　穿江隧道内盾构掘进示意图

工程范围内沉积了较厚的第四系冲海相、湖相沉积物，工程盾构段典型断面地层岩性参数如表7-1所示。工程所在瓯江江域水深8～16 m，受海水潮汐影响，水位差一般为4 m左右。

盾构机外壳、衬砌管片和注浆体的物理参数如表7-2所示，考虑到管片错缝拼接和管片接头对衬砌结构刚度的影响，将衬砌管片结构的刚度折减0.15。

表7-1　典型断面地层岩性参数

地层岩性	层面埋深/m	层厚/m	天然含水率/%	天然容重/(kN·m⁻³)	压缩模量 E_s/MPa	内摩擦角 φ/(°)	内聚力 c/kPa	泊松比 v
褐灰色-灰黄色淤泥	0～6.5	2.5～20.8	61.84	16.5	1.97	2.93	6.05	0.30
褐灰色-灰色淤泥	4.0～20.8	3.2～29.7	56.34	16.8	2.09	3.11	6.38	0.30
褐灰色-灰色淤泥质黏土	24.0～35.3	2.6～30.0	50.05	17.3	2.50	3.89	6.24	0.32
黏土	43.3～65.5	0.8～44.6	41.26	18.2	2.40	33.23	0	0.21

表7-2　结构物理参数

材料	密度 ρ/(kg·m⁻³)	泊松比 v	弹性模量 E/MPa	剪切模量 G/MPa
盾构机外壳	7850	0.30	200000	76923
衬砌管片	2500	0.20	30600(折减后)	12750
注浆体	2200	0.25	400	160

7.2.2　计算模型及边界条件

采用有限差分方法，建立流固耦合作用下多地层下盾构动态掘进穿江隧道计算模型，根据工程项目中隧道结构的实际尺寸，同时考虑消除边界效应的影响，模型沿隧道轴线方向（y 方向）取 100 m，沿垂直隧道轴线方向（x 方向）取 65.45 m，上部土层取至距下埋隧道轴线 27.45 m，下部地层取至距隧道轴线 50.75 m，由于结构具有对称性，建立一半模型进行分析，最终模型大小为 65.45 m×100 m×78.2 m，如图7-3所示。河床上覆水体深度为 12 m，盾构机长取 6 m，盾构外径为 14.9 m。根据施工技术资料，盾构机总重量为 1655 t。衬砌管片环宽为 2 m，厚为 0.6 m，盾尾注浆层厚为 0.2 m。隧道围岩、注浆层采用 8 节点实体单元，衬砌及盾构机盾壳采用 shell 单元，围岩与衬砌的相互作用采用 Link 单元。边界条件为模型顶部自由，左右两侧面及垂直于隧道轴线方向的两侧面约束水平位移，底部约束竖向位移，侧面及底部均设置为不透水边界。将 120 kPa 孔隙水压力和 120 kPa 竖向压力施加于模型的上表面。

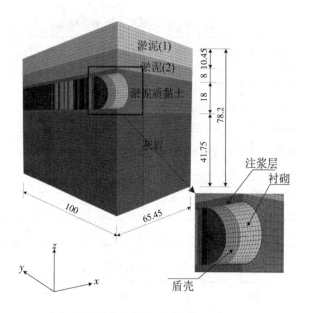

（a）盾构隧道整体模型（单位：m）

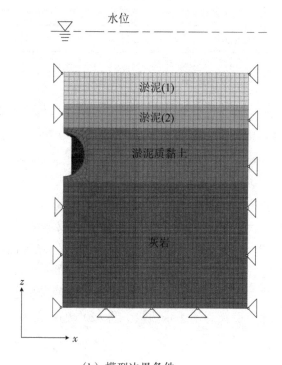

（b）模型边界条件

图7-3　穿江隧道模型示意图（单位：m）

7.2.3　计算方案

土体采用莫尔-库伦模型，衬砌管片、盾构机外壳等按弹性模型考虑。计算采用水土合算，由于隧道结构处于软黏土地层，不考虑土体的成拱效应，故采用总覆土压力。对盾构隧道模拟24环的掘进开挖，盾构机每开挖1环前进2 m，开挖面中心处的支护压力按开挖面地层侧向水土压力公式（7-9）计算，在开挖面上施加梯度荷载。盾尾同步注浆压力根据洞周水土压力计算，取0.5273 MPa，考虑到壁后浆液凝结硬化在7～10 h内完成，盾构机开挖1环按4 h考虑，假设在该段时间内盾构机开挖2环，那么在进行后一环壁后注浆时，前一环对围岩土体和衬砌管片的压力值按0.2637 MPa取值[114]。盾构机外壳与土体之间的摩擦阻力根据公式（7-10）计算，为159132 N/m²。隧道开挖前先进行地应力平衡，此时不考虑渗流作用以模拟水下土层完成固结沉降，围岩土体孔隙水压力取静水压力。隧道开挖时，运用流体计算同固体力学计算并行的方法以模拟开挖过程中的流固耦合效应。采用空模型对隧道的每一环进行开挖，在开挖面上施加支护力，用shell单元在开挖环上生成盾壳，在盾壳与土体的接触面上施加摩擦阻力，在盾尾进行各环管片支护和壁后注浆，在壁后设置注浆压力，以此逐步掘进开挖，进行流体和固体计算，直至完成第24环的开挖。

$$\sigma_x = \sigma_y = \left\{ k_0 \rho_d + \left[k_0 (n - 1) + 1 \right] \rho_w \right\} gh \tag{7-8}$$

式中，k_0为静止侧压力系数；ρ_d为土体干密度；ρ_w为水密度；n为土体孔隙率。根据工程地质勘查报告，k_0取0.674，n取0.51。

盾构机外壳与土体之间的摩擦阻力F_1为

$$F_1 = \frac{1}{4} \times (p_0 + p_{01} + p_1 + p_2) \cdot u \tag{7-9}$$

$$p_{01} = p_0 + W / (D \cdot L) \tag{7-10}$$

$$p_1 = p_0 \cdot k_0 \tag{7-11}$$

$$p_2 = (p_{01} + \gamma' \cdot D) \cdot k_0 \tag{7-12}$$

式中，p_0为盾构机上覆土体的竖向压力；p_{01}为盾构机底部的竖向压力；p_1为盾构隧道顶部的侧向压力；p_2为盾构隧道底部的侧向压力；D为盾构机外径；L为盾构机长度；u为土体与钢体间的摩擦系数，取u=0.3。

为了避免边界对水下隧道围岩土体渗流场、位移场和应力场的计算结果的影响，取隧道中部第15环29 m断面作为分析断面布置监测点，对水下盾构隧道开挖24环的施工过程进行数值模拟，分析盾构施工过程中隧道围岩的位移场、渗流场和应力场。

7.3　围岩土体的流固耦合动力响应

7.3.1　围岩土体的孔隙水压力

在隧道第15环29 m断面拱腰与拱顶之间45°方向沿不同半径（7.45 m、8.45 m、9.45 m、10.45 m、11.45 m、12.45 m、13.45 m、14.45 m、15.45 m）端部布置监测点，监测点的孔隙水压力如图7-4所示；在隧道第15环29 m断面拱顶竖向沿不同高度（7.45 m、8.45 m、9.45 m、10.45 m、11.45 m、12.45 m、13.45 m、14.45 m、15.45 m）布置监测点，监测点的孔隙水压力如图7-5所示。从第4环掘进开始至第24环掘进完成结束，分析监测点的孔隙水压力随掘进环数的变化规律。

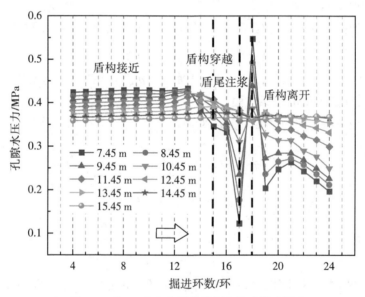

图 7-4　沿45°方向布置的监测点的孔隙水压力

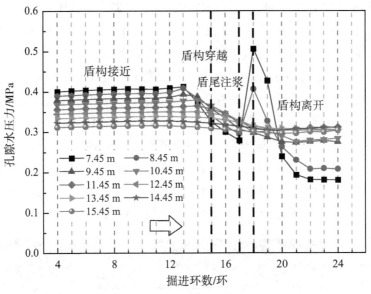

图7-5　拱顶上方监测点的孔隙水压力

　　由图可知，当盾构机掘进至第13环时，随着盾构机不断向前掘进，断面洞周约一定范围内各监测点的孔隙水压力呈现轻微上升，由于洞周侧向压力和竖向压力分布不同，在洞周孔隙水压力呈现增大的侧向范围和竖向范围也不同。在盾构机从第14环掘进至第17环的过程中，由于其对分析断面洞周土体的持续扰动，洞周土体应力释放，造成孔隙率的减小和渗透性的降低，分析可知断面一定范围内洞周监测点处孔隙水压力减小，在向第17环掘进时，该范围内监测点处孔隙水压力下降最多。盾构机掘进至第18环时，此时进行第15环的壁后注浆，由于注浆压力和注浆量对围岩土体有加固作用，分析可知断面监测点处的孔隙水压力急剧上升。向第19环掘进时，第15环中所注浆液还未完全凝结硬化，对围岩土体尚具有一定的注浆压力，围岩土体内监测点处孔隙水压力表现为一定程度的下降，但总体上来说，此时的孔隙水压力较盾构机掘进至第17环时的孔隙水压力是上升的。在第20环及以后的掘进中，随着盾构机掘进逐渐远离监测断面，分析可知断面各监测点处的孔隙水压力逐渐趋于稳定。从盾构隧道开挖掘进过程中监测断面45°方向的监测点和拱顶竖向监测点的孔隙水压力的变化规律可以得出，该水下盾构隧道在掘进过程中对洞周围岩土体内孔隙水压力的影响范围约为0.5R（R为盾构隧道外径）。

　　图7-6（a）、图7-6（b）分别为盾构机掘进至第16环、第18环时，监测横断面上和隧道轴线所在的竖向断面上孔隙水压力的分布。由图7-6（a）可知，掘进至第16环时，由于掘进对监测断面洞周一定范围内围岩土体的扰动，该范围内围岩土体颗粒有效应力释放，土体内显著的流固耦合作用使该范围土体内的孔隙水压力降低。由图7-6（b）可知，掘进至第18环时，在监测断面所在的第15环进行盾尾壁后注浆，由于注浆压力和注浆量对土体的挤密作用，监测断面洞周一定范围内土体颗粒的有效应力增大，土体颗粒产生压缩变形，土体内的流固耦合作用使孔隙水压力升高。

　　掘进至第16环与第18环时，隧道轴线所在的竖向断面上孔隙水压力的分布大致相似。在已完成施工段［图7-6（a）中第1~12环，图7-6（b）中第1~14环］，拱顶附近围岩土体中的孔隙水压力减小，拱底附近围岩土体内的孔隙水压力增大。原因为随着盾构机的远离和衬砌管片壁后注浆的凝结硬化，拱顶上方土体在竖向水土压力下下沉，土体颗粒有效应力降低，拱底下方土体隆起，土颗粒有效应力增大，根据有效应力原理，拱顶附近土体和拱底附近土体在总应力不变的前提下，拱顶处土体中的孔隙水压力减小，拱底处土体中的孔隙水压力增大，在施工中应采取二次注浆等隧道抗浮措施。另外，由图7-6（a）、图7-6（b）可知，水下盾构隧道掘进开挖时考虑围岩土体内的流固耦合作用，在开挖面附近孔隙水压力呈漏斗状分布，说明在水下盾构隧道设计施工中围岩土体中的孔隙水压力不能仅按静水压力考虑，还应考虑流固耦合作用引起的动水压力。

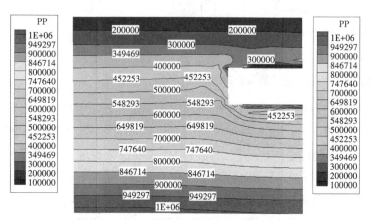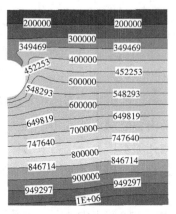

(a)掘进至第16环时孔隙水压力

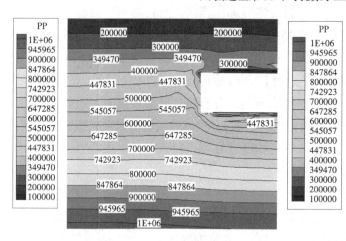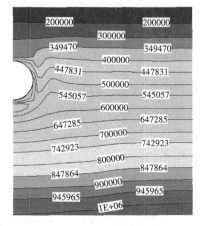

(b)掘进至第18环时孔隙水压力

图7-6　监测断面上孔隙水压力

7.3.2 围岩土体的位移

(1) 盾构动态掘进围岩土体的竖向位移

在隧道第15环19 m断面拱顶竖向沿不同高度（7.45 m、8.45 m、9.45 m、10.45 m、11.45 m、12.45 m、13.45 m、14.45 m、15.45 m）布置监测点，监测点的竖向位移如图7-7所示。从第4环掘进开始至第24环掘进完成结束，分析监测点的竖向位移随掘进环数的变化规律。

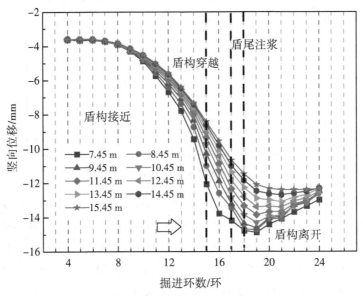

图7-7 拱顶上方监测点的竖向位移

在分析断面隧道拱顶上方，随着距隧道轴线的距离增大，分析断面各监测点的竖向沉降逐渐减小。当盾构机开挖掘进至第8环时，第15环分析断面拱顶上部监测点的竖向沉降开始受到轻微扰动，产生较小的竖向沉降。之后，随着盾构机不断向前掘进，其对监测断面的扰动增强，土体内部应力释放，监测点的竖向沉降不断增大。结合水上盾构隧道掘进时监测点处孔隙水压力的变化可知，水下盾构隧道掘进对前方围岩土体竖向位移的影响范围约为$1R$（R为盾构隧道外径）。

同样，当盾构隧道掘进至第13环时，竖向位移曲线的斜率增大明显，监测点的竖向位移增大明显。在第14～17环，随着盾构隧道的不断掘进，其对分析断面土体的扰动显著，土体内部应力释放，监测点的竖向位移持续增大。当盾构隧道掘进至第18环、19环时，由于第15环壁后注浆压力和注浆量的加固作用，监测点的竖向位移增长趋于平缓。其中，拱顶监测点（0，29，7.45）的竖向沉降量最大，最大沉降量为14.88 mm。从第20环及之后环的掘进可以得出，盾尾同步注浆对拱顶上部围岩土体竖向沉降的影响范围约为$0.5R$。

图7-8为盾构隧道掘进至第19环时，第15环29 m监测断面隧道拱顶上方不同地层在垂直于隧道轴线方向的沉降情况。由图可得，各地层的最大沉降均发生在盾构隧道轴线上方，并且地层深度越大，地层隧道轴线上方位置处的竖向沉降量越大。各地层横向沉降曲线的

形态基本相似，并且均符合peck曲线高斯正态分布。地层埋深越大，地层沉降槽宽度越小，表明对地层的扰动范围越小。这与已有研究的结论一致，也证明了本章数值分析方法的正确性和可靠性。

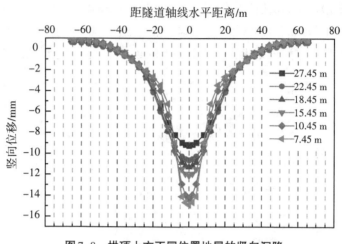

图7-8　拱顶上方不同位置地层的竖向沉降

图7-9、图7-10为沿隧道掘进方向分别在隧道拱顶、拱底的13 m、19 m、25 m、29 m、33 m、35 m、38 m和42 m处布置监测点后，监测点的竖向位移与掘进环数的关系曲线。由图可知，各环管片支护和壁后注浆使该环隧道拱顶竖向沉降率、拱底竖向隆起率显著减小，表明盾尾同步注浆可以对壁后围岩土体起到有效的加固作用。随着壁后浆体凝结硬化加固层的形成，盾构机不断向前掘进，隧道拱顶、拱底处位移趋于稳定。最终，隧道拱顶沉降量约为11.35 mm，隧道拱底隆起量约为28.97 mm。

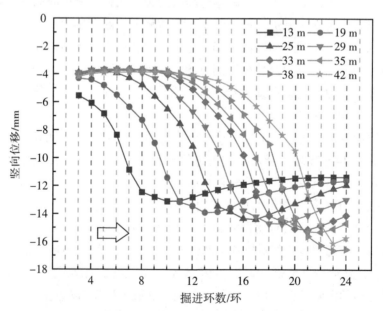

图7-9　拱顶处监测点的竖向位移

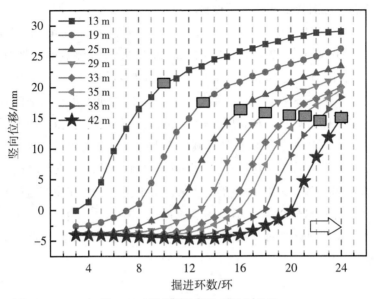

图7-10　拱底处监测点的竖向位移

图7-11（a）、图7-11（b）为盾构机掘进至第18环时，监测横断面上和隧道轴线所在的纵断面上竖向位移的分布。由图可知，水下盾构隧道在掘进开挖过程中，围岩土体流固耦合作用显著，围岩土体内竖向位移的分布较为复杂，尤其在隧洞周围。盾构机在不断向前施工的过程中，隧道拱底隆起、拱顶下沉。在对第15环进行管片支护和壁后注浆时，由于注浆量和注浆压力的作用，第15环管片上部土体的竖向位移显著减小，开挖面前方隧道底部局部围岩土体出现一定程度的向上隆起，提示在盾构隧道施工过程中应控制开挖面的泥水压力，以避免开挖面失稳。

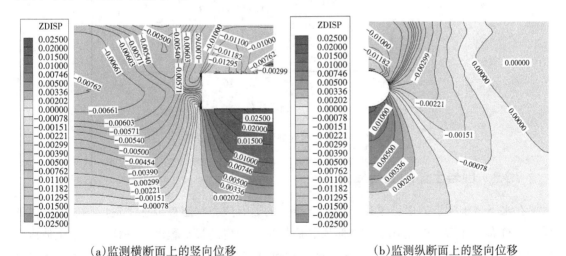

（a）监测横断面上的竖向位移　　　　　　（b）监测纵断面上的竖向位移

图7-11　监测横断面和纵断面上的竖向位移

（2）盾构动态掘进围岩土体的水平位移

在隧道第15环29 m断面处沿右侧拱腰水平方向布置监测点（8.45 m、9.45 m、10.45 m、12.45 m、14.45 m、16.45 m、17.45 m、18.45 m、19.45 m），监测点的水平位移如图7-12所示。在第4～14环，随着盾构机不断向前掘进，盾构机对周围围岩土体产生挤密效应，监测断面监测点的水平位移逐渐增大。在第15～17环，盾构机刀盘在切削前方土体时对监测断面周围围岩土体的扰动明显，对洞周水平位移的影响范围约0.7 R，该范围较竖向位移的影响范围0.5 R 大。这是因为盾构机在隧道洞周产生的扰动作用相同，水下盾构隧道围岩土体的侧向水土压力较竖直向水土压力小，所以洞周水平位移的影响范围比竖向位移的影响范围大。向第18环掘进时，对第15环壁后注浆，由于注浆压力和注浆量的作用，该范围内拱腰监测点的水平位移出现拐点，不再增加，而是开始减小。第18环以后，由于衬砌支护、壁后注浆体的凝结硬化等对周围围岩土体的加固作用，拱腰监测点的水平位移向反方向增长，直至趋于稳定。

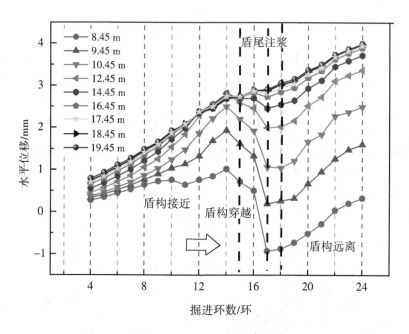

图7-12　右侧拱腰处监测点的水平位移

7.3.3　围岩土体的竖向应力

在水下盾构隧道的掘进过程中，围岩土体的原有应力状态被破坏，造成围岩土体内的应力重分布。在盾构隧道开挖的各阶段，盾构机对围岩的扰动程度不一样，围岩土体内竖向应力的分布也不尽相同。图7-13为水下盾构隧道在掘进的各阶段，第15环29 m监测断面和沿隧道轴线纵断面上竖向应力的分布状况。

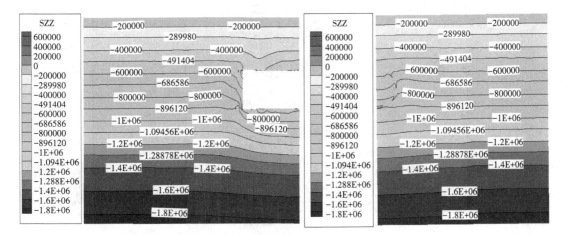

（a）掘进至第13环

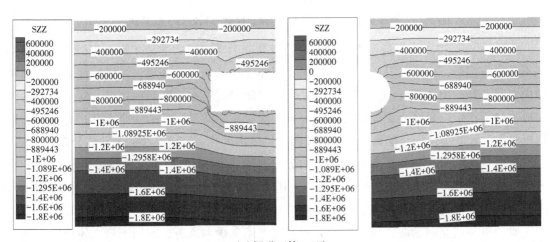

（b）掘进至第16环

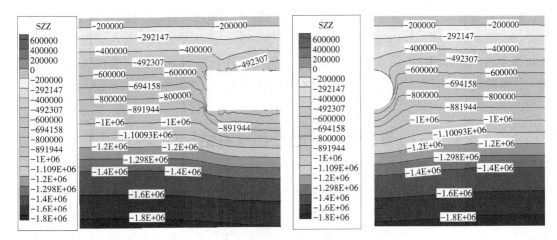

（c）掘进至第18环

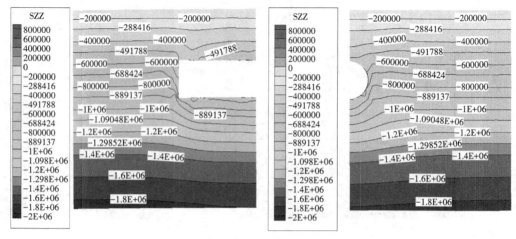

(d)掘进至第21环

图7-13　掘进至不同环时第15环监测纵断面和横断面上的竖向应力

由图7-13可得，在掘进至不同环时，各纵断面上竖向应力的分布基本相似。随着盾构机不断向前掘进，由于已开挖隧道洞周围岩土体受扰动而应力释放，该区域围岩土体的竖向应力较未开挖土体部分的竖向应力明显减小。随着盾构机不断向前掘进，隧道洞周的竖向应力趋于稳定，总体上比初始地层应力小，这对盾构隧道后期的安全运营是有利的。盾构机工作位置处拱顶和开挖面处土体的竖向应力呈由上往下逐渐减小的漏斗状分布。

对于各掘进阶段监测断面竖向应力的分布：图7-13（a）中盾构机掘进至第13环，尚未到达监测断面，由于盾构机掘进对前方土体造成扰动，前方土体的竖向应力释放而减小，尤其是监测断面开挖面周围土体的竖向应力减小明显。图7-13（b）中盾构机掘进至第16环，盾构机穿越监测断面，监测断面洞周围岩土体受扰动显著，洞周围岩土体的竖向应力较掘进至第13环时进一步减小。图7-13（c）中盾构机掘进至第18环，进行第15环壁后注浆，监测断面洞周拱腰上部土体的竖向应力持续减小，并且应力减小范围比掘进至第16环时大。拱腰下部土体的竖向应力虽然比掘进至第16环时有所增大，但与相同埋深处的土体竖向应力相比仍有所减小。图7-13（d）中盾构机掘进至第21环，此时盾构机远离监测断面，监测断面洞周围岩土体的竖向应力比初始竖向应力小。

7.4　盾构动态掘进时地表和隧道结构的变形监测

上述内容基于瓯江北口盾构隧道实际工程，对围岩土体内流固耦合效应对大直径穿江盾构隧道动态掘进过程中渗流场、位移场和应力场的响应特性进行了分析，结果表明水下大直径盾构隧道动态掘进时，高水压渗流作用对围岩土体内位移场和隧道结构的变形影响显著。为进一步探究渗流作用对大直径盾构隧道变形的影响，本节将对大直径盾构隧道掘进过程中江南陆域段地表隆陷，以及江南陆域段和江中盾构段的隧道内部拱顶沉降、拱底隆起和拱腰水平收敛的监控量测结果展开分析。

7.4.1 监测方案

(1) 监测目的

在盾构推进施工过程中，由于盾构机对周围土体的挤压、切削等作用，盾构推进导致周围原有土体的应力状态被破坏，壁后注浆后衬砌管片与土体间可能存有间隙，浆液凝结硬化可能会导致浆液出现收缩的现象，滨海区域大直径盾构隧道会受到周期性波浪引起的高水压渗流作用。在上述因素的影响下，盾构推进沿线区域的周边地层将发生沉降，在高水压渗流作用下隧道结构将发生变形，如果以上位移值超过控制值，那么将会影响到周围地下管线和建筑物的安全，还会影响到大直径盾构隧道的安全顺利推进。所以，在大直径盾构隧道的推进过程中必须严密监控盾构推进沿线区域的地表沉降，以掌握盾构施工过程中的地表隆陷规律，探明陆域段和江中段施工时隧道结构变形的差异，分析变形差异产生的原因，以便及时调整盾构施工参数，为不同地层、不同水位条件下大直径盾构隧道的安全掘进提供指导。

(2) 监测项目及指标要求

本大直径盾构隧道工程的监测范围自江南段盾构始发井出洞起，至江北段进洞，对以下内容进行监测。

1）地表隆陷监测

对江南段（1～330环）、江北段（1300～1332环）进行地表隆陷监测，掌握隧道轴线上方地表沉降的变化规律。

2）隧道内部监测

进行隧道拱顶位移监测、衬砌环收敛监测、隧道拱底上浮监测，在盾尾内将管片拼装完成后，立即布设上浮监测点（即在顶部粘贴棱镜片），测取初始值。在管片脱出盾尾后，对管片进行跟踪测量，以掌握其上浮规律。各监测内容及要求见表7-3。

表7-3　监测内容及要求

序号	监测内容	监测仪器	监测精度/mm	控制值/mm
1	地表隆陷	电子水准仪、铟钢尺	0.01	+10，-30
2	隧道拱顶沉降	全站仪、水平仪	0.01	±30
3	隧道水平收敛	手持式红外测距仪	0.01	±20
4	隧道拱底隆起	全站仪、水平仪	0.01	±30

在对以上内容进行监测的过程中，监测频率按表7-4进行。如果有异常情况或者在不良地质段进行掘进开挖，应当增大监测频率。

表7-4 不同监测内容的监测频率

序号	类别	监测频率		
		切口前30环至切口后60环	切口后60环至100环	贯通后至停滞前
1	周边环境	3次/天	2次/月	1次/月
2	盾构隧道内	3次/天	2次/月	1次/月

（3）监测点的布设

1）地表隆陷监测

地表隆陷监测点应该沿隧道轴线在对应环掘进开挖前布设。将盾构隧道进出洞段前100 m作为监测重点，沿盾构轴线每3环（每环2 m）布设1个轴线监测点，在第9环、第18环、第27环、第36环、第45环、第54环对应的地表各布设1个横向监测断面。

在正常推进区域每6 m（3环）布设1个轴线监测点，同时沿轴线走向在地表每30 m（15环）布设1个横向监测断面，每个横向监测断面布设9个监测点，隧道轴线正上方1个，轴线左右两侧各4个，垂直于隧道轴线在两侧对称布设，监测点距离轴线的距离分别为3 m、4 m、4 m和10 m，监测点的布设如图7-14所示。根据隧道轴线上方的地形、环境条件、横向监测断面的位置和断面上监测点的间距，可对监测点进行适度的调整。地表隧道掘进方向的监测断面和隧道内拱顶沉降测量如图7-15所示。

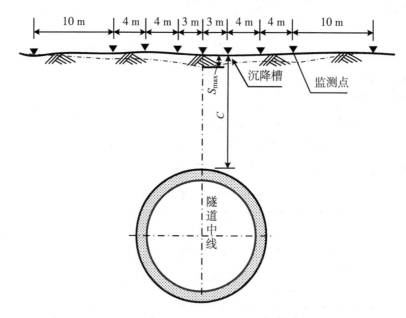

图7-14 地表隆陷监测点布设示意图

图7-15　地表监测断面(左)和隧道内拱顶沉降测量(右)

2）隧道沉降监测

在隧道管片上设立一定数量的隧道观测标志，进出洞段（长度为50 m）每2环设1个监测点，正常段每5环设1个监测点。在管片拼装完成后及时布设上浮监测点，若有较大变化量，可适当增加监测点数量及监测频率。后期隧道沉降变化情况通过在口型件上每5环设1个监测点测得，隧道沉降监测点布设示意图见图7-16。

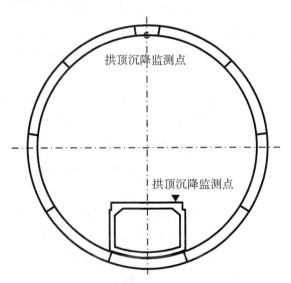

拱顶沉降监测点

拱顶沉降监测点

图7-16　隧道沉降监测点布设示意图

3）隧道水平收敛监测

每15环布设4个监测点（隧道中心轴线上下1 m位置左右各2个监测点），用以监测管片收敛变形情况，隧道水平收敛监测点布设示意图见图7-17。

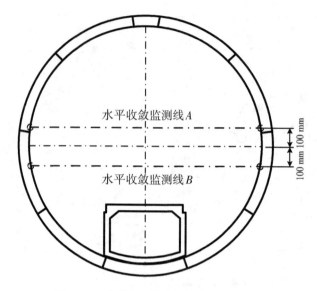

图 7-17　隧道水平收敛监测点布设示意图

7.4.2　监测结果

对瓯江北口大直径盾构隧道掘进过程中地表沉降和隧道结构的变形规律进行分析，取第99环所对应的地表横向沉降点，分析在陆域段盾构不断向前推进过程中地表各监测点的竖向沉降、横向沉降；取盾构隧道第95环（陆域段）、第620环（水域段）中部断面作为监测断面，分析盾构隧道在水域段推进过程中隧道拱顶沉降、拱底隆起和拱腰处水平收敛的发展规律，进一步探究波浪荷载下高水压渗流作用对隧道结构变形的影响。

（1）地表沉降

分别在盾构隧道第99环（当前推进至第94环，切口位置第99环，盾尾位置第92环）对应地表垂直于隧道轴线方向距轴线3 m、4 m、4 m、10 m位置处布置监测点，分析盾构从第94环掘进至第130环的过程中各监测点竖向沉降的变化规律，如图7-18所示。由图可得，在盾构推进过程中，地表监测点的竖向沉降变化大致可以分为以下3个阶段。第一阶段：盾构从第94环（切口位置第99环）向前掘进至第100环（盾尾位置第98环），地表第99环监测断面各监测点的竖向沉降变化不大。第二阶段：从第101环（盾尾位置第99环，在第99环壁后注浆）掘进至第106环，监测断面及其前后的壁后注浆尚在凝结硬化的过程中，此时浆液强度不足，对地层造成扰动，导致较大的地表沉降，各监测点的竖向沉降迅速增大，隧道轴线位置处地表沉降最大，为17.85 mm，地表距隧道轴线2.5 m位置处的沉降也达到了13.16 mm。第三阶段：第106环之后，盾构不断向前掘进，监测断面第99环壁后注浆及其前后注浆已凝结硬化，强度增大，地表各监测点的竖向沉降变化率逐渐减小，掘进至第130环时地表监测断面的竖向沉降逐渐趋于稳定。

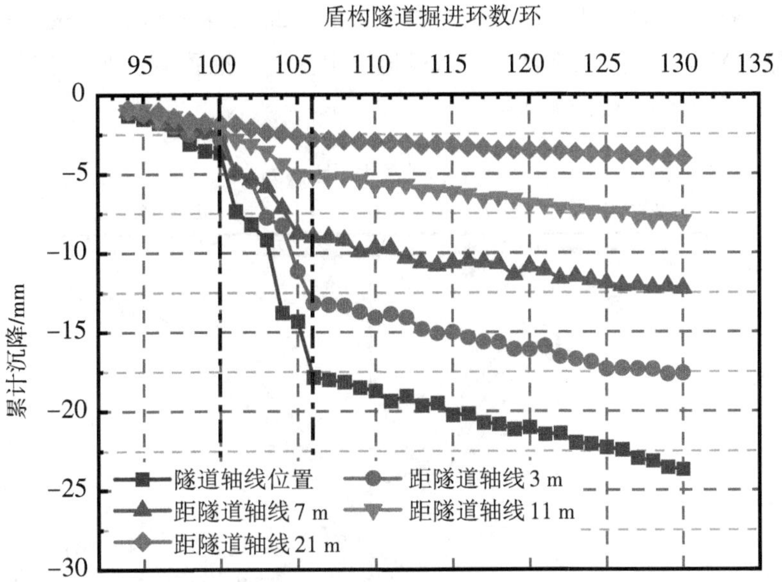

盾构隧道掘进环数/环

图7-18　第99环地表竖向沉降（陆域段）

　　分别在第99环断面地表盾构隧道轴线位置距隧道轴线3 m、4 m、4 m、10 m位置处布置监测点，分析盾构掘进至第94环、第100环、第106环、第112环、第118环、第124环、第130环时各监测点横向沉降的变化规律，如图7-19所示。由图可知，盾构从第94环掘进至第100环（盾尾位置第98环）的过程中，由于盾构设备推进速度、泥水舱泥水压力等参数设置恰当，加之盾壳的支撑作用，地表竖向沉降变化不显著，地表与隧道轴线对应位置处的累计沉降为3.65 mm。在第101环掘进至第106环的过程中进行了第99环衬砌管片的壁后注浆，该环及前后的注浆尚在逐渐凝结硬化，其在强度增大的过程中，由于对地层造成了扰动，此阶段地表对应隧道轴线位置处的竖向沉降急剧增大，累计沉降达到了17.85 mm。之后，由于管片壁后注浆的强度开始发挥作用，同时管片环稳定，整体发挥了刚度作用，地表沉降进入收敛阶段，增大缓慢，基本趋于稳定，该规律与图7-18中盾构隧道掘进开挖过程中各监测点竖向沉降变化所反映的规律一致。

　　（2）隧道衬砌环变形

　　图7-20为盾构隧道在陆域段第95环至第155环的掘进过程中，第95环拱顶沉降、拱底隆起和拱腰部位水平收敛的变化曲线。由图可得，在第95环至第111环的掘进过程中（此阶段大致为5天，即2020年7月24日至2020年7月28日），第95环监测断面拱顶沉降、拱底隆起和拱腰部位水平收敛均迅速增大，掘进至第111环时，监测断面拱顶沉降、拱底隆起和拱腰部位水平收敛分别为20.90 mm、21.42 mm、13.13 mm。第111环至第131环历时约6天（2020年7月28日至2020年8月2日），由于第95环及周围管片壁后的注浆已凝结硬化，浆液强度发挥作用，监测断面拱顶沉降、拱底隆起和拱腰部位水平收敛趋于平缓，变形速率也逐渐减小，掘进至第131环（约11天后）时，衬砌变形已经基本趋于稳定，掘进

至第155环时，各部位的累计变形分别为26.62 mm、28.12 mm、18.46 mm，衬砌各部位的变形量在控制值范围内，表明在江南陆域段地层中掘进开挖盾构推进参数设置合理，施工措施得当，有效控制了衬砌结构的变形。

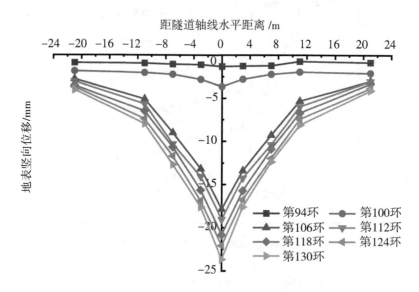

图7-19 第99环地表横向沉降(陆域段)

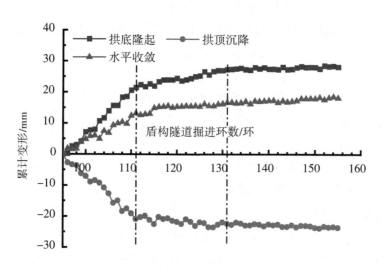

图7-20 第95环衬砌变形(陆域段)

　　图7-21为盾构隧道在水域段第620环至680环的掘进过程中，第620环拱顶沉降、拱底隆起和拱腰部位水平收敛的变化曲线。由图可得，在水域段的掘进过程中，由于饱和软黏土地层受到了扰动，波浪荷载在河床内传播引起的波动压力和高水压渗流作用使第620环拱顶沉降、拱底隆起和拱腰部位水平收敛变化很大，大致经历了两个阶段。这两个阶段在盾构掘进至第645环时发生转折，第一阶段历时约8天（2020年11月26日至2020年12月3

日），监测断面拱顶沉降、拱底隆起和拱腰部位水平收敛分别为 8.09 mm、72.26 mm、21.74 mm。相比陆域段，监测断面拱顶沉降减小了 18.53 mm，拱底隆起增大了 44.14 mm，拱腰部位水平收敛增大了 3.28 mm，水域段监测断面衬砌结构变形显著。这是由于波浪荷载作用引起的河床内的波动压力和高水压渗流作用使隧道结构拱底上浮量增大，拱顶处由于水土压力作用限制了该部位的上浮，衬砌结构发生竖缩横扩的横鸭蛋形变形，故拱腰部位的水平横扩量也增大。在从第 645 环掘进至第 680 环的过程中，监测断面拱底隆起和拱腰部位水平收敛由于波浪荷载引发的高水压渗流作用，其累计变形缓慢地继续增大，建议对水域段的衬砌结构进行壁后二次注浆，以阻断地下水渗流作用，从而达到堵水的效果，减小高水压渗流作用对隧道结构变形的影响，保证隧道结构的稳定性，避免过大的隧道结构变形影响隧道的顺利掘进。同时，建议密切进行水域段盾构隧道掘进过程中隧道结构变形的监测，变形超过预警值时应及时预警，及时调整管片衬砌壁后注浆量和注浆压力，适当调整盾构推进参数，确保盾构隧道安全顺利推进。

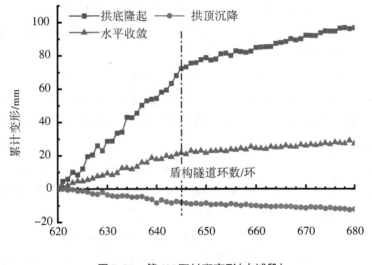

图7-21   第620环衬砌变形（水域段）

从陆域段和水域段隧道结构变形的对比分析可得出，波浪荷载作用在河床内引起的波动压力和河床土体内的高水压渗流作用对大直径盾构隧道的稳定性影响显著。在水域段盾构隧道的掘进过程中，应根据河床上覆水体特性和地层土体性质，及时调整管片后注浆压力和注浆量，同时控制盾构推进速度和泥水舱内的泥水压力，以保证水下盾构隧道开挖面的稳定性。另外，本工程中的水域段盾构掘进时的高水压渗流是由周期性变化的波浪荷载引起的，因此，有必要对波浪荷载作用下大直径盾构隧道周围围岩土体和隧道结构的动力响应规律进行研究，从理论角度探明波浪荷载对大直径盾构隧道动力响应的影响规律，为水下大直径盾构隧道的设计和施工提供理论参考依据。

参考文献

[1]王非,缪林昌,黎春林.考虑施工过程的盾构隧道沉降数值分析[J].岩石力学与工程学报,2013,32(S1):2907-2914.

[2]李廷春,李术才.厦门海底隧道的流固耦合分析[J].岩土工程学报,2005,26(3):397-401.

[3]靳晓光,李晓红,张燕琼.越江隧道施工过程的渗流-应力耦合分析[J].水文地质工程地质,2010,37(1):62-67.

[4]纪佑军,刘建军,程林松.考虑流固耦合的隧道开挖数值模拟[J].岩土力学,2011,32(4):1229-1233.

[5]WANG C. Disturbance analysis of shallow buried and small interval shield tunnel excavation based on fluid-solid coupling[J]. Subgrade Engineering,2018(4):40-44.

[6]XIANG Q M,GAO Y Q,SU J X,et al. Strata subsidence characteristics of shield tunneling in coastal soft soil area[J]. Civil Engineering Journal,2022,10(4):92-104.

[7]袁大军,尹凡,王华伟,等.超大直径泥水盾构掘进对土体的扰动研究[J].岩石力学与工程学报,2009,28(10):2074-2080.

[8]SHAHIN H M,NAKAI T,HINOKIO M,et al. Influence of surface loads and construction sequence on ground response due to tunnelling[J]. Soils and foundations,2004,44(2):71-84.

[9]孙玉永,周顺华,宫全美.软土地区盾构掘进引起的深层位移场分布规律[J].岩石力学与工程学报,2009,28(3):500-506.

[10]XIE X Y,YANG Y B,JI M. Analysis of ground surface settlement induced by the construction of a large-diameter shield-driven tunnel in Shanghai,China[J]. Tunnelling and Underground Space Technology,2016,51(1):120-132.

[11]CHEN X L,GONG X N. Analysis of soil disturbance caused by dot excavation in soft soil stratum[C]. Proceedings of GeoShanghai 2018 International Conference:Tunnelling and Underground Construction,2018:198-206.

[12]XIANG Q M,SU J X,GAO Y Q,et al. Construction Settlement Prediction of Shield Tunnel in Soft-soil Area[J]. Jordan Journal of Civil Engineering,2022,16(3):1-9.

[13]苑莲菊,李振全,武胜忠,等.工程渗流力学及应用[M].北京:中国建材工业出版社,2001.

[14]余良滨.某大直径盾构盾尾同步注浆引起的渗流场变化及地层变形研究[D].广州:华南理工大学,2018.

第8章 滨海软土区盾构隧道结构的流固耦合施工沉降预测

8.1 盾构隧道的施工沉降理论

8.1.1 地层损失率

关于地层损失的计算，Sagaseta[1]提出了两圆同心的周边均匀分布间隙地层损失模型，Lee等[2]提出了两圆相切的不均匀分布间隙地层损失模型，如图8-1所示。研究发现，不均匀分布间隙地层损失模型比均匀分布间隙地层损失模型更接近于工程实际结果，因此被广泛地使用。故本章也采用不均匀分布间隙地层损失模型来分析计算地层损失。

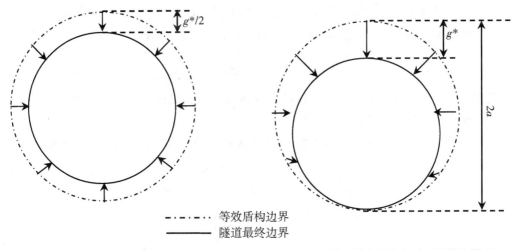

--·--·-- 等效盾构边界
—— 隧道最终边界

(a)均匀分布间隙地层损失模型　　　　(b)不均匀分布间隙地层损失模型

图8-1　地层损失模型

Rowe等[3]在1983年首次提出了间隙参数的理论，在不排水的情况下，软黏土地层中盾构开挖隧道的间隙参数g^*的计算公式为

$$g^* = G_p + u^*_{3D} + \omega \tag{8-1}$$

式中，G_p为盾尾间隙（盾尾间隙示意图见图8-2），即隧道外径和盾构直径之间的差值；u^*_{3D}为隧道开挖面上三维等效径向的弹塑性变形；ω为隧道施工操作造成的地层损失，主要是偏离、超挖等情况。

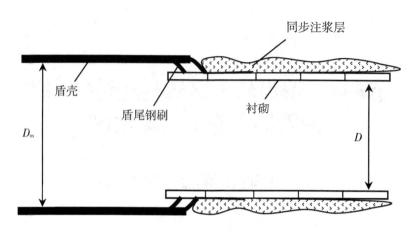

图 8-2　盾尾间隙示意图

关于盾尾间隙 G_p 的确定，在盾构施工过程中，盾构机盾壳的外径 D_m 与隧道衬砌的外径 D 之间存在间隙，但是隧道在施工过程中会同步注浆，因此，需要考虑注浆的质量对盾尾间隙的影响。盾尾间隙 G_p 的理论计算公式为

$$G_p = (1 - \alpha)(D_m - D) \qquad (8-2)$$

式中，α 为注浆质量系数。

在隧道开挖过程中，当隧道掌子面上的支护力适当时，就不会引起地层的弹塑性变形，为了反映隧道掌子面上支护力的效果差异，可使用 $u*_{3D}$，$u*_{3D}$ 的计算公式为

$$u*_{3D} = \frac{\delta_y}{2} \qquad (8-3)$$

式中，δ_y 是支护不当导致的土体向隧道内侵入的最大纵向位移，与隧道支护力系数有关，具体的计算过程可参考相关文献[4]。

对于施工误差造成的间隙，参考朱才辉等[4]提出的计算方法，ω 的计算表达式为

$$\omega = \sqrt{\left(1 - \frac{\theta}{\pi}\right) \cdot \frac{D_m{}^2}{2} + \frac{\beta L D_m}{2\pi}} - \frac{D_m}{2} \qquad (8-4)$$

$$\theta = \arccos\left(\frac{\beta L}{D_m}\right) \qquad (8-5)$$

式中，L 为盾构机的长度；β 为施工过程中盾构机的偏心率，一般实际工程的偏心率为 $0 \sim 0.4\%$。

单位长度上地层损失的体积为

$$V_{los} = \pi g*\left(\alpha - \frac{g*}{4}\right) = \pi g*\left(\frac{D_m}{2} - \frac{g*}{4}\right) \qquad (8-6)$$

为了方便计算表达，引入体积损失率 V_l 的概念，V_l 等于损失的体积和隧道的单位长度开挖截面体积之比，即

$$V_1 = \frac{V_{\mathrm{los}}}{\pi D_m^2/4} = \frac{g^*}{D_m}\left(2 - \frac{g^*}{D_m}\right) \tag{8-7}$$

8.1.2　盾构隧道施工引起的地层分层沉降模式

Peck在1969年对大量的隧道施工地面沉降现场实测数据进行分析，得出了地表沉降的计算公式，其沉降曲线符合高斯正态分布。之后大量的研究人员在实际工程、模型试验、数值模拟中发现隧道埋深方向上的地层变形都符合高斯正态分布[5-13]，故隧道在某个深度位置的沉降也可以用高斯曲线描述，即

$$\begin{cases} s(x,z) = s_{\max}(z)\exp\left(-\dfrac{x^2}{2i(z)^2}\right) \\[4mm] s_{\max}(z) = \dfrac{\sqrt{\pi}\,D_m^2 V_1}{4\sqrt{2}\,i(z)} \end{cases} \tag{8-8}$$

式中，x、z分别代表点到隧道中心线对应地表的水平距离和竖向距离；$s_{\max}(z)$代表深度z处的最大沉降量；$i(z)$代表从垂直隧道中心线到深度为z的高斯曲线拐点的距离。

地层变形示意图见图8-3。

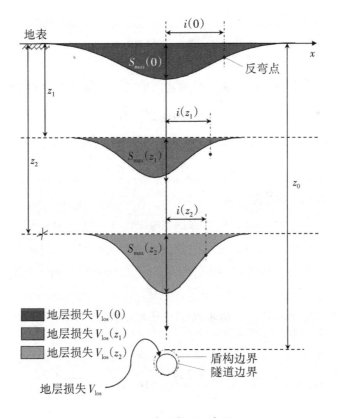

图8-3　地层变形示意图

由图 8-3 可知，将整个地层的损失看作一个定量时，其不会随着深度的变化而变化，从公式（8-8）可知，要求解地层的变形曲线，必须先知道隧道的 $s_{max}(z)$、$i(z)$ 的值。

Lu 等[13]为了计算地层轴线上方各个位置处的最大位移 $s_{max}(z)$，参考了大量实际工程和模型测试的数据，认为地表以下埋深 z 处的最大位移 $s_{max}(z)$ 有以下特征：

①在隧道顶部，即 $z=z_0$ 时，$\dfrac{s_{max}(z)}{s_{max}(z_0)}=1$；

②在地层表面，即 $z=0$ 时，$\dfrac{s_{max}(z)}{s_{max}(z_0)}=\dfrac{s_{max}(0)}{s_{max}(z_0)}$；

③当地表以下埋深 z 从 0 增大到 z_0 时，相应的位移 $s_{max}(z)$ 也在逐渐增大。

基于以上一些特征，结合实际情况中所得数据的规律，采用以下幂函数描述地表以下埋深 z 处的最大位移 $s_{max}(z)$ 与 z 之间的关系函数：

$$\frac{s_{max}(z)}{s_{max}(z_0)}=\left(\frac{s_{max}(0)}{s_{max}(z_0)}-1\right)\left(1-\frac{z}{z_0}\right)^{\frac{1}{n}}+1 \tag{8-9}$$

式中，n 为正值的地层参数，综合反映了地层情况和隧道几何因素对地表最大沉降的影响。

Lu 等[13]为了计算不同情况下确定的地层参数 n 的取值，总结了大量工程实例测得的数据，得到以下结论：

①对于黏土层、软土层或含有黏土层的复杂地层，地层参数 n 的取值可以按下式估算：

$$n=\left(s_{max}(0)/s_{max}(z_0)\right)^{-0.97} \tag{8-10}$$

②对于砂土或卵石地层，地层参数 n 的取值可以按下式估算：

$$n=0.53\left(s_{max}(0)/s_{max}(z_0)\right)+1.88 \tag{8-11}$$

要求解地层参数 n，必须先知道 $s_{max}(0)$、$s_{max}(z_0)$ 的值，先对 $s_{max}(0)$ 进行计算，地表最大沉降 $s_{max}(0)$ 有很多计算方法，本章参考魏纲[14]提出的统一土体移动模型用于地表最大沉降的计算方法，认为隧道周边围岩会向一个共同的点收敛变形，这个点就是焦点，焦点以上的土体会向下收敛变形，而焦点以下的土体会向上收敛变形，由于其是对称分布，焦点在隧道轴线平面内移动。

假定土体属于不排水的情况，依据统一土体移动模型（图 8-4），再利用源汇法可以推导出地表最大沉降 $s_{max}(0)$ 的表达式为

$$s_{max}(0)=\frac{2D_m\left(D_m+2z_0+2d\right)}{D_m+2d}-2D_m\sqrt{\frac{\left(D_m+2z_0+2d\right)^2}{\left(D_m+2d\right)^2}-V_1} \tag{8-12}$$

其中，焦点与隧道中心点的距离 d 的取值范围为 $0\sim D_m/2$。对于饱和淤泥质软土，d 为

$0\sim0.1\,D_m$；对于黏性土，d 为 $0.1\,D_m\sim0.4\,D_m$；对于硬性土，d 为 $0.4\,D_m\sim0.5\,D_m$。

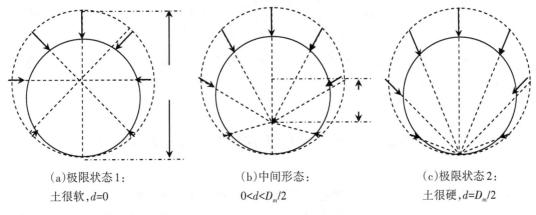

（a）极限状态1：　　　　（b）中间形态：　　　　（c）极限状态2：
　土很软，$d=0$　　　　　$0<d<D_m/2$　　　　　土很硬，$d=D_m/2$

图8-4　统一土体移动模型

对于盾构隧道而言，$s_{\max}(z_0)$ 等于间隙参数 g^*，同时也可以根据已知的地层损失求解 $s_{\max}(z_0)$，即

$$s_{\max}(z_0)=\begin{cases} g^* \\ D_m\left(1-\sqrt{1-V_1}\right) \end{cases} \tag{8-13}$$

从垂直隧道中心线到深度为 z 的高斯曲线拐点的距离为 $i(z)$，将地表以下埋深 z 处的最大位移 $s_{\max}(z)$ 代入公式（8-8），可以换算得到

$$i(z)=\frac{\pi D_m{}^2 V_1}{4\sqrt{2\pi}\,s_{\max}(z)}=\frac{\sqrt{\pi}\,D_m{}^2 V_1}{4\sqrt{2}\,s_{\max}(z_0)\left[\left(\dfrac{s_{\max}(0)}{s_{\max}(z_0)}-1\right)\left(1-\dfrac{z}{z_0}\right)^{\frac{1}{n}}+1\right]} \tag{8-14}$$

但研究表明[8,10-12]，软土地区沉降槽的实际宽度较使用 Peck 公式计算出的宽度要大，故对沉降槽的宽度要进行修正，代入修正系数 b，b 的取值只与土层的性质有关，即修正后地层变形到拐点的距离 $i(z)$ 为

$$i(z)=\frac{\sqrt{\pi}\,bD_m{}^2 V_1}{4\sqrt{2}\,s_{\max}(z_0)\left[\left(\dfrac{s_{\max}(0)}{s_{\max}(z_0)}-1\right)\left(1-\dfrac{z}{z_0}\right)^{\frac{1}{n}}+1\right]} \tag{8-15}$$

8.1.3　盾构隧道施工沉降的解析解

依据上一小节关于隧道地层变形模式的定义，将公式（8-9）和公式（8-15）代入公式（8-8），得到地层变形的解析公式为

$$s(x,z) = s_{\max}(z)\exp\left\{-\frac{4xs_{\max}(z_0)}{\sqrt{\pi}\,bD_m{}^2V_1}\left[\left(\frac{s_{\max}(0)}{s_{\max}(z_0)}-1\right)\left(1-\frac{z}{z_0}\right)^{\frac{1}{n}}+1\right]^2\right\} \tag{8-16}$$

其中，关于$s_{\max}(0)$、$s_{\max}(z_0)$的求解可以参考公式（8-12）和公式（8-13），或者使用实际工程中测量出的数据。

8.2　盾构隧道施工沉降的形态分析

在对盾构施工引起的地层沉降进行预测时，影响其地层沉降形态的因素主要有3个：隧道的埋深、隧道所在地层的软硬差异及修正系数b。因此，要选取不同隧道的埋深比C/D_m，统一焦点间距d和修正系数b的参数取值对隧道地层沉降形态的影响。以依托工程参数为例，对于软黏土，隧道的直径$D=14.5$ m，隧道的开挖直径$D_m=14.9$ m，修正系数b为1～3，假定此时的地层损失一定，取地层损失率为1%，隧道的埋深C为$0.5D_m\sim4D_m$，统一焦点间距d为0～0.5 D_m。

8.2.1　地层最大沉降$s_{\max}(z)$形态

由预测公式可知，隧道的埋深比C/D_m和焦点间距d的取值对隧道地层最大沉降$s_{\max}(z)$的形态有影响。首先要明确这两个参数取值对地层参数n的影响，将上述参数代入地层参数n的计算式（8-10）中，结果如图8-5所示。

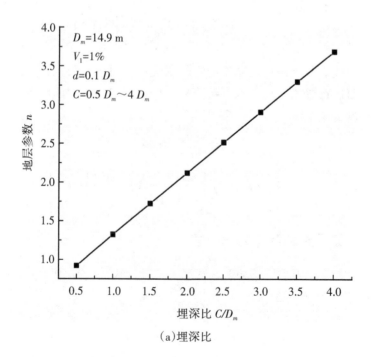

（a）埋深比

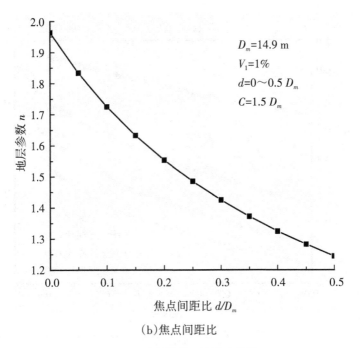

（b）焦点间距比

图8-5　地层参数n的影响曲线

由图8-5可知，随着埋深比的增加，地层参数n的取值不断呈线性增加；焦点间距d的取值越大，表明地层的性质越好，地层参数n的取值不断减小。

先分析隧道的埋深比C/D_m对地层最大沉降$s_{max}(z)$形态的影响，其他参数取值与之前相同，在埋深比分别取1.0、2.0、3.0、4.0的情况下，对比分析曲线如图8-6所示。由图8-6可知，在同一地层情况下，随着埋深的增加，地表平面处的最大沉降逐渐减小，这与实际情况相符合。在浅埋的情况下，地层不同深度位置处的最大沉降$s_{max}(z)$基本呈线性增加的趋势；在深埋的情况下，随着深度增加，地层最大沉降$s_{max}(z)$先呈线性增长，之后增长趋势逐渐减小直至为零，其与地表之间的距离在$0\sim0.8\,z_0$的范围内时，地层最大沉降$s_{max}(z)$是逐渐增加的，当深度大于$0.8\,z_0$时，地层最大沉降$s_{max}(z)$基本不变，说明隧道埋深越大，地层参数n的取值越大，隧道上部的地层沉降越集中于拱顶。出现这种情况是因为在隧道深埋的情况下，一般地层的变形影响范围出现在拱顶的塑性区，超出范围会被土拱效应所约束，而地层的变形属于弹性变形范围。

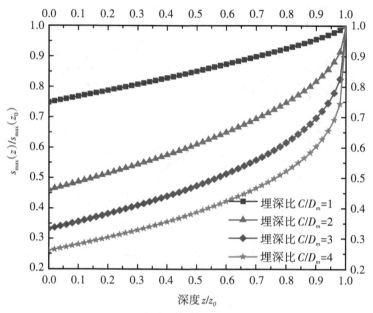

图8-6　地层最大沉降$s_{\max}(z)$的影响曲线（不同埋深）

其他参数取值与之前相同，对于软硬情况不同的地层，分别讨论深埋（埋深比C/D_m=1.5）和浅埋（埋深比C/D_m=3.5）情况，统一损失模型的焦点间距比d/D_m分别取0、0.1、0.2、0.3、0.4、0.5，对比分析曲线如图8-7所示。

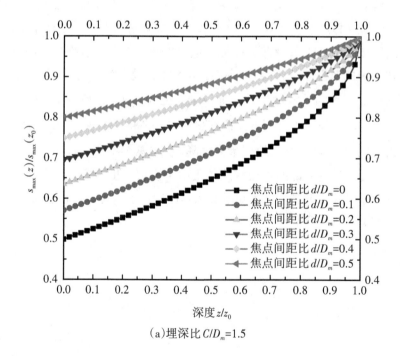

（a）埋深比C/D_m=1.5

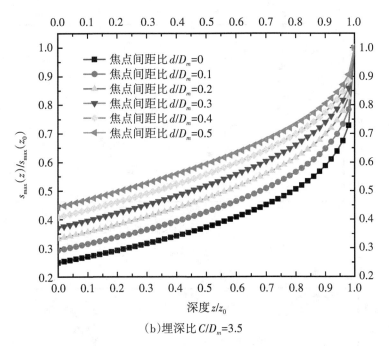

（b）埋深比 $C/D_m=3.5$

图8-7 地层最大沉降 $s_{max}(z)$ 的影响曲线（不同软硬地层）

由图8-7可以看出，不论隧道埋深情况如何，得到的结论都与之前的结论相同。在同一埋深情况下，不同硬度的地层变形曲线有类似的变化趋势，焦点间距比 d/D_m 越大，即地层的硬度越大，地层的沉降就越大，这是由于地层的性质越好，土层中颗粒与颗粒之间的作用力就越大，相互之间的约束也就越大，导致土层变形量增大，变化趋势越缓和。

8.2.2 地层沉降曲线 $s(x,z)$ 形态

通过分析已经得知，地层参数 n 与隧道的埋深呈正比，与焦点间距比 d/D_m 呈反比，隧道的埋深和焦点间距对地层沉降曲线的影响，可以通过给定一个初始的位移比 $s_{max}(0)/s_{max}(z_0)$，进而改变地层参数 n 的取值来反映。给定初始的位移比 $s_{max}(0)/s_{max}(z_0)=0.5$，地层参数 n 的取值为1.0、3.0、5.0、7.0、9.0这5种情况，修正系数 b 的取值为1，不同情况下地层沉降曲线 $s(x,z)$ 的影响曲线如图8-8所示。

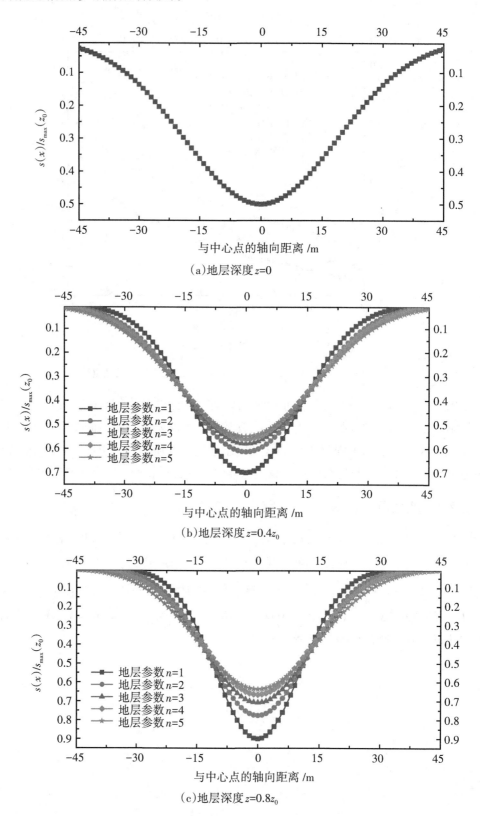

(a)地层深度 $z=0$

(b)地层深度 $z=0.4z_0$

(c)地层深度 $z=0.8z_0$

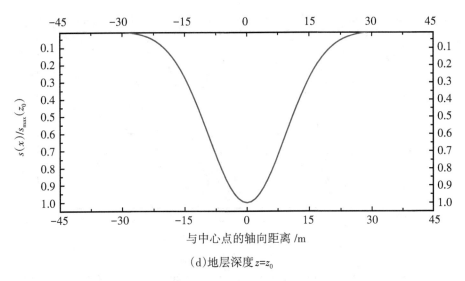

（d）地层深度$z=z_0$

图8-8　不同地层参数n对地层沉降曲线$s(x,z)$的影响

由图8-8可知，在同一地层深度z处，随着地层参数n的增大，沉降曲线的最大位移逐渐减小，沉降曲线的宽度增加是由地层损失相等所决定的。因此，可以说明随着地层土质的变差或者隧道埋深的增加，地层的变形量会减少，地层沉降槽的宽度也会同步增大，这与文献[8、11、14]所得结论一致。

分析沉降槽的宽度修正系数b的取值对地层沉降曲线$s(x,z)$的影响，将修正系数b取1、2、3这3种情况，地层参数n取值1，其他参数不变，对比分析曲线如图8-9所示。由图8-9可知，随着修正系数b取值的增大，隧道地层沉降槽的宽度也逐渐增大，对地层的扰动范围也逐渐变大。

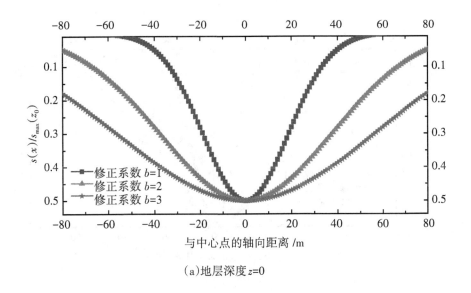

（a）地层深度$z=0$

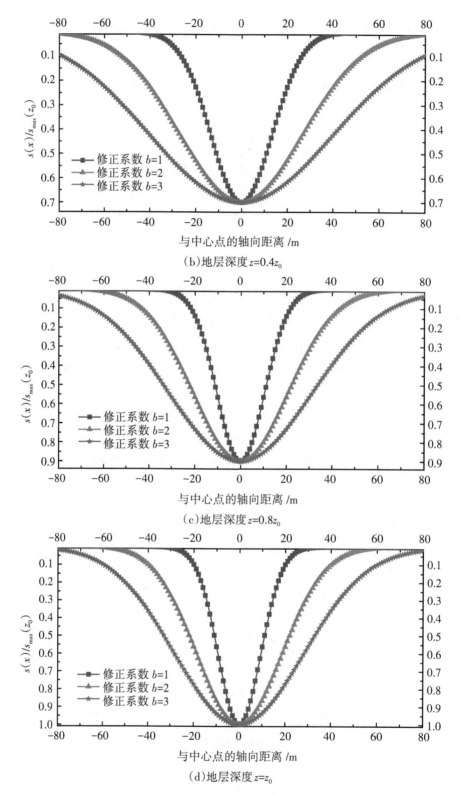

（b）地层深度 $z=0.4z_0$

（c）地层深度 $z=0.8z_0$

（d）地层深度 $z=z_0$

图8-9　不同修正系数 b 对地层沉降曲线 $s(x,z)$ 的影响

由图8-9可知，增大沉降槽的宽度修正系数b的取值，沉降槽的宽度会变大，影响范围也会变大。因此，可以通过调节修正系数b的取值来修正沉降曲线，让其与实际情况相吻合。

8.3　盾构隧道施工沉降预测方法的验证

8.3.1　沉降预测方法的应用步骤

在建立的地层沉降解析表达式中有两个参数：地层参数n和沉降槽修正系数b。上述参数化分析已经表明，参数n和b的确定对于预测隧道开挖引发的地层沉降是至关重要的。如果隧道已经开挖，可以通过归纳分析一些特定位置的测量数据来校准参数；如果隧道未进行开挖，可以通过整理已有的类似工程的数据来修正参数。首先，需要通过确定地层的损失来分别计算$z=0$和$z=C$时高斯曲线的最大位移$s_{\max}(0)$、$s_{\max}(z_0)$，或者已通过监测实际工程的沉降量得到的$z=0$和$z=C$时高斯曲线的最大位移$s_{\max}(0)$、$s_{\max}(z_0)$可直接参与计算，再通过公式（8-10）和公式（8-11）计算得到参数n的值，或者通过实际工程或类似工程的监测数据重新标定参数n的值，得到参数n，计算地表埋深以下z处的最大变形量$s_{\max}(z)$，再通过公式（8-15）和实际工程或类似工程的监测数据重新标定参数n的值，确定$i(z)$的值，代入公式（8-16）计算地表埋深z处的地层沉降曲线，具体的预测工程地层沉降的过程见图8-10。

8.3.2　沉降预测方法的验证

为了验证本章预测方法的可行性，需要对方法的适用性进行探讨。本章以瓯江北口隧道为依托，采用数值模拟数据进行对比，并且选取以前的类似工程的实测数据对方法进行验证分析，选取工程实例的对比分析数据如表8-1所示。

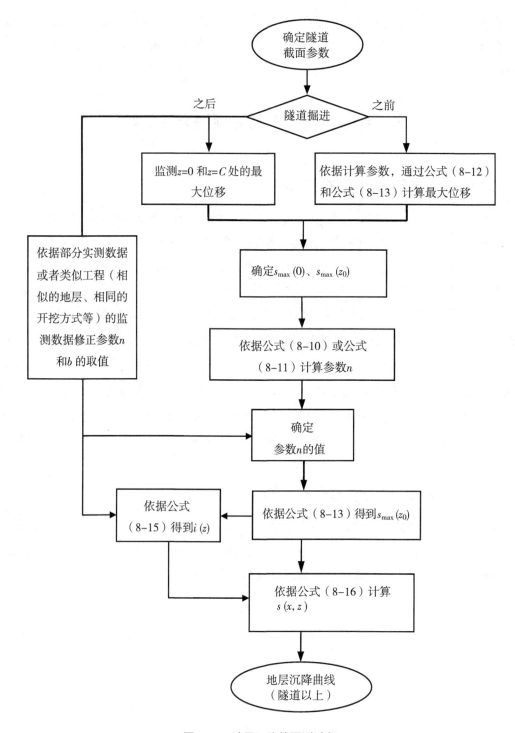

图 8-10　地层沉降的预测过程

表8-1 工程实例的变形实测值

序号	工程名称	土层	施工方法	埋深 C/m	直径 D_m、D/m	深度 z/m	$s_{max}(z)$/mm	V_1/%	备注
1	瓯江北口隧道工程	软黏土	SPB	20.0	14.9、14.5	0	11.0	0.267	数值模拟
						1	11.1		
						2	11.2		
						3	11.4		
						4	11.5		
						5	11.6		
						6	11.8		
						8	12.1		
						10	12.3		
						12	12.7		
						14	13.3		
						16	14.3		
						18	16.5		
						20	19.9		
2	台北快速交通体系工程	黏土	EPB	15.5	6.05、6.00	0.0	20.3	1.3	文献[15]
						6.0	22.9		
						9.5	26.0		
						14.5	36.0		
						15.5	39.5		
3	广州地铁2号线工程	软土	盾构	23	6.28、6.00	0	4	0.63	文献[16]
						1.2	4.6		
						4.3	5.7		
						6.5	6.6		
						7.1	8.6		
						12.6	7.7		
						14.5	7.7		
						15.1	10.6		

续表8-1

序号	工程名称	土层	施工方法	埋深 C/m	直径 D_m、D/m	深度 z/m	$s_{max}(z)$ /mm	V_1 /%	备注
3	广州地铁2号线工程	软土	盾构	23	6.28、6.00	18.3	11.7	0.63	文献[16]
						20.5	13.7		
						21.7	17.6		
						23	19		
4	希思罗机场隧道工程	伦敦黏土	盾构	16.8	8.5、8.5	0	27	1.27	文献[17]
						3	29		
						7	32		
						11	37		
						16.8	54		

（1）地层最大沉降 $s_{max}(z)$ 对比分析

采用计算地层损失的方法来确定 $z=0$ 和 $z=C$ 处地层变形曲线的最大位移 $s_{max}(0)$、$s_{max}(z_0)$，为了验证通过理论计算得到的 $s_{max}(0)$、$s_{max}(z_0)$ 的准确性，将实测值与理论值进行对比分析，结果如表8-2所示。由表8-2可知：在 $z=C$ 处地层最大沉降 $s_{max}(z_0)$ 的实测值可以与理论值很好地吻合，误差在5%以内；在 $z=0$ 处地层最大沉降 $s_{max}(0)$ 可依据土层的物理性质合理选取参数 d 的值，4个工程实例的实测值与理论值之间最大的误差达到了15.84%，但是实测值与理论值之间可以匹配，并且在合理地选取参数 d 的值后，实测值可以包含在理论值的范围以内，故采用公式（8-12）和公式（8-13）确定 $s_{max}(0)$、$s_{max}(z_0)$ 是可行的，这两个公式可以用于预测土体的变形。

表8-2　$s_{max}(0)$、$s_{max}(z_0)$ 实测值与理论值的对比分析

工程	$s_{max}(0)$ 对比			$s_{max}(z_0)$ 对比		
	实测值	理论值	误差	实测值	理论值	误差
实例1	11.00	10.80($d=0$)	1.80%	19.90	19.90	0
实例2	20.30	20.35($d=0.4D_m$)	0.24%	39.50	39.45	0.13%
实例3	4.00	4.75($d=0$)	15.84%	19.00	19.81	4.10%
实例4	27.00	26.72($d=0.15D_m$)	1.00%	54.15	54.00	0.27%

$z=0$ 和 $z=C$ 处地层变形曲线的最大位移 $s_{max}(0)$、$s_{max}(z_0)$ 的理论计算结果可以与实测结果相匹配，为了明确对地层最大变形量的影响，分析地层最大沉降 $s_{max}(z)$ 曲线的预测误差，

如图8-11所示。

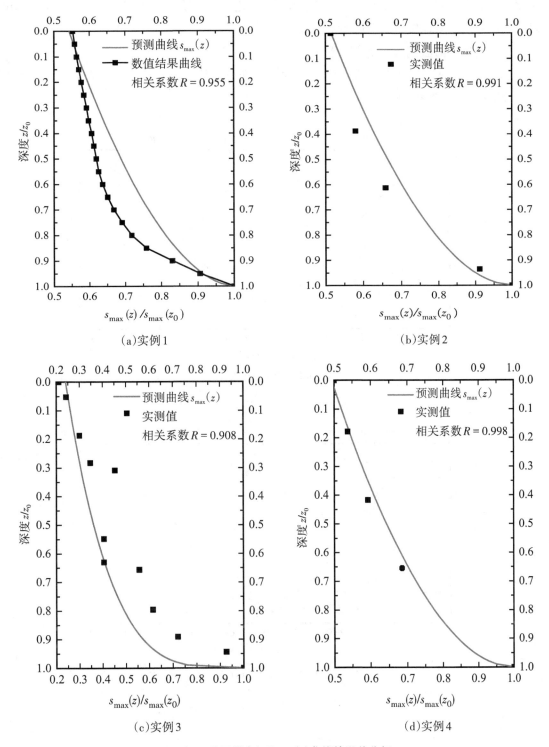

(a)实例1

(b)实例2

(c)实例3

(d)实例4

图8-11 地层最大沉降$s_{max}(z)$曲线的误差分析

由图8-11可知，本章提及方法对地层最大沉降 $s_{\max}(z)$ 的预测结果与实际监测所得结果相比较，二者之间的相关系数 R 基本处于0.9～1.0之间，表明二者之间有很高的相关性，可以采用该方法预测地层最大沉降量 $s_{\max}(z)$。

（2）地层沉降曲线 $s(x,z)$ 对比分析

选取实例1和实例4来分析预测得到的地层变形曲线 $s(x,z)$ 与实际监测结果之间的误差，分别如图8-12和图8-13所示。

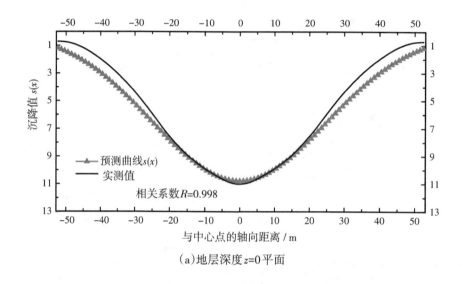

（a）地层深度 $z=0$ 平面

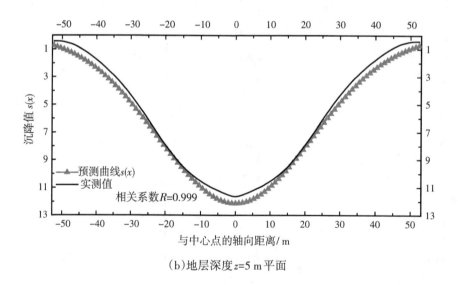

（b）地层深度 $z=5\,\mathrm{m}$ 平面

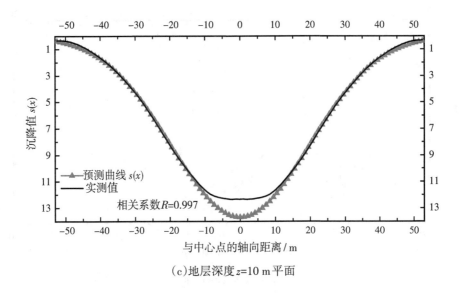

（c）地层深度 z=10 m平面

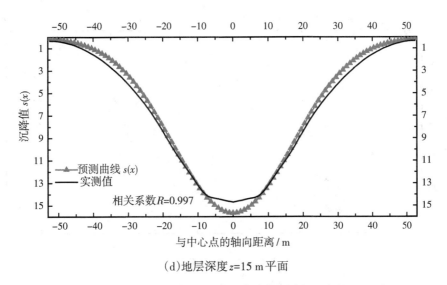

（d）地层深度 z=15 m平面

图8-12 地层变形曲线 $s(x,z)$ 的误差分析（实例1：参数 b=1.45）

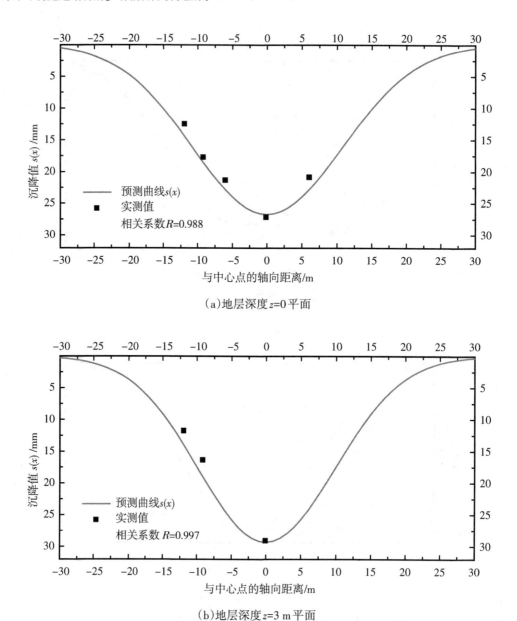

(a)地层深度z=0平面

(b)地层深度z=3 m平面

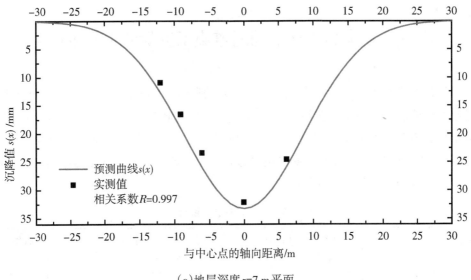

（c）地层深度$z=7$ m平面

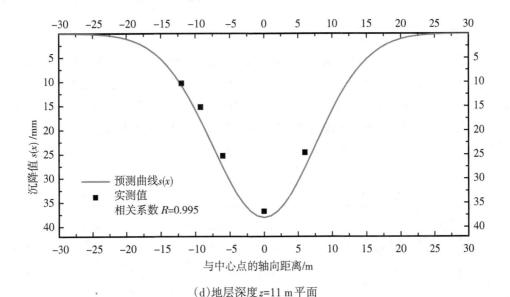

（d）地层深度$z=11$ m平面

图8-13　地层变形曲线$s(x,z)$的误差分析（实例4：参数$b=1$）

由图8-12和图8-13可知，对于隧道地层深度z平面处的地层，预测得到的沉降曲线与监测数值是吻合的，二者之间的相关系数R基本处于0.9～1.0之间，表明二者之间有很高的相关性，可以采用该方法来预测地层变形曲线$s(x,z)$。

综上所述，对比分析本章依托工程的模拟数据和类似工程的监测数据、预测地层沉降曲线和实际地层沉降曲线，发现预测值和实际的测量值可以很好地吻合，验证了本方法的合理性，表明本章提出的预测方法可以用于滨海区域大直径盾构隧道施工地层沉降的预测，同时也能为今后类似的工程提供理论参考。

8.4 滨海软土区盾构隧道施工沉降的工程应用

地层的损失主要由以下几个参数决定：注浆的质量、隧道的支护力和盾构机的偏心率。为了讨论不同施工质量情况对滨海区域大直径盾构隧道施工软土地层沉降的影响，将以上3个参数量化，其他工程参数以依托工程为实例选取，地层属于软土地层，将焦点与隧道中心点的距离d取为0，沉降槽的宽度修正系数b取为1.45，并结合瓯江北口隧道工程的参数进行分析，参数的取值如表8-3所示。

表8-3 计算参数取值

盾构直径 D_m/m	隧道直径 D/m	埋深 C/m	盾构机长度 L/m	注浆质量系数 α /%	支护力参数 δ_y /mm	盾构偏心率 β /%
14.9	14.5	20	11	80~100	0~40	0~0.4

8.4.1 盾尾注浆质量

假设掌子面上的支护力导致隧道向内侵入的位移δ_y=20 mm，在不存在盾构机偏移的情况下，当注浆质量分别达到80%、85%、90%、95%、100%时，其他参数不变，由于针对的是软土，焦点与隧道中心点的距离d=0，故采用本章修正的高斯曲线沉降预测公式来分析注浆质量对滨海区域大直径盾构软土地层沉降的影响，如图8-14所示。为了考虑其地层的影响范围，将不同注浆质量和不同深度位置处的沉降槽宽度$i(z)$进行列表，详见表8-4。

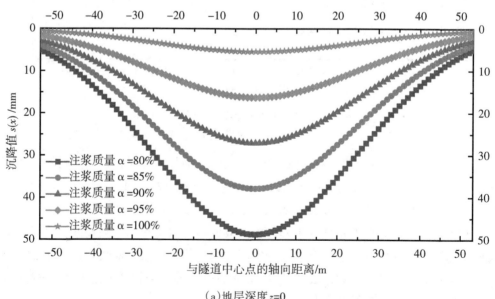

（a）地层深度z=0

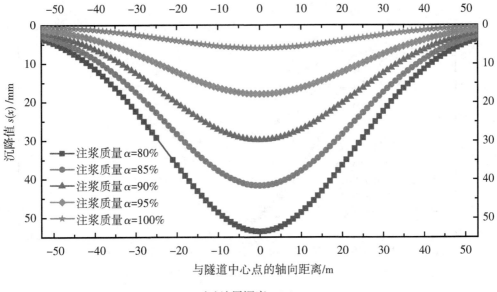

（b）地层深度 $z=0.2z_0$

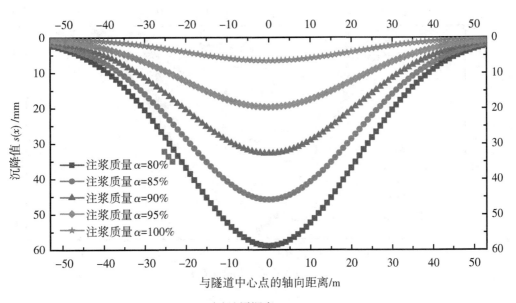

（c）地层深度 $z=0.4z_0$

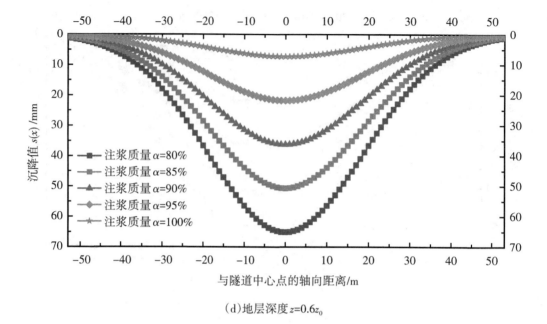

（d）地层深度 $z=0.6z_0$

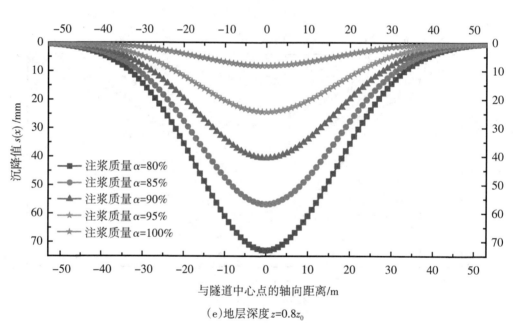

（e）地层深度 $z=0.8z_0$

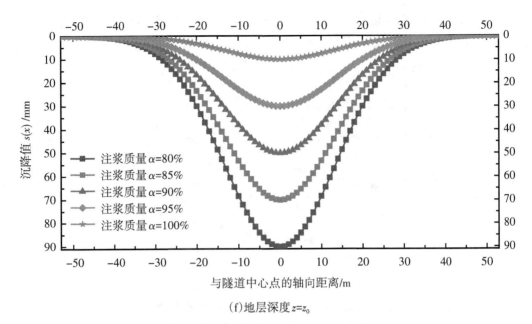

(f)地层深度 $z=z_0$

图8-14　注浆质量与地层沉降曲线 $s(x,z)$ 的关系曲线

表8-4　不同注浆质量对应的沉降槽宽度 $i(z)$

单位:m

地层深度 z 平面	注浆质量				
	80%	85%	90%	95%	100%
0	24.937	24.939	24.940	24.940	24.941
0.2 z_0	22.708	22.711	22.714	22.717	22.720
0.4 z_0	20.644	20.647	20.651	20.655	20.660
0.6 z_0	18.664	18.669	18.675	18.679	18.685
0.8 z_0	16.642	16.647	16.653	16.661	16.666
z_0	13.498	13.507	13.517	13.526	13.534

由图8-14和表8-4可以看出,对于滨海软土区域大直径盾构施工而言,在同一地层深度 z 平面处,注浆质量越好,地层的损失率越小,地层的沉降越小,但是在注浆质量不同的情况下,地层沉降槽的宽度 $i(z)$ 基本相同,这就表明隧道盾构对地层变形的影响范围是基本相同的,沉降槽的大小是由地层性质所决定的,这是地层的固有属性;在注浆质量相同的情况下,地层的沉降随着地层深度的增加而增加,地层沉降槽的宽度 $i(z)$ 在不断减小,影响范围也在逐渐缩小。对于软土地层而言,在任意地层深度 z 平面处,当注浆质量较差时,该平面处的沉降槽呈漏斗状,当注浆质量较好时,沉降槽呈周边平缓、中部凹陷的形状。

在注浆质量不同的情况下，滨海软土区域大直径盾构施工过程中，注浆质量变化引起的地层损失所导致的地层最大沉降 $s_{max}(z)$ 的变化如图8-15所示。

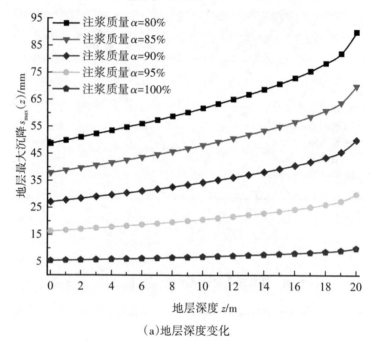

（a）地层深度变化

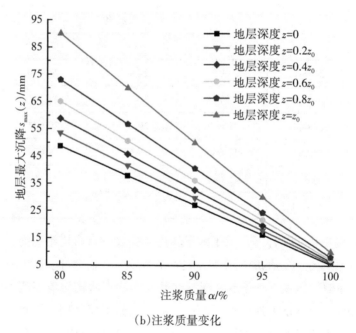

（b）注浆质量变化

图8-15　不同地层深度和注浆质量对地层最大沉降 $s_{max}(z)$ 的影响

由图8-15可知，在注浆质量不同的情况下，在同一地层深度位置处的最大沉降是呈线性减小的，变化趋势基本相同；在注浆质量一定时，随着地层深度的增加，最大沉降先逐渐呈线性增长，后迅速增大到 $s_{max}(z_0)$，在注浆质量不同的情况下，最大沉降随地层深度变化的趋势基本相同。

8.4.2　掌子面支护力

假设当前隧道的注浆质量达到95%，在不存在盾构机偏移的情况下，当支护力不合适时，隧道掌子面上的支护力导致隧道向内侵入的位移 δ_y 分别为0 mm、10 mm、20 mm、30 mm、40 mm，其他参数不变，采用本章修正的高斯曲线沉降预测公式来分析不同支护力情况对滨海软土区域大直径盾构施工地层沉降的影响，如图8-16所示。

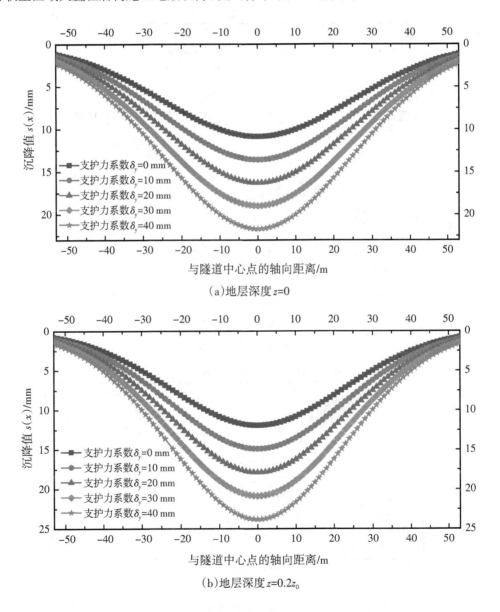

（a）地层深度 $z=0$

（b）地层深度 $z=0.2z_0$

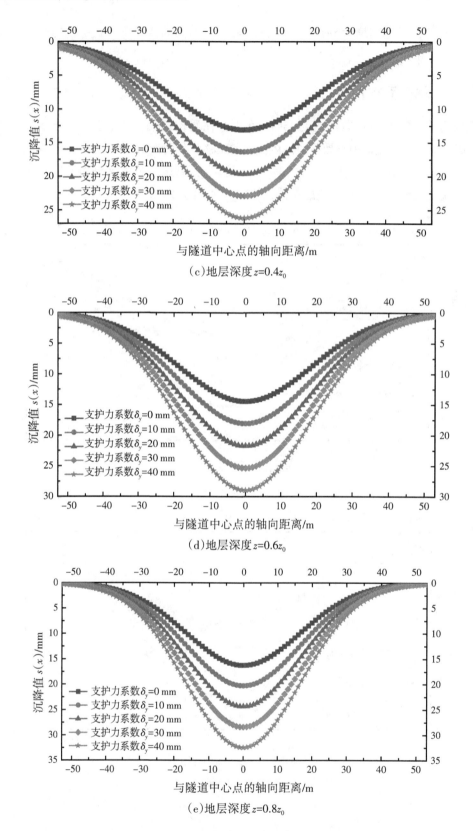

（c）地层深度 $z=0.4z_0$

（d）地层深度 $z=0.6z_0$

（e）地层深度 $z=0.8z_0$

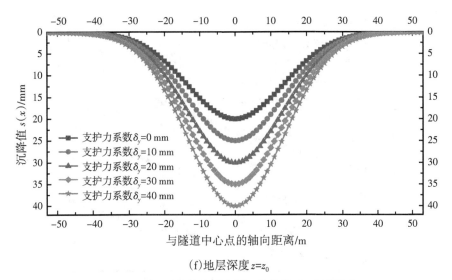

（f）地层深度 $z=z_0$

图8-16 不同支护力对地层沉降曲线 $s(x,z)$ 的影响

当隧道掌子面上的支护力与原有水土侧压力相等时，隧道掌子面上的土体趋向稳定；当支护力逐渐减小时，隧道掌子面上的土体会向隧道内侵入，侵入的最大纵向位移也会逐渐增大。由图8-16可以看出，与注浆质量一样，无论隧道掌子面上的支护力如何，最后地层沉降槽的宽度 $i(z)$ 基本相同，隧道盾构对地层变形的影响范围也基本相同，沉降槽都是呈漏斗状的。对于滨海软土区域大直径盾构施工而言，在同一地层深度 z 平面处，支护力与原有水土侧压力越接近，其所造成的地层损失率越小，地层的沉降也越小；反之，支护力与原有水土侧压力相差越大，土层向内部的侵入越严重，地层的沉降也就越大。

在滨海软土区域大直径盾构施工过程中，不同支护力情况下地层最大沉降 $s_{max}(z)$ 的变化曲线如图8-17所示。由图8-17可知，在相同平面位置处，随着支护力的减小，该平面的最大沉降是逐渐增大的。在同一支护力情况下，地层最大沉降 $s_{max}(z)$ 的变化趋势与之前所得结论相同，不再赘述。

8.4.3 盾构偏心率

假设隧道的注浆质量达到95%，掌子面上无侵入位移，盾构机的偏心率分别为0、0.1%、0.5%、0.3%、0.4%，其他参数不变，那么不同盾构偏心率情况对滨海区域大直径盾构施工软土地层沉降的影响如图8-18所示。

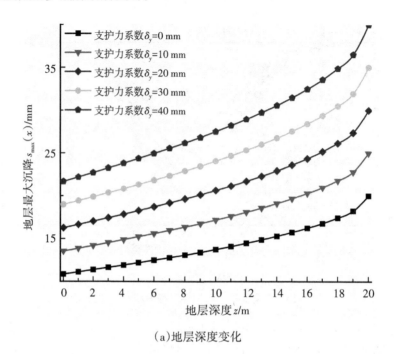

（a）地层深度变化

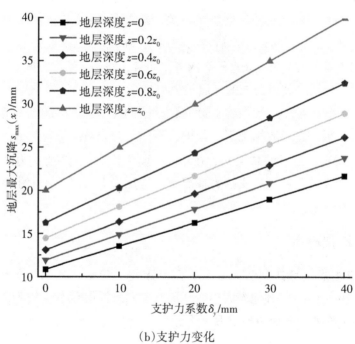

（b）支护力变化

图 8-17 不同支护力对地层最大沉降 $s_{max}(z)$ 的影响

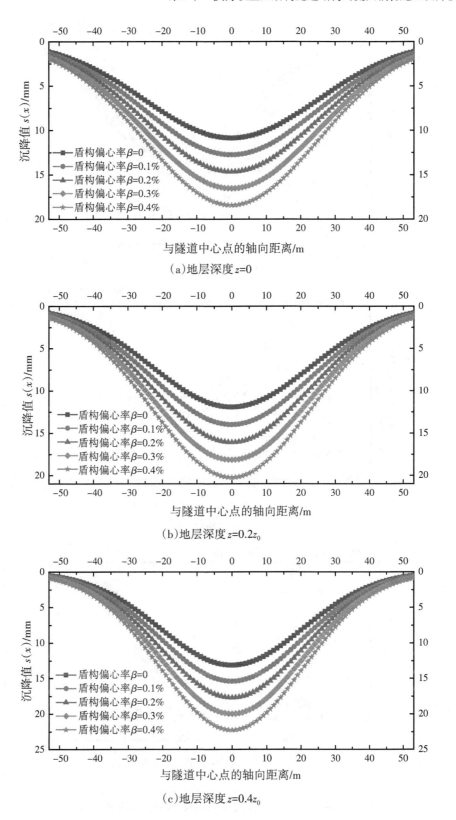

(a)地层深度 $z=0$

(b)地层深度 $z=0.2z_0$

(c)地层深度 $z=0.4z_0$

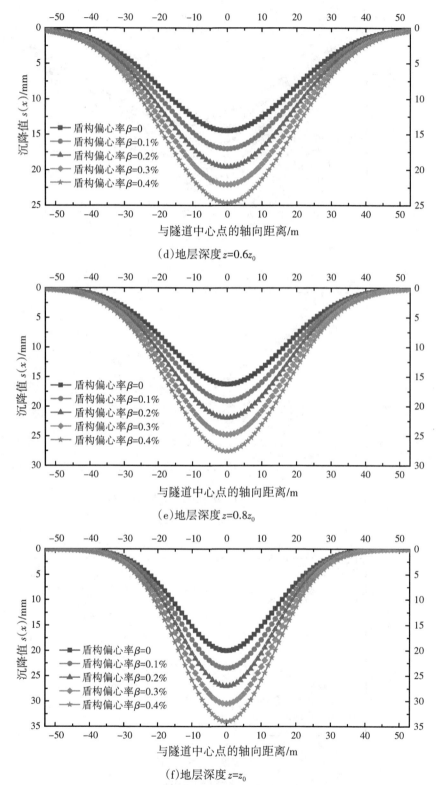

(d)地层深度 $z=0.6z_0$

(e)地层深度 $z=0.8z_0$

(f)地层深度 $z=z_0$

图8-18 不同盾构偏心率对地层沉降曲线 $s(x,z)$ 的影响

由图8-18可以看出，与注浆质量和支护力对地层沉降的影响规律类似，无论是否在同一平面处，地层沉降槽的宽度 $i(z)$ 和扰动范围基本相同，其形状呈漏斗状。就滨海区域软土地层大直径盾构施工而言，在同一地层深度 z 平面处，盾构时偏心率越大，其所造成的地层损失也就越大，加剧了地层的沉降。

不同盾构偏心率情况下地层最大沉降 $s_{max}(z)$ 的变化曲线如图8-19所示。由图8-19可知，在相同平面位置处，随着盾构偏心率的增大，该平面的最大沉降是逐渐增大的，随着平面位置的改变，会发生类似的变化趋势。在相同盾构偏心率条件下，随着地层深度的变化，最大沉降 $s_{max}(z)$ 的变化趋势与之前相同。

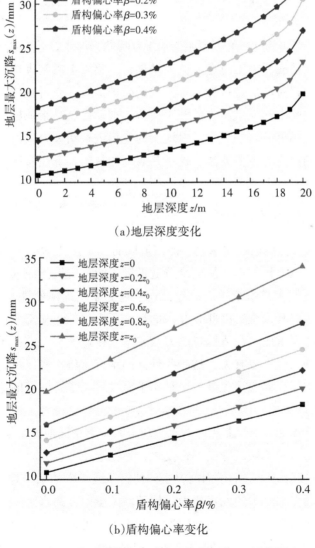

（a）地层深度变化

（b）盾构偏心率变化

图8-19　不同盾构偏心率对地层最大沉降 $s_{max}(z)$ 的影响

8.5　盾构隧道施工沉降的控制措施

在隧道修建过程中，除了施工时要保证隧道开挖面的稳定性外，还要控制并减少隧道修建过程对地层的扰动。目前，通过提出的关于滨海区域大直径盾构隧道在修建过程中地层变形的预测公式和有限元软件的盾构施工过程模拟，已经得知盾构施工对地层施工沉降的影响，仅仅知道地层的变形和地层变形产生的危害是不够的，达不到施工的控制目标，还需要将预测的结果与施工过程实际相结合，通过调整施工措施来达到控制目标，实现智能化信息控制平台的创建，这才是研究人员研究成果工业化的目的。本章提出了滨海软土区大直径盾构隧道施工引起地层扰动的控制措施，可以为类似工程的施工控制提供理论参考。

盾构隧道施工引起地层扰动的控制措施分为两类，即主动控制措施和被动控制措施。主动控制是指施工之前或者施工时通过监测结果、调整施工措施来控制地层的变形，像滨海区域穿越堤防或公路对地层进行加固等预先的防护措施，或者在施工过程中依据监测数据调整注浆量和泥水舱中的泥水压力等施工措施；被动控制是指地层的变形已经发生、将要发生或者已经发生不可逆转的后果，对地层的变形进行纠偏，以消除不良危害。实际工程中提倡以主动控制措施为主要方法，这也是研究的目的，下面将针对主动控制措施讨论如何控制减少盾构施工对地层的影响。

8.5.1　泥水仓压力的合理设定

泥水加压平衡式盾构机通过泥水仓中泥浆形成的"泥膜"，将泥水仓中的泥水压力与隧道掌子面前方的水土压力相抵消，从而维持隧道围岩的稳定性。泥水仓中的泥浆会通过切削前方土体摄入、泥浆泵送系统排出、地面泥浆过滤系统提纯处理、泵送系统送入仓中，实现一种动态的泥浆控制系统，因此，仓内的泥水压力也处于动态变化过程。工程实例研究表明，泥水仓内的泥水压力与盾构机的刀盘转速、掘进速率、液压千斤顶的推力、泥浆的排出量和输入量等工程参数有关，这些条件共同维持着盾构机泥水仓中泥水压力的动态平衡，因此，隧道掌子面的稳定也是一个动态平衡过程，维持围岩的稳定性是可以通过控制泥水压力来实现的。

当泥水压力小于隧道掌子面上侧向的水土压力时，掌子面前方土层会向隧道内部侵入，造成地层损失，进而引发地层沉降变形；反之，当泥水压力过大时，会导致土层发生"隆起"。因此，可以通过预防隧道掌子面前方土体的挤压或者松动减少对地层的扰动。在盾构施工过程中可以控制泥水仓中的泥水压力，使其略大于前方的水土压力，以最大限度地减少对土层的扰动，从而维持开挖面的稳定性。理论上，可以通过控制泥水仓内的泥浆量和气压来控制泥水压力以维持掌子面的稳定性，但是实际工程中很难实现一种动态的平衡。

实际工程中根据当前土层的情况设定一个目标压力，通过调整仓内的泥浆量和气压来维持压力平衡，各种因素的扰动也会对此造成影响，尤其在有高水压作用的沿海区域。目前，维持掌子面围岩稳定性的切实可行的办法有以下两种：第一种，通过监测盾构机泥水仓内外的压力，调整仓内的泥浆量和气压来维持内外压力平衡，使其对土层的扰动达到最小化，甚至达到扰动忽略不计的目的；第二种，通过监测土层的扰动情况，改变盾尾注浆量来实现土层的替代，该方法过于复杂化，不建议常规使用，但可以在事后的补救措施中使用。

8.5.2　盾尾注浆的质量控制

由于实际工程的需要，盾构机刀盘的直径会大于隧道衬砌的外径，随着掘进的不断推进，盾构机的盾尾和衬砌脱离形成空腔，称为盾尾间隙。盾尾间隙与土层的扰动有着很大的关联性，虽然通过同步注浆或者二次注浆可以控制盾尾间隙，但是注浆量和注浆时间还是会对地层变形造成影响，可以通过有效地控制注浆量来减少其对地层的扰动，以达到控制地层变形的目的。

（1）注浆压力

注浆压力的选取对盾尾同步注浆而言是至关重要的，这关乎着注浆量的问题。在同步注浆的过程中，土层处于短暂的自我稳定状态，当严格控制注浆口的压力，使其略大于该位置处的水土压力时，可以确保注浆量，让注浆体可以完全填充盾尾间隙，并保证浆体内部不会发生劈裂现象。当注浆压力过小时，隧道的盾尾间隙不可能被浆体完全填充，从而导致地层损失，发生地层沉降；当注浆压力过大时，隧道的盾尾间隙虽然被浆体完全填充，但是浆体会被土体劈裂而发生跑浆现象，浆体的整体性被破坏，会导致地层发生固结沉降。注浆压力是控制地层扰动的重要参数之一，最好设定为隧道开挖面上的水土压力之和的1.1～1.2倍。

（2）注浆量

注浆量可以通过控制出浆口的浆体体积来确定，但是如何确定注浆的体积又是一个问题。理想化的情况下，注浆体积等于隧道盾尾间隙的体积即可，但是这是不切实际的。在实际工程中，施工盾尾的剪切变形、盾构的偏心、注浆的跑浆、浆液后期的水化收缩等情况都会使得实际要求的注浆量大于盾尾间隙的体积，但一般情况下多出的注浆量不会超过盾尾间隙体积的10%。在注浆量发生很大变化时，可以通过适当地增大同步注浆压力来实现补浆；当补浆不能操作实施时，可以通过衬砌预留的二次注浆口进行二次人工注浆，以达到控制地层变形的目的。

可以通过监测盾尾注浆压力来判断注浆体是否已经填充好孔隙，从而控制注浆体积。盾尾刚刚脱离时，其在泥膜、油脂、土体自稳等共同作用下会发生短暂的稳定，形成空腔体积。此时，如果注浆压力较小，浆液会迅速填充进空腔内部。进一步注浆，当注浆量接近于盾尾间隙体积时，如果监测到浆体内部的压力急剧增加，达到了预定目标压力，表明孔隙已经被填充满，可以考虑停止注浆；当注浆量等于盾尾间隙体积时，如果监测到浆体内部的压力还是很低，表明浆体还未完全填充满孔隙，此时需要进一步注浆，待监测到压力达到预定目标压力时，停止注浆；当注浆量等于盾尾间隙体积时，如果在很小的注浆压力下依然可以很顺畅地注入浆体，表明浆体发生了跑浆现象，此时需要重新操作，以确保注浆的质量。

8.5.3　施工操作及纠偏控制

滨海软土区地层的泥水加压平衡盾构施工过程中，常面临着高水压、水位涨落、河床冲游、埋深变化、斜坡盾构等因素的影响干扰，所以对操作人员的熟悉度有着较高的要求，要求操作人员能实现高、精、尖的操作，以减少对地层的扰动。在高水压软土区域盾构施工过程中，如何控制掘进姿态、保持正确的路线施工、防止盾头"磕头"失稳等，都是机械操作人员所要面临的问题，可以通过纠偏操作控制施工的误差，并且时时监测机械的各项数据，以及时调整操作参数，使机械回到正确的"轨道"上。例如，发生盾构偏心时，要及时调整掘进的姿态，并及时注浆补偿地层的损失，以减少扰动；或者通过在盾尾注入油脂，来减少其与土层的摩擦，减少地层的剪切变形，以实现对扰动的控制。

参考文献

［1］SAGASETA C. Analysis of undrained soil deformation due to ground loss［J］. Géotechnique,1987,38(7):301-320.

［2］LEE K M,ROWE R K,LO K Y. Subsidence owing to tunneling Ⅰ Estimating the gap parameter［J］. Canadian Geotechnical Journal,1992,29(6):929-940.

［3］ROWE R K,LO K Y,KACK G J. A method of estimating surface settlement above tunnels constructed in soft ground［J］. Canadian Geotechnical Journal,1983,20(1):11-22.

［4］朱才辉,李宁,柳厚祥,等. 盾构施工工艺诱发地表沉降规律浅析［J］. 岩土力学,2011,32(1):158-164.

［5］MAIR R J,TAYLOR R N,BRACEGIRDLE A. Subsurface settlement profiles above tunnels in clays［J］. Géotechnique,1993,43(2):315-320.

［6］CELESTINO T B,GOMES R A M P,BORTOLUCCI A A. Errors in ground distortions due to settlement trough adjustment［J］. Tunnelling and Underground Space Technology,2000,15(1):97-100.

［7］姜忻良,赵志民,李园. 隧道开挖引起土层沉降槽曲线形态的分析与计算［J］. 岩土力学,2004,25(10):1542-1544.

［8］璩继立,葛修润. 软土地区盾构隧道施工沉降槽的特征分析［J］. 工业建筑,2005,35(1):42-46.

［9］ZHANG Z X,ZHANG H,YAN J Y. A case study on the behavior of shield tunneling in sandy cobble ground［J］. Environmental Earth Ences,2013,69(6):1891-1900.

［10］李忠超,陈仁朋,孟凡衍,等.软黏土中盾构掘进地层变形与掘进参数关系［J］.浙江大学学报(工学版),2015,49(7):1268-1275.

［11］申玉生,何永辉,赵乐,等.软土地区矩形隧道地表施工沉降的Peck公式修正［J］.铁道科学与工程学报,2017,14(6):1270-1277.

［12］蔡义,张成平,闵博,等.浅埋地铁隧道施工影响下含空洞地层的变形特征分析［J］.岩土工程学报,2019,41(3):534-543.

［13］LU D C, LIN Q T, TIAN Y, et al. Formula for predicting ground settlement induced by tunnelling based on Gaussian function［J］. Tunnelling and Underground Space Technology, 2020, 103(103443):1-22.

［14］魏纲.盾构法隧道统一土体移动模型的建立［J］.岩土工程学报,2007,29(4):554-559.

［15］MOH Z C, JU D H, HWANG R N. Ground movements around tunnels in soft ground［C］. In the International Symposium on Geotechnical Aspects of Underground Construction in Soft Ground. London:Balkema,1996.

［16］张云,殷宗泽,徐永福.盾构法隧道引起的地表变形分析［J］.岩石力学与工程学报,2002,21(3):388-392.

［17］DEANE A P,BASSETT R H. The Heathrow Express Trial Tunnel［J］. Geotechnical Engineering,1995,113(3):144-156.

第9章 渗流作用下滨海软土区盾构隧道结构开挖面的稳定性判别与理论

9.1 盾构开挖的工作原理

盾构法是一种利用机械在地层中掘进施工的暗挖法，在将土层挖去时，盾构机周围的临空面土壤由盾构机壳体支撑，盾尾脱离后转为由管片支撑，以防止隧道坍塌。同时，在盾构机盾头使用切割刀具对土体进行切削，并将切削下的土体通过盾构机输送系统运出隧道。在掘进过程中，用千斤顶在压力下向前推进，并通过后部的组装系统组装预制混凝土管片形成衬砌，同时通过注浆管道对管片与隧道之间的间隙进行同步灌浆。

本章研究采用泥水加压平衡式盾构方式对水下隧道进行施工，泥水加压式盾构机主要由以下几个部件构成：盾头的切削刀盘、主驱动、盾体盾壳、交叉梁、盾构盾尾处管片拼装系统、千斤顶、盾尾盾壳及其密封装置、后部的盾构操作平台车。具体的机械组成示意图如图9-1所示。

泥水加压式盾构的施工原理是：掘进过程中盾构机前方的切割刀盘逐渐清除前方的泥土，在盾构推进时，盾壳作为开挖无衬砌部分土体的临时支撑，切削下的土体会被收集到盾构前方的泥水室，并被混合搅拌后形成高浓度泥浆，然后通过盾构机后部安装的泥浆运送系统送到地面，泥浆通过泥浆收集池的临时储存后在地面分离，然后运送系统将分离的泥浆泵送入地下盾构机的泥浆水室，再不断连续排放和净化使用。盾构机在液压千斤顶的推力下向前推进，当每环推进的距离大于一个设计管片宽度的行程时，千斤顶的液压油缸就会收缩，然后盾构机后部的管片拼装机对预制好的混凝土管片进行拼装，并采用螺栓和内部的水涨密封塑胶将拼装好的管片与前一管片紧密连接，同时对盾尾间隙进行注浆，并采用泡沫树脂对管片与管片之间的间隙进行密封。

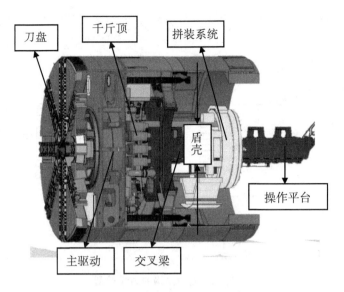

图9-1 泥水加压式盾构机示意图

泥水加压式盾构机在施工过程中主要的技术环节为：

9.1.1 土体挖掘和掌子面支护

在泥水加压式盾构机的施工过程中，盾构机端头的刀盘将前方土体逐步切削，随着刀盘的推进，泥浆系统会及时将泥浆注入切割刀盘后面的密封腔中。同时，在承压泥浆与开挖面的水土压力之间存在的压差作用下，泥浆悬浮液将连续渗透到开挖前的地层中。在渗透过程中，泥浆颗粒将在流体阻力的作用下在土壤层间隙中迁移。在"阻塞"和"架桥"的作用下，渗透到土壤颗粒间隙中的泥浆颗粒被分子间范德华力捕获，并被阻塞在土壤颗粒的孔隙中。随着时间的流逝，越来越多的泥浆颗粒堆积在刀头与挖掘的表土层之间的接触表面上，从而形成具有微渗透性或不可渗透性的泥膜。泥浆膜的形成，有利于防止泥浆进一步渗入开挖工作面前方的地层，保持泥浆仓内的泥浆压力。同时，防渗水泥膜将泥浆压力转化为有效应力作用于隧道开挖工作面，其与隧道掌子面前方的水土压力平衡，从而保证了开挖工作面的稳定性。支护结构的力学模型如图9-2所示。随着泥水盾构的推进，刀盘不断切削掌子面前方的土壤，切割下来的土壤进入密封仓与泥水混合，然后通过泥浆泵和管道被输送到地面进行分离处理。处理后的泥水被抽回密封仓，然后再次渗入开挖面前方的土层，形成新的泥膜，这是一个连续形成、连续切割的循环过程。

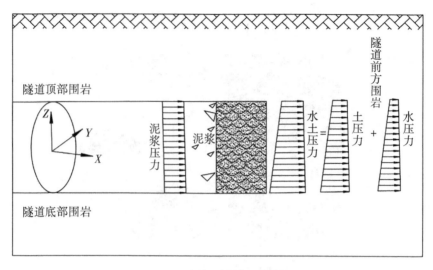

图9-2　支护结构的力学模型

9.1.2　盾构推进和管片组装

在盾构推进的过程中，盾构机靠千斤顶的推力向前推进，同时需要克服内外部带来的阻力影响，如侧面土体与盾壳之间的摩擦阻力、盾构掌子面上总的水土压力和盾构机整体的内部阻力等。千斤顶提供的总推力要克服所有的推进阻力，并且必须存在一定的差值，以促使机械前进。如果推进力过大，会对掌子面前方土体造成挤压，导致地表发生隆起；但如果推进力过小，不足以让机械向前掘进，就可能造成开挖面不稳定，导致地表发生塌陷。千斤顶将盾构机向前推动一定的距离后，千斤顶收回，由盾构机尾的管片拼装系统对预制的衬砌管片进行组装。

9.1.3　管片脱空和盾尾灌浆

当千斤顶向前推动盾构机时，原本位于盾壳保护部分的土体会逐渐脱离，导致管片周边围岩产生间隙，造成较大的地层损失。如果盾尾注浆不及时进行，会造成很大的地面位移和地面沉降。因此，要及时进行壁后注浆，使管片与围岩紧密结合为一体。盾尾注浆过程示意图如图9-3所示。

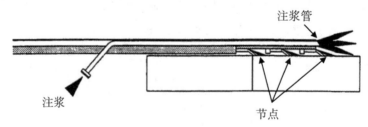

图9-3　盾尾注浆过程示意图

9.2 盾构隧道开挖面的稳定性判定

9.2.1 盾构隧道的围岩变形

对地面上的建筑物和构筑物进行结构设计时，使用特定属性的建筑材料进行整体结构的力学设计，使得结构可以承受设计使用期限内所有可能经历的荷载作用。在工程人员进行设计的过程中，建筑物或构筑物所有可能承受的荷载及相应结构的静力平衡状态都是已知的或可以在一定条件下被预测的，并且工程人员相应地给定了一定荷载组合方式，在安全系数范围内能使结构保持稳定，但是隧道的施工设计过程并非如此。与地面上工程相比，隧道施工更加复杂，施工过程中无法准确地确定隧道的施工参数，结构的受力状态也不明确，还有许多不可控的因素参与其中，难以保证施工的安全进行。首先，隧道修建在地下的岩土中，在盾构掘进过程中岩土压力是盾构结构所承受的主要压力，岩土有着独特的材料特性，例如，属于不均匀材料，在空间上表现出不连续性，具有各向异性等，这些特性使得岩土材料在不同状态下表现出不同的材料形态和属性，让设计人员不能准确地判断施工结构的受力参数。其次，隧道的施工掘进会破坏岩土原来的受力状态，使得围岩应力发生重分布，应力在发生重分布的过程中会对结构产生荷载作用，加载作用主要发生在施工阶段，所以此阶段结构的受力最大，在施工完成结构-土之间的相互作用平衡后，在土拱效应的影响下结构的受力有所减少。相对来说，隧道的掘进过程是隧道施工修建期间一个极其不稳定的阶段，因为隧道掘进施工会破坏围岩的原始平衡，并且此时围岩的变形还没有完全被约束，围岩内部的应力状态会随着围岩的变形而发生应力的转化和传递，会导致隧道支护结构周围的应力变大，这个支护过程中应力的传递和转化决定了隧道掘进施工过程中围岩的稳定性及后期使用阶段隧道的运行年限。

虽然在不同因素情况下，比如隧道修建位置的地质情况、隧道设计的参数（断面形式、直径大小）、隧道施工方式及其相应的支护结构形式等不同时，隧道掘进施工对周围围岩的扰动范围也不相同，但是隧道开挖所引起围岩应力的转移最终实现应力平衡状态下结构稳定的过程是具有共同特征的，其变化规律会随隧道的掘进过程发生相应的变化，具有明显的空间效应。对于一个正在掘进过程中的隧道，可以根据应力变化将其分为三个区域：稳定区域、扰动区域、未扰动区域。其中，稳定区域是指隧道修建施工使围岩-衬砌结构之间形成新的平衡状态，并且围岩应力分布为平面应力状态。扰动区域主要集中在掌子面的区域，因为掘进的干扰，区域内应力场的状态发生改变，围岩的应力状态也会从三维的应力状态转变成平面状态，应力变化也是最剧烈、最不稳定、最易出现失稳状态的。未扰动区域是指没有受到掘进施工影响的围岩区域，此时围岩未发生变形，处于初始围岩应力场，是三维的应力状态。根据隧道掘进过程中围岩应力的迁移和变化过程，结合弹塑性理论，隧道应力变化特征如图9-4所示。

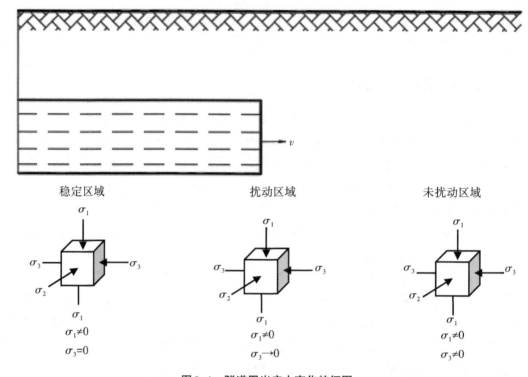

稳定区域　　　　　　　　扰动区域　　　　　　　　未扰动区域

$\sigma_1 \neq 0$
$\sigma_3 = 0$

$\sigma_1 \neq 0$
$\sigma_3 \rightarrow 0$

$\sigma_1 \neq 0$
$\sigma_3 \neq 0$

图9-4　隧道围岩应力变化特征图

总体来说，隧道施工过程中围岩的变形主要分为两个部分：围岩应掘进发生扰动阶段和掘进后围岩对其的反应阶段。

围岩的扰动阶段发生在隧道逐步掘进施工的过程中，这个施工状态是一个动态的变化过程，随着隧道施工的逐步推进，围岩的扰动不断向前推进且具有类似的特征。将隧道的整个施工面看作一个整体，当以某个速度逐步掘进地层时，会在整体的工作面上留下一个空洞，掘进的过程必定会对隧道围岩径向和纵向的应力产生扰动，破坏其原有的平衡应力场。可以将其简化成一种应力流，一个个应力流共同组成一个应力场等势线图（见图9-5），在越靠近掘进工作面的地方，等势线越密集，表明施工对工作面的影响越集中。准确地说，扰动范围的大小取决于围岩受到扰动后围岩应力偏量的变化量，同等条件下，当应力偏量的增量较小时，围岩的力学性质较佳，影响的范围较小，围岩性质的改变也较少；当应力偏量的增量较大时，相比之下围岩的性质较差，影响的范围也较大。

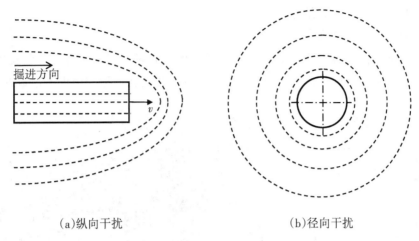

(a)纵向干扰　　　　　　　　　　(b)径向干扰

图9-5　隧道施工的围岩扰动范围

隧道周边围岩反应阶段发生在隧道掘进过程的中后期，是围岩对隧道施工过程造成扰动的变形反应过程。在隧道施工修建的过程中，围岩的应力场受到施工的扰动影响，隧道衬砌周围的围岩应力会发生重分布，或增大，或减小，进而引发围岩的变形，这种应力迁移会使围岩向隧道中心变形收敛，掌子面会发生向内或向外的挤出变形，具体的变形量取决于隧道支护力的大小、支护的形式、围岩的性质等多方面因素。当隧道周边围岩的性质很好，可以承担掘进施工导致的应力重分布时，可以将影响范围控制在较小的范围内，此时围岩的变形很小，围岩基本呈弹性变形的状态。当无法控制围岩的持续变形时，需要对围岩进行支护，防止围岩因变形过大而发生失稳甚至洞室坍塌。围岩的较大变形主要出现在弹塑性变形阶段。

对于隧道在开挖过程中静态和动态变形的研究，不管使用何种理论分析的方法，研究过程中均发现围岩的变形反应和围岩的应力场变化之间的关系是从未发生变化的。研究人员采用理论分析、现场实地的原位监测及与实验相结合的方法，逐步对围岩的变形和受力进入了深入研究，发现围岩的变形不仅发生在衬砌的周边，而且掌子面的变形也至关重要。结合实际工程和理论研究可知，隧道开挖面的变形由以下三个部分组成（如图9-6所示）：

（1）围岩收敛变形

隧道施工向前掘进后，前进方面的后方会形成空洞，隧道的围岩会变成临空状态，即使在后部及时安装了衬砌结构，围岩也会随着应力重分布而向隧道的中心位置收敛变形，以释放围岩的应力，促使围岩达到新的应力平衡状态，这样隧道的横截面尺寸会变小。

（2）掌子面变形

相比于后部围岩的收敛变形，掌子面的变形有所不同，掌子面后方的土层被挖出后，掌子面处于临空状态，当土层的性质较好时，掌子面向内侧挤出后达到稳定状态，当土层的性质较差时，掌子面的土层不能形成自稳，需要适当地施加支护措施，否则掌子面会发生向内（支护力较小时）或者向外（支护力较大时）的挤出变形，因此，掌子面的变形状况与围岩的性质和受力情况有关。

（3）超前核心土预收敛

虽然隧道掌子面前方的土层并未完全开挖，但是此时土层的应力状态已发生破坏，在围岩变形和推进力的影响下，掌子面前方的超前核心土会在隧道的边界线位置处收敛。

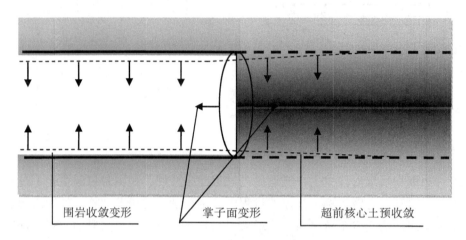

围岩收敛变形　　　　掌子面变形　　　　超前核心土预收敛

图9-6　隧道开挖面的变形

9.2.2　考虑渗流作用的盾构隧道开挖面失稳

隧道开挖会破坏围岩原有应力状态的平衡，不仅会对围岩的径向产生扰动，也会对围岩的纵向产生扰动，为了重新达到应力平衡状态，围岩的应力会发生重分布，应力会在内部相互转化，这个行为主要表现为围岩发生变形反应。在掌子面附近的围岩会发生这种变形反应，这种变形反应出现后会使得附近的围岩趋向不稳定，掌子面上的围岩会向洞内侵入。当掌子面附近的围岩的变形处于弹性范围内时，隧道围岩的应力状态处于弹性范围内，其应力小于围岩的屈服应力；当围岩的变形持续增大时，围岩的变形会发展为弹塑性变形，掌子面会逐步趋向于不稳定，即围岩会进入塑性状态甚至破坏状态，应力状态逐渐趋向于屈服极限，围岩的塑性区内将会发生拉伸破坏或者剪切破坏。

如果隧道掌子面上没有足够的支护力，那么围岩的应力状态就不能约束住围岩的变形反应，围岩就会发生失稳破坏，隧道围岩的塑性区会逐渐扩大，隧道掌子面前方的土体会进一步向隧道面侵入，破坏的发生使得隧道前方土体的应力会再一次重分布，应力状态会逐渐向远离隧道掌子面位置处的围岩转移，当应力转移位置处的应力状态也达到屈服极限时，破坏和应力转移再次向远方转移，直至可以形成自稳定，在这个过程中会发现隧道掌子面前方的土体在逐渐向掌子面滑移。

对于有渗流作用的盾构隧道而言，渗流作用的存在对隧道开挖面的稳定性有着不利的影响，其影响主要集中于以下几个方面：

①隧道开挖后，掌子面上会形成自有的渗透面，围岩内部会形成水压力差，围岩内部

的空隙会形成渗流通道，周边水体会向隧道掌子面迁移，对围岩产生不均匀附加的渗流体积力，驱使隧道围岩向掌子面移动，不利于围岩的稳定，这个作用会随着渗透系数的增加而逐渐明显；

②水流的作用会改变土体内部的水土压力，随着围岩有效应力的减小，围岩的抗剪强度也随之降低，不利于隧道开挖面的稳定；

③渗流作用会改变土体的孔隙率，使土体发生软化，土体的弹性模量和强度削减，会加剧隧道围岩的塑性区发展；

④水体的流动会使围岩内的矿物溶解、迁移，进一步加剧围岩的侵蚀，使围岩的强度恶化，从而降低隧道掌子面的稳定性。

总而言之，渗流作用使隧道围岩的土体颗粒由掌子面向隧道内侵入，降低了隧道围岩的强度，加快了塑性区的发展，增加了围岩的渗透性，一步又一步的恶化循环发展，使围岩的稳定性越来越差，塑性区也越来越大，最终隧道掌子面会发生失稳。

9.2.3 盾构隧道开挖面的失稳形式

研究表明，围岩的失稳形式与隧道围岩的物理性质和地质情况有着直接联系，对以往的工程失稳事故进行总结归纳可知，泥水盾构隧道掌子面围岩的坍塌失稳形式如图9-7所示。

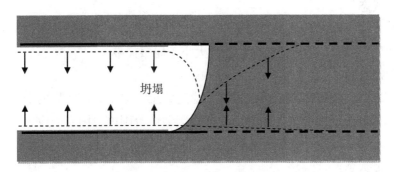

图9-7 掌子面围岩坍塌失稳

9.2.4 盾构隧道开挖面的稳定性判别

想要确保大直径隧道施工过程中的安全状态，就要判别大直径隧道开挖面的稳定性，为了更好地判别大直径盾构隧道开挖面的稳定状态，进而以科学化信息设计、支护措施来指导隧道的设计和施工，确保隧道在全断面开挖下可以高效安全地穿越各种复杂地层，必须要针对隧道开挖面的稳定性制定一个统一化的判别标准。20世纪70年代，意大利人Pietro Lunardi在总结了上百座隧道的施工经验并进行了试验研究后，将隧道在完成施工时围岩的稳定状态分为3类：①A类，掌子面稳定，具有岩石特性土层的变形形态；②B类，掌子面短期内稳定，具有黏性特性土层的变形形态；③C类，掌子面不稳定，具有松散特性土层的变形形态。

从宏观上看，这3种类型分别反映出围岩处于稳定状态、欠稳定状态、不稳定状态，从微观上看，围岩的应力状态分别为弹性状态、弹塑性状态、塑性状态，但是仅用这3种类型表示隧道开挖面的稳定状态不够全面，以下这些原因会导致其存在不足：①围岩的类型差异使得其物理性质会在比较大的范围内发生变化，按照划分标准，围岩分为6个等级，即Ⅰ级、Ⅱ级、Ⅲ级、Ⅳ级、Ⅴ级、Ⅵ级，各级围岩的性质和参数存在很大差异，造成了围岩不同的变形形式；②由于地质环境的复杂性，不同的区域存在环境差异，同时地质类型也会造成影响，在复杂多变的条件下难以确定隧道开挖面的稳定性；③隧道开挖方法和支护方式有多种类型，不同类型相互搭配的效果不同，对围岩的扰动程度也不一样，导致围岩状态会发生不同程度的改变。

此后，许多学者也对隧道开挖面的稳定性进行了研究，依据隧道在施工开挖后围岩的受力状态和变形形态，将隧道围岩的稳定状态分为4种类型：长期稳定状态、基本稳定状态、暂时稳定状态和不稳定状态[1-3]。这样，就可以用隧道施工后的围岩稳定状态来反映隧道开挖面的稳定性[4]。对大直径盾构隧道开挖面的稳定状态进行划分时，不仅要考虑其开挖面上围岩的受力状态和具体的变形形态，还要考虑围岩所处地质环境及在施工工程中具体支护方式的干扰。结合之前学者的理论划分标准，在围岩的稳定分类的标准下，本书将滨海软土地层大直径盾构隧道开挖面的稳定状态划分为以下4种类型：

（1）稳定状态

隧道开挖之后，在合理的支护措施下，隧道的掌子面可以完全处于稳定状态，围岩基本处于弹性变形范围内，围岩的应力状态大大小于屈服极限。

（2）较稳定状态

隧道开挖之后，隧道的掌子面基本处于稳定状态，但是隧道围岩的变形大部分处于弹性范围内，小部分处于弹塑性范围内，局部处于塑性范围内，围岩的应力状态逐渐趋向于屈服状态，但未发生拉伸或者滑动破坏。

（3）欠稳定状态

隧道开挖之后，隧道的掌子面在短时间内处于基本稳定状态，但是受到其他因素的干扰后，此种平衡会被破坏，例如，地下水的逐步渗透、长时间的蠕变变形等都会造成掌子面的失稳坍塌，但是这种失稳坍塌会在可控范围内发生，并且不会发生不可逆转的情况，围岩的变形大部分处于弹塑性范围内，小部分处于塑性范围内，围岩的应力状态逐渐趋向于或者已达到屈服状态，但局部已经发生拉伸或者滑动破坏，如图9-8所示。

（4）不稳定状态

隧道开挖之后，隧道掌子面前方土体的围岩变形是弹塑性变形，大部分核心土体已经达到屈服极限，内部已经发生拉伸破坏，随时都会发生失稳破坏，需要对掌子面加大支护或加强支护措施，以确保施工的安全性。

图9-8　大直径盾构隧道开挖面的欠稳定状态

9.3　渗流作用下滨海软土区隧道结构的开挖面稳定性理论

9.3.1　隧道开挖面的失稳破坏模式

为了确定滨海软土区大直径盾构隧道开挖面的稳定性，需要建立合理的力学破坏模型，确定合适的失稳破坏模式，建立的失稳破坏模式与实际破坏形式越相似，所求得的极限支护力就越接近最真实的结果。在参考了文献中的破坏模型[5、6]和盾构隧道的失稳模型后，本章采用一种大直径盾构隧道在施工过程中隧道掌子面发生主动失稳破坏的二维模型，失稳破坏模型示意图如图9-9所示。以 O 点为原点建立直角坐标系，将力学破坏模型中掌子面前方预坍塌的土体分为2个部分，其中a块为三角形 OBE（梯形 $OBFG$）隧道上部塌落体，b块为圆弧 OAB 对数螺旋滑动受剪区。此外，D 为隧道的开挖直径；C 为隧道上部覆土深度；H 为江水的深度；φ 为当前土层的内摩擦角；v 为在允许的速度场中三角形 OBE（梯形 $OBFG$）隧道上部塌落体的运动速度，其方向垂直向下；v_b 为在允许的速度场中弧形 OAB 对数螺旋滑动受剪区总的运动速度。

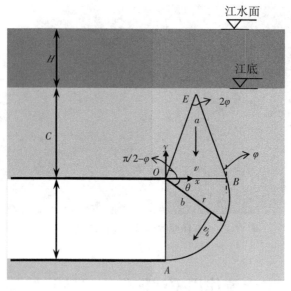

$$(a)C \geqslant \frac{r_o}{2\tan\varphi} \text{情况}$$

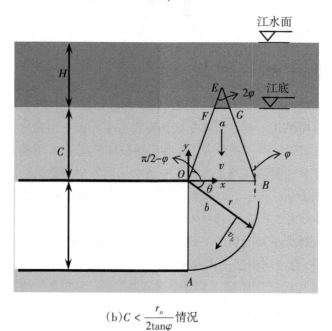

$$(b)C < \frac{r_o}{2\tan\varphi} \text{情况}$$

图9-9　隧道掌子面失稳破坏模型

为了符合极限分析方法的要求并简化计算过程，本章提出以下假设：

①土体材料采用理想弹塑性材料，其屈服准则采用Mohr-Coukomb准则表达，并且服从相关联的流动法则，不考虑土体材料的应变硬化或者软化特性。

②圆弧OAB对数螺旋滑动受剪区是以O点为旋转中心点的，点A、B分别为对数螺旋的终点和起点。此时，对数螺旋滑动曲线的方程为$r = r_o e^{\theta\tan\varphi}$，$r_o$为起始位置的半径，即线

OB 的长度，θ 为对数螺旋曲线半径与初始半径 OB 的夹角，终止半径 r_{OA} 等于隧道的开挖直径 D。

③假设土体是不可压缩的和各向同性的，并且属于均匀材料，那么土体具有多层土层时可采用加权平均的方法求解出合适的材料参数。

④在许可的速度场中隧道上部塌落体是以同一速度运动的，其在极限荷载作用下产生的体积应变很微小，可以忽略不计。

⑤水体是不可压缩材料，属于饱和土，假定极限状态下渗流场是稳定渗流，不需要考虑水压的变化对孔隙中水体压缩变形的影响。

9.3.2 渗流作用下隧道开挖面稳定性的极限上限分析

根据 Chen[7] 提出的理论，本章用极限分析法中的上限解针对盾构开挖面的稳定性建立力学分析模型。极限分析法是估算极限荷载的一种近似方法，它为实际极限荷载提供了一个严格的下限或上限。另外，此类问题都可以通过计算解决，例如，可以计算一个结构（如斜坡）的临界高度或必要的材料强度，以避免其在给定的一组荷载下坍塌。在此，我们应用该方法来估算隧道掌子面支护的临界荷载。

这里所采用的方法称为极限分析的运动学方法。假定土体是完全塑性的，其屈服由凸函数描述，变形也服从正态分布。该方法基于运动学定理，假定一个运动许可速度边界 S，在任何运动学允许机理中，内功的速率 D 不小于真外力的速率，那么隧道的稳定条件可以写成

$$\int_V D\left(\dot{\varepsilon}_{ij}^k\right) \geqslant \int_s \boldsymbol{T}_i \boldsymbol{v}_i^k \mathrm{d}S + \int_V X_i \boldsymbol{v}_i^k \mathrm{d}V \tag{9-1}$$

式中，$\boldsymbol{T}_i$ 代表速度间断边界上真实的表面力矢量；X_i 是力学模型体积内分布的体积荷载；S 代表一个假定运动许可速度边界；V 代表一个假定运动许可速度边界所包裹力学模型的体积；v_i^k 代表一个运动许可速度边界上速度场的矢量；ε_{ij}^k 代表一个运动许可速度边界上的应变率张量，考虑到所有的机理都是在运动学许可的范围内，本章的其他地方去掉了上标"k"。

因此，根据功（率）平衡方程可以计算出主动极限负荷的上界或反应的下界。使用该方法是为了找到隧道开挖面上极限支护力的上界，避免在盾构掘进过程中引起掌子面的塌陷。由于工程中存在水流的作用，要考虑水流对结构稳定性的影响，为此，需要在不等式（9-1）中引入额外的功，引入这些附加项时必须考虑浮力、渗透力和水压力对模型所做的功。

为了考虑渗流力对隧道掌子面稳定性的影响，Viratjandr 和 Michalowski[8] 将孔隙水压力所做的功等效于孔隙水压力使土体骨架膨胀所做的功和水压力在速度间断边界所做的功之和。为了推导出功率平衡方程中关于水存在的项，考虑孔隙水压力所做的功 uv_i 的导数，其中，u 是孔隙水压力：

$$\frac{\partial}{\partial x_i}(uv_i) = \frac{\partial u}{\partial x_i}v_i + \frac{\partial v_i}{\partial x_i}u \tag{9-2}$$

可知如下变化：

$$\frac{\partial v_i}{\partial x_i} = -\dot{\varepsilon}_{ii} \tag{9-3}$$

其代表的是体积应变率，式中的负号是由于压缩约定采用了正符号表示。将等式（9-2）代入整个力学模型中，并经过一些变换可得到

$$-\int_V u\dot{\varepsilon}_{ii}\mathrm{d}V = \int_V \frac{\partial}{\partial x_i}(uv_i)\mathrm{d}V - \int_V \frac{\partial u}{\partial x_i}v_i\mathrm{d}V = \int_S un_iv_i\mathrm{d}S - \int_V \frac{\partial u}{\partial x_i}v_i\mathrm{d}V \tag{9-4}$$

式中，n_i 代表垂直于边界 S 向外的法向向量。

式（9-4）中的水压可以用总压力水头 h 的函数来表示。由于省略了动力部分，总压力水头 h 可以用以下公式表示：

$$h = \frac{u}{\gamma_w} + Z \tag{9-5}$$

式中，γ_w 是水的重度；Z 代表位置水头。

将水压的表达公式（9-5）代入公式（9-4）中得

$$-\int_V u\dot{\varepsilon}_{ii}\mathrm{d}V = \int_S un_iv_i\mathrm{d}S - \gamma_w\int_V \frac{\partial h}{\partial x_i}v_i\mathrm{d}V + \gamma_w\int_V \frac{\partial Z}{\partial x_i}v_i\mathrm{d}V \tag{9-6}$$

式中，右边的第二项代表渗透力 $-\gamma_w\dfrac{\partial h}{\partial x_i}$ 在整个机制中所做的功，右边的最后一项表示浮力所做的功。为了计算隧道支护力的极限值，必须将渗透力和浮力所做的功包含在计算中。

基于式（9-6）可知，孔隙水压力所做的功（等于渗透力所做的功和浮力所做的功之和）等于孔隙水压力使土体骨架膨胀所做的功和水压力在速度间断边界所做的功之和，用式（9-7）表示：

$$W_u = -\int_V u\dot{\varepsilon}_{ii}\mathrm{d}V - \int_S un_iv_i\mathrm{d}S \tag{9-7}$$

为了考虑孔隙水压力对隧道支护力的影响，将式（9-7）代入式（9-1）中用于计算隧道的极限支护力：

$$\int_V D(\dot{\varepsilon}_{ij}^k)\geqslant \int_s T_iv_i^k\mathrm{d}S + \int_V X_iv_i^k\mathrm{d}V - \int_V u\dot{\varepsilon}_{ii}\mathrm{d}V - \int_S un_iv_i\mathrm{d}S \tag{9-8}$$

9.3.3　隧道开挖面的极限支护力理论

（1）速度关系

本章假设三角形 OBE（梯形 $OBFG$）隧道上部塌落体的运动速度为 v，依据相关联的流动法则可知，在许可的速度场的间断上，速度方向应与其间断线的切线方向的夹角为 φ，

因此，通过速度连续和速度场闭合可得到对数螺旋滑移曲线的起始点 B 的滑移速度也为 v，为了得知滑移线上各个点的滑移速度，进行以下的推导计算：

由于对数螺旋滑移区域是绕着 O 点转动的，必定有角速度 w：

$$\omega r_o = v \tag{9-9}$$

即可得

$$\omega = \frac{v}{r_o}$$

所以，滑移线上各个点的滑移速度为

$$v_s = \omega r = \frac{v}{r_o} r = \frac{v}{r_o} r_o e^{\theta\tan\varphi} = v e^{\theta\tan\varphi} \tag{9-10}$$

（2）外力做功

水下盾构隧道在施工过程中发生极限失稳时，外力所做的功主要包括以下几项：土体自重所做的功，隧道掌子面上支护力所做的功，浅埋时上部水压力所做的功，水的渗透力和浮力所做的功。

1）土体自重所做的功

根据图9-9中对数螺旋滑移的几何关系，结合相应的假设条件可知，对数螺旋线终点处的半径 OA 为

$$r = r_o \exp\left(\frac{\pi}{2}\tan\varphi\right) = D \tag{9-11}$$

即可得初始半径为

$$L_{OB} = r_o = D e^{-\frac{\pi}{2}\tan\varphi} \tag{9-12}$$

由图9-9（a）和图9-9（b）可知，在不同埋深情况下，直线 FG 的取值不同，为了简化推导过程，给出如下规定：

$$l_{eq} = L_{FG} = \begin{cases} 0 & C \geqslant \dfrac{r_o}{2\tan\varphi} = \dfrac{D}{2\tan\varphi e^{\frac{\pi}{2}\tan\varphi}} \\ r_o - 2C\tan\varphi & C < \dfrac{r_o}{2\tan\varphi} = \dfrac{D}{2\tan\varphi e^{\frac{\pi}{2}\tan\varphi}} \end{cases} \tag{9-13}$$

a. 三角形 OBE（梯形 $OBFG$）区域

对应图9-9（a）和图9-9（b）情况，即三角形 OBE（梯形 $OBFG$）区域重力所做的功为

$$W_G^{OBE(OBFG)} = \gamma \cdot \frac{1}{2} r_o \cdot \frac{r_o}{2\tan\varphi} \cdot v - \gamma \cdot \frac{1}{2} l_{eq} \cdot \frac{l_{eq}}{2\tan\varphi} \cdot v = \frac{\gamma v r_o^2}{4\tan\varphi}\left(1 - \frac{l_{eq}^2}{r_o^2}\right) \tag{9-14}$$

式中，γ 是土体的重度，当有多层土层时可以采用加权平均得到。

b. 弧形 OAB 对数螺旋滑动受剪区

为了得到土体在螺旋剪切变形区内按重量所做的功，首先要得到土体各微单元的功，其受力示意图见图9-10，然后对整个剪切平面进行整合。

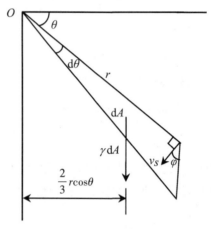

图9-10　螺旋块的微单位

根据图9-10可以得到微单元 $\mathrm{d}A$ 的面积为

$$\mathrm{d}A = \pi r^2 \cdot \frac{\mathrm{d}\theta}{2\pi} = \frac{1}{2}r^2\mathrm{d}\theta = \frac{1}{2}r_o{}^2\mathrm{e}^{2\theta\tan\varphi}\mathrm{d}\theta \tag{9-15}$$

微单元在重力方向上的速度可根据三角形重心的位置来确定：

$$V = \frac{2}{3}v_s\cos\theta = \frac{2}{3}v\mathrm{e}^{\theta\tan\varphi}\cos\theta \tag{9-16}$$

因此，微单元的重量所做的功为

$$\mathrm{d}W_G^{OAB} = \mathrm{d}A \cdot V \cdot \gamma = \frac{1}{2}r_o{}^2\mathrm{e}^{2\theta\tan\varphi}\mathrm{d}\theta \cdot \frac{2}{3}v\mathrm{e}^{\theta\tan\varphi}\cos\theta \cdot \gamma = \frac{1}{3}v\gamma r_o{}^2\mathrm{e}^{3\theta\tan\varphi}\cos\theta\mathrm{d}\theta \tag{9-17}$$

对公式（9-17）在夹角0～π/2的范围内进行积分，得到重力作用于剪切带所做的功为

$$W_G^{OAB} = \int_{\frac{\pi}{2}}^{0}\mathrm{d}W_G^{OAB} = \mathrm{d}A \cdot V \cdot \gamma = \int_{\frac{\pi}{2}}^{0}\frac{1}{3}v\gamma r_o{}^2\mathrm{e}^{3\theta\tan\varphi}\cos\theta\mathrm{d}\theta = \frac{1}{3}v\gamma r_o{}^2 \cdot \frac{-3\tan\varphi + \mathrm{e}^{\frac{3\pi}{2}\tan\varphi}}{9\tan^2\varphi + 1} \tag{9-18}$$

故土体重力在整个机制中所做的总功为

$$W_G = W_G^{OAB} + W_G^{OBE(OBFG)} = \frac{\gamma v r_o^2}{4\tan\varphi} + \frac{1}{3}v\gamma r_o{}^2 \cdot \frac{-3\tan\varphi + \mathrm{e}^{\frac{3\pi}{2}\tan\varphi}}{9\tan^2\varphi + 1}$$

$$= \gamma v r_o{}^2\left[\frac{1}{4\tan\varphi}\left(1 - \frac{l_{eq}^2}{r_o^2}\right) + \frac{-3\tan\varphi + \mathrm{e}^{\frac{3\pi}{2}\tan\varphi}}{27\tan^2\varphi + 3}\right] \tag{9-19}$$

2）掌子面上支护力所做的功

本章采用泥水气压平衡的方式来平衡盾构施工过程中掌子面上的水土压力，防止掌子面发生失稳，进而确保施工的安全稳定。泥水气压平衡式所做的力是以孔压形式体现的，

在掌子面上由于孔压作用的存在，泥浆向围岩孔隙中迁移，再在黏聚效应下聚集在一起，在掌子面上形成一层微透水或者不透水的泥膜，这样泥浆的孔压才能有效地转化成支护力作用在掌子面上抵御前方的水土压力。

隧道掌子面上支护力的合力为 $r_o \mathrm{e}^{\frac{\pi}{2}\tan\varphi} \cdot p$，速度为 $v\mathrm{e}^{\frac{\pi}{2}\tan\varphi}$，因此，可以看出支护力 p 所做的功为

$$W_p = r_o \mathrm{e}^{\frac{\pi}{2}\tan\varphi} \cdot v\mathrm{e}^{\frac{\pi}{2}\tan\varphi} \cdot p = v r_o p \mathrm{e}^{\pi\tan\varphi} \tag{9-20}$$

式中，p 代表隧道掌子面上设置的泥水压力，即支护力的数值。

3）水压力所做的功

当处于图9-9（b）情况时，水压力就会对整个机制做功，由于江底水源不断，作用在边界线 FG 上的水压力会恒定，即水压力所做的功为

$$W_w = W_{FG} = \gamma_w H \cdot l_{eq} \cdot v = \gamma_w v H l_{eq} \tag{9-21}$$

4）孔隙水压力所做的功

在水下修建隧道时，水会对土体作用浮力，并且在存在水头差时，水体可以在土体的孔隙中流动，对土体骨架产生渗流力，所以在计算水下隧道的极限支护力时，必须考虑渗透力和浮力的影响。以下是对孔隙水压力所做功的讨论：

结合本章所建立的失稳破坏模型，将总压力水头 h 的表达式（9-5）变换得到的孔隙水压力 u 的表达式存在一定的局限性。在盾构隧道的开挖过程中，孔隙水压力的分布是十分复杂的。本章采用了一种近似方法，即用一个系数 r_u（由 Bishop 和 Morgenstern[9]提出）来估算孔隙水压力 u：

$$u = r_u \gamma_w (H + C - y) \tag{9-22}$$

式中，y 代表以 O 点为原点的直角坐标系的 y 轴坐标；r_u 是孔隙水压力系数，与土体的参数有关。

a. 三角形 OBE（梯形 $OBFG$）区域

由于假设隧道上部的塌落体是以同一速度运动的，其在极限荷载作用下产生的体积应变很微小，可以忽略不计，故土体的体积应变率为0，即式（9-7）中右边第一项孔隙水压力使得土体骨架膨胀所做的功为0。为了得到上部塌落体内水压力在速度间断边界所做的功，首先要得到边界线上速度和向外法线之间的夹角，如图9-11所示。

边界上速度和向外法线之间的几何关系可以表示为

OE、EB 线上：

$$n_i v_i = -v\sin\varphi \tag{9-23}$$

FG 线上：

$$n_i v_i = -v \tag{9-24}$$

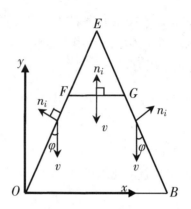

图9-11　上部塌落体区域边界条件

图9-9（a）和图9-9（b）情况下，三角形OBE（梯形$OBFG$）区域孔隙水压力所做的功为

$$
\begin{aligned}
W_u{}^{OBE(OBFG)} &= -\int_S u n_i v_i \mathrm{d}S = 2\int_0^{\frac{r_o - l_{eq}}{2}} r_u \gamma_w \left(H + C - y\right) \cdot v\sin\varphi \cdot \frac{\mathrm{d}x}{\sin\varphi} \\
&= 2\int_0^{\frac{r_o - l_{eq}}{2}} r_u \gamma_w \left(H + C - \frac{x}{\tan\varphi}\right) \cdot v\mathrm{d}x = r_u \gamma_w v \left(r_o - l_{eq}\right)\left(H + C - \frac{r_o - l_{eq}}{4\tan\varphi}\right)
\end{aligned}
\tag{9-25}
$$

b. 弧形OAB对数螺旋滑动受剪区

为了得到对数螺旋滑动受剪区内孔隙水压力所做的功，首先要得到边界线上速度和向外法线之间的夹角，如图9-12所示。

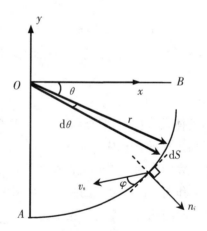

图9-12　对数螺旋滑动受剪区边界条件

滑移线AB上运动速度和向外法线之间的几何关系可以表示为

$$
n_i v_i = -v_s \sin\varphi = v\sin\varphi \mathrm{e}^{\theta\tan\varphi}
\tag{9-26}
$$

微单位夹角$\mathrm{d}\theta$所在部分的弧长$\mathrm{d}S$为

$$dS = r \cdot \frac{d\theta}{\cos\varphi} = r_o e^{\theta\tan\varphi} \frac{d\theta}{\cos\varphi} \qquad (9\text{-}27)$$

孔隙水压力在速度边界上所做的功为

$$-\int_S un_i v_i dS = \int_0^{\frac{\pi}{2}} r_u \gamma_w (H + C - y) \cdot v\sin\varphi e^{\theta\tan\varphi} \cdot r_o e^{\theta\tan\varphi} \frac{d\theta}{\cos\varphi}$$

$$= r_u \gamma_w v r_o \tan\varphi \int_0^{\frac{\pi}{2}} (H + C + r_o e^{\theta\tan\varphi} \sin\theta) \cdot e^{2\theta\tan\varphi} d\theta \qquad (9\text{-}28)$$

$$= \frac{1}{2} r_u \gamma_w v r_o (H + C)(e^{\pi\tan\varphi} - 1) + r_u \gamma_w v {r_o}^2 \tan\varphi \frac{1 + 3\tan\varphi e^{\frac{3\pi}{2}\tan\varphi}}{1 + 9\tan^2\varphi}$$

对数螺旋滑动受剪区中存在速度差值，土体的体积会发生变化，为了求解公式（9-7）中右边第一项关于孔隙水压力对土体骨架所做的功，现在认为流场将一系列共中心点的对数螺旋线作为边界的过渡层，每层对数螺旋边界线以点 O 为中心，以共同的角速度绕中心点旋转，每个对数螺旋边界线的移动速度都是以指数律增加的，即通过忽略无穷小的因子，简化得到（$r+dr$）边界线与 r 边界线之间的能量所做功的微分为

$$r_u \gamma_w \int_0^{\frac{\pi}{2}} [H + C - y_1] \cdot V_1 \sin\varphi \cdot \frac{(r + dr)d\theta}{\cos\varphi} - r_u \gamma_w \int_0^{\frac{\pi}{2}} (H + C - y_2) \cdot V_2 \sin\varphi \cdot \frac{drd\theta}{\cos\varphi}$$

$$= r_u \gamma_w \int_0^{\frac{\pi}{2}} [H + C - (r + dr) \cdot \sin\theta] \cdot \omega(r + dr) \cdot \sin\varphi \cdot \frac{(r + dr)d\theta}{\cos\varphi} - \qquad (9\text{-}29)$$

$$r_u \gamma_w \int_0^{\frac{\pi}{2}} (H + C - r \cdot \sin\theta) \cdot \omega r\sin\varphi \cdot \frac{drd\theta}{\cos\varphi}$$

$$= r_u \gamma_w \omega\tan\varphi \int_0^{\frac{\pi}{2}} (2H + 2C - 3r\sin\theta)r\, drd\theta$$

孔隙水压力对土体骨架所做的功可以通过射线方向积分得到：

$$-\int_V u\dot{\varepsilon}_{ii} dV = r_u \gamma_w \omega\tan\varphi \int_0^{\frac{\pi}{2}} (2H + 2C - 3r\sin\theta)r\, drd\theta$$

$$= r_u \gamma_w \omega\tan\varphi \int_0^{\frac{\pi}{2}} (H + C - r\sin\theta)r^2\, d\theta$$

$$= r_u \gamma_w v r_o \tan\varphi \int_0^{\frac{\pi}{2}} (H + C + r_o e^{\theta\tan\varphi} \sin\theta) \cdot e^{2\theta\tan\varphi} d\theta \qquad (9\text{-}30)$$

$$= \frac{1}{2} r_u \gamma_w v r_o (H + C)(e^{\pi\tan\varphi} - 1) + r_u \gamma_w v {r_o}^2 \tan\varphi \frac{1 + 3\tan\varphi e^{\frac{3\pi}{2}\tan\varphi}}{1 + 9\tan^2\varphi}$$

即下部受剪区孔隙水压力所做的功为

$$W_u^{OAB} = -\int_V u\dot{\varepsilon}_{ii} dV - \int_S un_i v_i dS$$

$$= r_u \gamma_w v r_o \left[(H + C)(e^{\pi\tan\varphi} - 1) + 2r_o\tan\varphi \frac{1 + 3\tan\varphi e^{\frac{3\pi}{2}\tan\varphi}}{1 + 9\tan^2\varphi} \right] \qquad (9\text{-}31)$$

故孔隙水压力在整个机制中所做的总功为

$$W_u = W_u{}^{OBE} + W_u{}^{OAB} = r_u \gamma_w v \left(r_o - l_{eq} \right) \left(H + C - \frac{r_o - l_{eq}}{4\tan\varphi} \right) +$$

$$r_u \gamma_w v r_o \left[(H + C)\left(e^{\pi\tan\varphi} - 1 \right) + 2r_o\tan\varphi \frac{1 + 3\tan\varphi e^{\frac{3\pi}{2}\tan\varphi}}{1 + 9\tan^2\varphi} \right] \tag{9-32}$$

$$= r_u \gamma_w v r_o \left[(H + C)\left(e^{\pi\tan\varphi} - \frac{l_{eq}}{r_o} \right) - \frac{r_o}{4\tan\varphi}\left(1 - \frac{l_{eq}}{r_o} \right)^2 + 2r_o\tan\varphi \frac{1 + 3\tan\varphi e^{\frac{3\pi}{2}\tan\varphi}}{1 + 9\tan^2\varphi} \right]$$

即所有外力所做的功为

$$W = W_G - W_p + W_w + W_u \tag{9-33}$$

（3）内部能量耗散

失稳破坏模型存在内部能量的自我消耗，分别是土体内部发生剪切变形所消耗的能量和速度间断线上断裂所消耗的能量。

1）三角形 *OBE*（梯形 *OBFG*）区域

隧道上部的塌落体是以同一速度下落的，故塌落体内部没有发生变形，不存在内部能量耗散，能量的耗散主要集中于速度间断线 *OE*（或者 *OF*）和 *BE*（或者 *BG*）上。根据正交流动法则可以看出，任何一点的应变速度向量 v_s 与破裂面或间断线形成一个 φ 角，在速度间断线上能量的耗散可以通过沿剪切面的剪切速度 V_p 与土的凝聚力 c 相乘计算得到，即 $V_p = v\cos\varphi$，因此，对应图9-9（a）和图9-9（b）情况，即三角形 *OBE*（梯形 *OBFG*）区域的能量耗散率为

$$Q_a = 2c \cdot v\cos\varphi \cdot \left(\frac{r_o}{2\sin\varphi} - \frac{l_{eq}}{2\sin\varphi} \right) = cv\tan^{-1}\varphi \left(r_o - l_{eq} \right) \tag{9-34}$$

2）弧形 *OAB* 对数螺旋滑动受剪区

对数螺旋滑动受剪区发生体积应变，存在内部能量耗散，其内部能量耗散等于对数螺旋滑移线上所耗散的功。对数螺旋滑移线上沿剪切面的剪切速度 $V_p = v_s\cos\varphi = v\cos\varphi e^{\theta\tan\varphi}$，因此，沿剪切面的能量耗散为

$$Q_{AB} = c \cdot V_p \cdot \hat{L}_{AB} = \int_0^{\frac{\pi}{2}} c \cdot v\cos\varphi e^{\theta\tan\varphi} \cdot r_o e^{\theta\tan\varphi} \frac{\mathrm{d}\theta}{\cos\varphi} = \frac{1}{2} cvr_o\tan^{-1}\varphi \left(e^{\pi\tan\varphi} - 1 \right) \tag{9-35}$$

内部的能量等于对数螺旋滑移线上所耗散的功，即对数螺旋滑动受剪区总的能量耗散为

$$Q_b = 2Q_{AB} = cvr_o\tan^{-1}\varphi \left(e^{\pi\tan\varphi} - 1 \right) \tag{9-36}$$

即内部耗散的总功为

$$Q = Q_a + Q_b \tag{9-37}$$

(4) 求解开挖面的极限支护力

根据弹塑性极限分析原理中的上限解方法可知，所建立的失稳机制中总的外力所做的功等于内部的能量耗散，即

$$Q = W \tag{9-38}$$

将式（9-33）和式（9-37）引入上述公式，并自动消除公式中的v，即可得到隧道掌子面上极限支护力p的解析表达式，同时采用一些简化方法对其进行简化表达，可得解析表达式为

$$p = \gamma D N_\gamma - c N_c + r_u \gamma_w D N_u + \gamma_w H N_w \tag{9-39}$$

式中，N_γ、N_c、N_u、N_w都是无量纲的稳定系数，它们分别代表土层重度的影响、土体黏聚力的影响、静孔隙水压力的影响及静水压加载的影响。不同系数的取值如下所示，其中，关于l_{eq}的取值按照式（9-13）选取：

$$N_\gamma = \left[\frac{1}{4\tan\varphi}\left(1 - \frac{l_{eq}^2}{r_o^2}\right) + \frac{-3\tan\varphi + e^{\frac{3\pi}{2}\tan\varphi}}{27\tan^2\varphi + 3} \right] e^{-\frac{3\pi}{2}\tan\varphi} \tag{9-40}$$

$$N_c = \tan^{-1}\varphi \left(e^{\pi\tan\varphi} - \frac{l_{eq}}{r_o} \right) e^{-\pi\tan\varphi} \tag{9-41}$$

$$N_w = \frac{l_{eq}}{r_o} \tag{9-42}$$

$$N_u = \frac{H + C}{D}\left(e^{\pi\tan\varphi} - \frac{l_{eq}}{r_o} \right) e^{-\pi\tan\varphi} - \left[\frac{1}{4\tan\varphi}\left(1 - \frac{l_{eq}}{r_o}\right)^2 + 2\tan\varphi \frac{1 + 3\tan\varphi e^{\frac{3\pi}{2}\tan\varphi}}{1 + 9\tan^2\varphi} \right] e^{-\frac{3\pi}{2}\tan\varphi} \tag{9-43}$$

9.3.4 隧道开挖面的稳定性验证

目前，许多学者已经开发了各种失稳机制来确定隧道开挖面的临界支护力。本章提出了一种计算开挖面极限支护力的方法，得到了开挖面的极限支护力计算式（9-39）。为了验证本章所提出方法的合理性和正确性，需要将本章的结果与现有理论结果进行对比分析。

(1) 稳定系数对比分析

隧道掌子面上极限支护力p的计算公式中，分别用N_γ、N_c、N_u、N_w代表土层重度的影响、土体黏聚力的影响、静孔隙水压力的影响及静水压加载的影响，与前人提出的表达式有类似的表达形式。下面将从土层重度稳定系数N_γ、黏聚力稳定系数N_c两个方面对比分析、验证理论方法。

在不同土层摩擦角和不同隧道埋深的情况下，将土层重度稳定系数N_γ、黏聚力稳定系数N_c与前人的研究成果进行对比分析，如图9-13至图9-14所示。

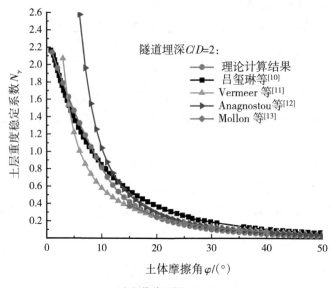

（a）隧道埋深 $C/D=2$

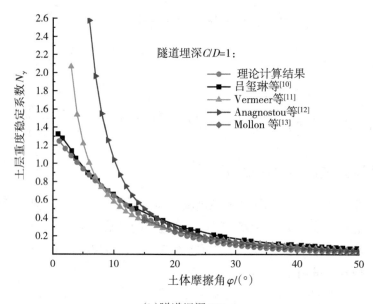

（b）隧道埋深 $C/D=1$

图9-13　土层重度稳定系数 N_γ 的变化曲线

由图9-13可知，当土体的摩擦角大于15°时，本章理论计算结果可以和吕玺琳等[10]、Vermeer 等[11]、Anagnostou 等[12]、Mollon 等[13]所提出方法的计算结果很好地吻合；当土体的摩擦角小于15°时，理论计算结果只与吕玺琳等[10]所提出方法的计算结果相匹配，并且略低于其计算值，其他文献的结果都是在基于摩擦角大于20°的情况下所提出的，故根据本章提出的方法所计算的土层重度稳定系数 N_γ 是准确的。

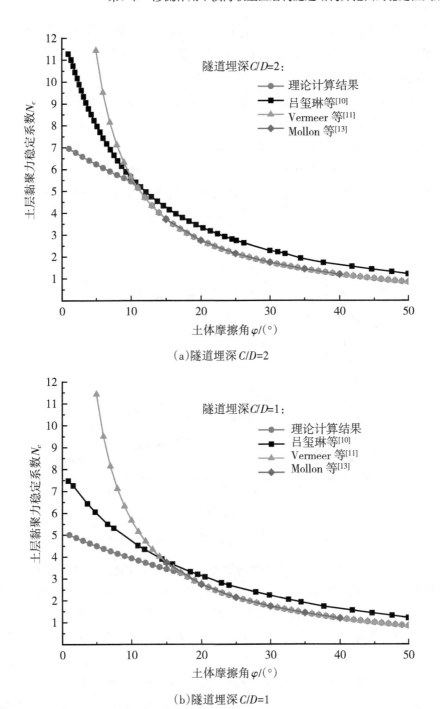

(a)隧道埋深 C/D=2

(b)隧道埋深 C/D=1

图9-14 土层黏聚力稳定系数 N_c 的变化曲线

由图9-14可知，当土体的摩擦角大于15°时，本章理论计算结果可以和吕玺琳等[10]、Vermeer 等[11]、Mollon 等[13]所提出方法的计算结果很好地吻合；当土体的摩擦角小于15°时，理论计算结果比吕玺琳等[10]所提出方法的计算结果要小一些，但趋势可以与之相吻合。本章是针对软土提出的计算方法，软土的土拱效应相对较弱，黏聚力所做的功较小，数值偏小也可以理解，故根据本章提出的方法所计算的土层黏聚力稳定系数 N_c 是准确的。

（2）极限支护力对比分析

参考研究人员已经验证的理论解或者数值分析解，在同等情况下对其支护力进行对比分析，验证本章所提出方法的合理性。

首先，验证无水作用情况下解析解的正确性。此时，盾构隧道的直径 $D=6\ m$，隧道埋深 $C=3\ m$，围岩的黏聚力 $c=2.5\ kPa$，围岩的重度 $\gamma = 20\ kN/m^3$，围岩的内摩擦角 φ 的变化范围为 $5°\sim35°$。在此种情况下，将本章的计算结果与参考文献中的结果对比，如图9-15所示。

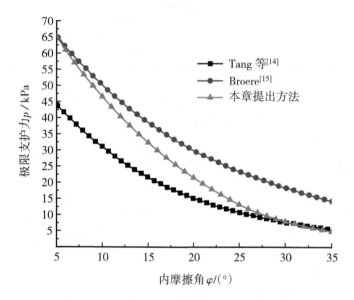

图9-15　无水情况下计算结果对比分析曲线

从图9-15可知，本章提出方法所得到的理论解与参考文献[14-15]中的结果十分接近，二者之间的误差最小可以达到2.5%，虽然在局部位置其误差相对较大，但本方法的理论解在对比结果的范围之间，并且与对比结果具有相同的变化趋势，所以在无水条件下本章提出的方法具有一定的合理性，采用本章建立的力学破坏模型和计算方法所得到的理论解是准确的和有效的。

为了进一步验证本章所提出方法的合理性，需要考虑水压的作用。研究人员为了考虑渗流力的影响，最早提出一种半理论半解析的方法，即采用有限元计算围岩中的渗流力，再代入理论公式中求解。后来又有学者根据孔压的变化来计算渗流力所做的功，但是此种方法有一定的局限——无法预先知道孔隙水压力系数 r_u。图9-16显示了在盾构隧道的直径 $D=5\ m$、隧道埋深 $C=10\ m$、围岩的内摩擦角 $\varphi=35°$、围岩的重度 $\gamma = 15.625\ kN/m^3$、围岩的黏聚力 $c=0$、江水的深度在 $0\sim20\ m$ 的范围内变化及渗流作用的情况下，将本章的计算结果与参考文献中的临界支护力结果进行对比的结果。

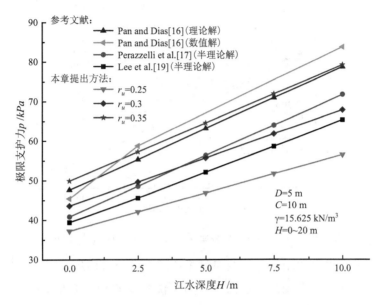

图9-16　有水情况下计算结果对比分析曲线$(\varphi = 35°, c = 0)$

需要先确定孔隙水压力系数 r_u 的值，以供比较。从图9-16中可以观察到，当 $r_u=0.35$ 时，理论计算结果与 Pan 和 Dias[16] 给出的理论解相当接近，相比之下略高；当 $r_u=0.25$ 时，理论计算结果可以与 Perazzelli 等[17] 和 Lee 等[18] 给出的半理论解相匹配，相比之下略低；当 $r_u=0.30$ 时，理论计算结果在二者之间。极限分析理论的运动学定理给出了极限载荷的严格上限估计。换句话说，从运动学容许机构中推导出的失效载荷高于（或等于）精确载荷。注意，在当前情况下，当掌子面要达到临界破坏时，通过计算得到的临界支护压力实际上比精确的要低。本章计算出的结果应当大于数值解，故选用 $r_u=0.35$ 最为合理。同时也表明，理论上孔隙水压力系数 r_u 简化的方法可用于稳定性问题的计算。

通过确定孔隙水压力系数 r_u 的取值，再改变系数来匹配原有的结果时，虽然结果的趋势类似，但是还是要在已知孔隙水压力系数 r_u 的前提下验证模型建立的合理性。已知孔隙水压力系数 $r_u=0.1$，隧道的直径 $D=10$ m，隧道埋深 $C=20$ m，围岩的内摩擦角 $\varphi = 10°$，围岩的重度 $\gamma = 18$ kN/m³，围岩的黏聚力 $c=0\sim18$ kPa，江水的深度 H 取 0、10 m 和 20 m，将计算结果与 Zhou 等[19] 提出的旋转破坏模型的结果进行比较，见图9-17。对比分析图9-17的计算数据可知，本章计算结果的变化曲线与对比参考结果十分接近，并且具有类似的变化趋势，可以和已知验证模型的结果相匹配，结果具有很好的准确性，故本章提出的方法可以有效地用于检查水下盾构掘进隧道掌子面的稳定性。

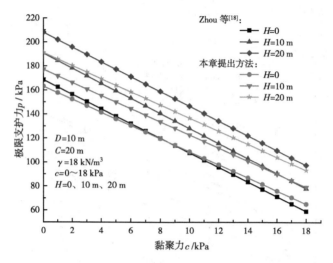

图9-17 有水情况下计算结果对比分析曲线(r_u=0.1, φ=10°)

综上所述，本章提出的用于计算滨海软土地层大直径盾构隧道开挖面稳定性的方法是合理的，采用本章方法所得到的考虑渗流作用的软土地层大直径盾构隧道开挖面极限支护力的理论解是准确的、有效的。

参考文献

［1］王思敬,杨志法,刘竹华.地下工程岩体稳定性分析［M］.北京:科学出版社,1984.

［2］秦康,袁伟泽,徐干成,等.不同跨度地下隧道围岩稳定性变化特征研究［J］.粉煤灰综合利用,2021,35(2):48-51,111.

［3］张顶立,方黄城,陈立平,等.隧道支护结构体系的刚度设计理论［J］.岩石力学与工程学报,2021,40(4):649-662.

［4］李健.考虑流固耦合效应的某海底隧道围岩稳定性分析［J］.交通世界,2021(26):119-122.

［5］PAN Q J, DIAS D. Face stability analysis for a shield-driven tunnel in anisotropic and nonhomogeneous soils by the kinematical approach［J］. International Journal of Geomechanics, 2016,16(3):1-11.

［6］ZHANG Z Q, LI H Y, YANG H Y, et al. Failure modes and face instability of shallow tunnels under soft grounds［J］. International Journal of Damage Mechanics,2018,28(1):1-24.

［7］CHEN W F. Limit analysis and plasticity［M］. New York:Elsevier Scientific Publishing Company,1975.

［8］VIRATJANDR C, MICHALOWSKI R L. Limit analysis of submerged slopes subjected to water drawdown［J］. Canadian Geotechnical Journal,2006,43(8):802-814.

［9］BISHOP A W, MORGENSTERN N. Stability coefficients for earth slopes［J］. Geotech-

Zone Y Displacement

nique,1960,10(4):129-153.

[10] 吕玺琳,李冯缔,黄茂松,等. 三维盾构隧道开挖面极限支护压力数值及理论解[J]. 同济大学学报(自然科学版),2012,40(10):1469-1473.

[11] VERMEER P A,RUSE N M,MARCHER T. Tunnel heading stability in drained ground [J]. Felsbau,2002,20(6):8-18.

[12] ANAGNOSTOU G,KOVARI K. Face stability conditions with earth-pressure-balanced shields[J]. Tunneling and Underground Space Technology,1996,11(2):165-173.

[13] MOLLON G,DIAS D,SOUBRA A H,et al. Face stability analysis of circular tunnels driven by a pressurized shield[J]. Journal of Geotechnical & Geoenvironmental Engineering,2010, 136(1):215-229.

[14] TANG X W,LIU W,ALBERS B,et al. Upper bound analysis of tunnel face stability in layered soils[J]. Acta Geotechnica,2014,9(4):661-671.

[15] BROERE W. Tunnel face stability and new CPT applications[D]. Delft:Delft University of Technology,2001.

[16] PAN Q,DIAS D. Face stability analysis for a shield-driven tunnel in anisotropic and non-homogeneous soils by the kinematical approach[J]. International Journal of Geomechanics,2016, 40(15):2123-2136.

[17] PERAZZELLI P,LEONE T,ANAGNOSTOU G. Tunnel face stability under seepage flow conditions[J]. Tunnelling and Underground Space Technology,2014,43:459-469.

[18] LEE I M,NAM S W,AHN J H. Effect of seepage forces on tunnel face stability[J]. Revue Canadienne De Géotechnique,2003,40(2):342-350.

[19] ZHOU Y,ZHU Y,WANG S,et al. Rotational failure mechanism for face stability of circular shield tunnels in frictional soils[J]. Advances in Civil Engineering,2019,2019:1-14.

第10章 渗流作用下滨海软土区
盾构隧道结构的开挖面稳定性

10.1 滨海软土区盾构隧道开挖面的稳定性数值计算

本章以确定大直径水下盾构隧道开挖面的极限支护力和破坏形态为目的，模拟隧道开挖面的极限破坏过程。对隧道盾构的开挖进行模拟时，需要逐步模拟土层开挖、装配管片、注浆等过程，本章主要求解极限支护力和失稳时的破坏形态，故无需详细地模拟土层开挖、装配管片、注浆等过程，只需模拟开挖过程，并采用shell单元模拟衬砌支护结构即可。

10.1.1 开挖面稳定性的数值计算

本章依然采用流固耦合渗流模型进行计算。具体的建模过程如下：

①建立隧道所在区域地层的原始模型，将给定的应力、位移、渗流等边界条件施加到数值模型上，并将各地层的物理、流体参数赋予到模型上，随后关闭渗流计算（model fluid active off），进行地应力平衡计算，完成后清除地层的位移，保留原始的地应力场。

②一次性将长度为44 m的土层设置成空模型，代表该土层已完成开挖，并在开挖面上生成衬砌，以保护开挖面上的土体；在隧道掌子面上设置合适的梯形支护力，打开力学分析（model mechanical active on）、大变形分析（model largestrain on）和流体分析（model fluid active on），并将流体的体积模量设置为0，完成力学计算。

③逐步减小隧道掌子面的支护力，掌子面中心点的位移会随着支护力的减小而逐渐增大，绘制隧道掌子面中心点位置与支护力的关系曲线，当支护力变化很小时，隧道掌子面的位移变化很大或者因大变形模型发生破坏时，此支护力即为隧道的极限支护力。

盾构隧道掌子面初始支护力 p_0 的值考虑设置为原有侧向水土压力之和，按照第2章中引入的支护力比 ζ，其表达式为

$$\zeta = \frac{p}{p_0} \tag{10-1}$$

10.1.2　计算结果分析

（1）孔隙水压力分布

在滨海区域隧道开挖前，隧道围岩内部的孔隙水压力是初始孔压场，但是在开挖以后，由于隧道掘进过程的扰动，初始孔压场会发生变化，向隧道掌子面位置流动形成渗流场，故选取在隧道开挖前、后隧道地层孔隙水压力的分布情况，分别如图 10-1（a）、（b）所示。

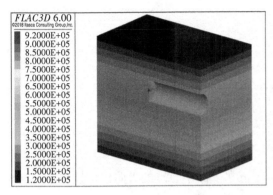
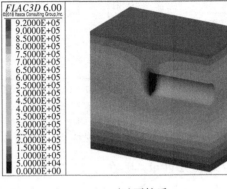

(a)开挖前　　　　　　　　　　　　　　　(b)开挖后

图 10-1　孔隙水压力分布情况

由图 10-1 可知，在隧道开挖之前，隧道围岩内部孔隙水压力的分布随着土层深度的逐渐增加而逐渐增大，在围岩底部达到最大，并且隧道围岩内部孔隙水压力的分布较为均匀；在隧道开挖之后，由于隧道掌子面上的水压力变为零，与周围的孔隙水压力会形成水头差，在土层中逐渐形成渗流场，向隧道掌子面逐渐渗流，最终隧道围岩内部的孔隙水压力分布会呈现出漏斗状，分布形式一直延伸到江底平面，此时隧道围岩内部存在渗流力，导致隧道掌子面上的核心土向内部侵入，渗流的发生不利于隧道开挖面的稳定。

（2）围岩位移分析

提取出隧道掌子面中心点位置 y 方向的位移后，可以绘制出支护力比与隧道中心点纵向位移的关系曲线，如图 10-2 所示。

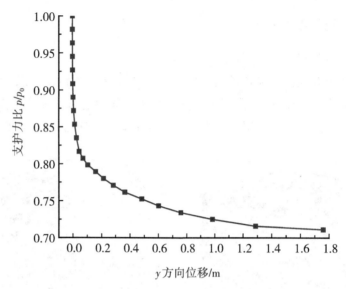

图10-2　支护力比与隧道掌子面中心点纵向位移的关系曲线

由图10-2可知，随着支护力的不断减小，隧道掌子面中心点的纵向位移呈现出不断增大的趋势；随着支护力 p 的不断减小，隧道掌子面中心点的水平位移呈现出三个变形阶段：

1）弹性变形阶段

当支护力比在0.82～1.00之间变化时，隧道掌子面中心点的水平位移呈线性增加，隧道围岩的变形主要属于弹塑性变形，此时隧道围岩对掌子面支护力的变化不是很敏感，变化幅度较小，与隧道围岩的稳定状态和较稳定状态相对应。

2）弹塑性变形阶段

当支护力比在0.71～0.82之间变化时，隧道掌子面中心点的水平位移的变化幅度随支护力减小不断增大，此阶段隧道围岩的变形逐渐由以弹性变形为主导变化为以塑性变形为主导，围岩内部逐渐形成塑性区，并且塑性区的范围随支护力比减小不断增大，这一阶段隧道围岩对掌子面上的支护力非常敏感，围岩的应变场主要由塑性应变组成，与隧道围岩的欠稳定状态相对应。

3）破坏阶段

当支护力比小于0.71时，隧道掌子面中心点的水平位移会随着支护力的减小而急剧增大，此时隧道围岩已经发生失稳破坏，围岩的应变处于极限应力应变状态，其状态超出破坏屈服面，与隧道围岩的不稳定状态相对应。

在极限失稳的状态下，隧道围岩的变形情况如图10-3所示。

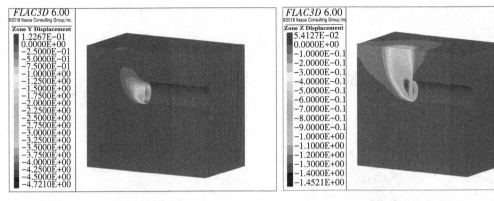

(a)y方向上位移 (b)z方向上位移

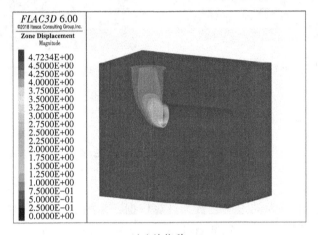

(c)总位移

图10-3 失稳时地层位移场分布

由图10-3可以得到，在隧道围岩处于极限失稳状态时，由y方向的位移云图可知，掌子面前方核心土层的扰动范围大约在14 m左右，与建立的失稳模型相吻合；隧道围岩z方向的位移及总位移的分布呈漏斗状，一直延伸到江底平面，这与本章所假定的破坏机理的模型基本吻合，说明本章提出的失稳破坏模型是合理的。但是失稳时位移场中没有体现出潜在的滑移面，进一步分析潜在滑移面的分布，隧道围岩失稳时的塑性区和最大剪应力增量的分布如图10-4所示。由图10-4（a）可知，隧道围岩失稳后塑性区从开挖面前一直向江底平面分布，数值模拟计算得到的隧道围岩的塑性区是一大片，这与边坡失稳时塑性区的分布不同，其存在明显的塑性剪切区域，此时要确定隧道围岩的破坏滑移面是比较困难的。但是，可以通过确定最大剪应力增量的分布应力场来确定潜在的滑移面。隧道围岩发生的破坏多为剪切破坏，剪应力增量较小或者剪应力分布较为均匀时，这些部位不会发生剪切破坏，不存在滑移面，不会发生较大的应变，当此处存在较大的剪应力增量时，相对的位移较大，会发生破坏，其破坏部位被称为潜在的滑移面。从图10-4（b）中可以看出，极限状态下隧道围岩的潜在滑移面都在掌子面前上方，有向隧道掌子面内部侵入的趋势，此时应变增量分布的区域就是发生相对滑动的区域，这与本章所建立的下部对数螺旋剪切区域相对应。

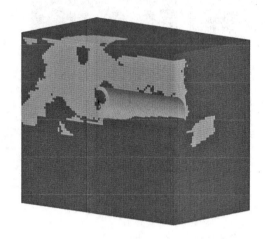

(a)塑性区的分布

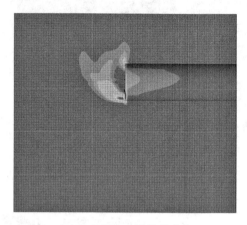

(b)最大剪应力增量的分布

图10-4　潜在滑移面的分布

10.2　孔隙水压力系数

以依托工程的选取断面的土层参数为计算依据，采用本书中提出的理论计算方法所推导出的极限支护力计算公式，计算滨海软土区域大直径盾构隧道掌子面在极限状态下所需的支护力，计算时需要对土层的参数进行加权平均计算，计算参数的取值如表10-1所示。

表10-1　计算参数取值

重度 $\gamma/(\mathrm{kN \cdot m^{-3}})$	内摩擦角 $\varphi/(°)$	黏聚力 c/kPa	隧道直径 D/m	隧道埋深 C/m	江水水位 H/m
16.71	3.26	6.51	14.5	20	12

为了计算隧道掌子面的极限支护力，需要先确定在依托工程实例的背景下孔隙水压力系数r_u的取值，它与土层渗透系数、孔隙率等土层参数有关系。为了确定孔隙水压力系数r_u，本章先采用数值分析的方法求解不同水位情况下的临界支护力，再通过极限支护力的曲线变化趋势不断调整孔隙水压力系数，将理论计算结果与数值计算的结果匹配，来得到依托工程背景下孔隙水压力系数，再用于求解其他情况下的极限支护力，这种确定孔隙水压力系数的方法已经被Pan和Dias[1]所提出。本章将依据依托工程的土层参数，采用FLAC 3D软件计算渗流作用下江水深度在8 m、10 m、12 m、14 m情况下的极限支护力，将隧道掌子面极限支护力的数值解和理论解进行对比，如图10-5所示。

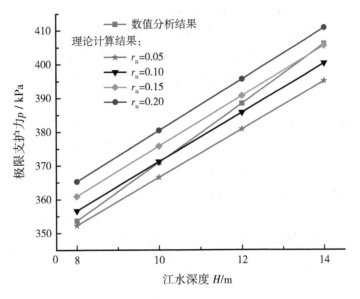

图 10-5　江水深度与隧道开挖面极限支护力的关系曲线

由图 10-5 可知，当孔隙水压力系数 r_u=0.20 或者 0.05 时，数值分析的结果与理论计算结果不匹配，理论计算结果大于或者小于数值分析结果；当孔隙水压力系数 r_u=0.15 或者 0.10时，都可以很好地匹配数值分析结果。但是，本章采用的理论计算方法所求解得出的极限支护力是一个上限值，可以将数值分析结果看作真实的极限支护力，所以理论计算结果略大于真实解，孔隙水压力系数 r_u=0.15 更合理。

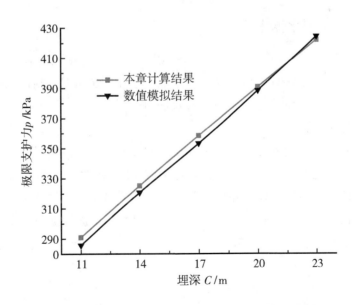

图 10-6　隧道埋深与隧道开挖面极限支护力的关系曲线

为了进一步验证所选取的孔隙水压力系数（r_u=0.15）的合理性，选取不同土层埋深进行计算，对比分析数值分析结果和理论计算结果，如图10-6所示。由图10-6可知，随着深度的不断变化，通过数值模拟得到的结果与本章提出方法所计算出的结果可以很好地吻合，二者之间的最大相对误差只有1.8%左右，表明本章依据依托实例工程所选取的孔隙水压力系数是正确的、合理的。

由以上分析可知，针对本章依托工程实例所选取的孔隙水压力系数 r_u=0.15，依据表10-1中的数据，采用理论计算方法对渗流作用下的极限支护力进行求解计算，计算得到隧道掌子面上的极限支护力为390.656 kPa。对比分析滨海区域渗流作用下大直径盾构隧道掌子面上极限支护力的数值分析结果与理论计算结果，发现二者可以吻合，最大误差小于1%，相对误差很小，结合图10-5和图10-6中的对比分析结果可知，本章提出的滨海区域大直径盾构隧道开挖面极限支护力的计算公式是准确的、合理的，本章提出的理论计算公式可用于确定类似工程隧道开挖面的极限支护力。

10.3　工程应用

为了研究高水压渗流作用下大直径水下盾构隧道开挖面失稳破坏形态和失稳机理，结合实际工程，主要分析河床上覆水体水位、隧道埋深、隧道直径、土体渗透系数、土体内摩擦角和黏聚力变化对开挖面前方土体失稳的支护力、变形特性、渗流场和应力场分布特征的影响。

10.3.1　河床上覆水体水位

水下盾构隧道直径为14.5 m，隧道上覆土体厚度为20 m，围岩土体渗透系数为$1×10^{-6}$cm/s。研究当河床上覆水体水位分别为4 m、8 m、12 m、16 m及20 m时，河床水位变化对隧道开挖面变形特征、极限支护力、渗流场和应力场的影响。

（1）开挖面变形特征

图10-7为考虑流固耦合作用时，在河床上覆水体水位不同的情况下，开挖面失稳时竖向直径的水平位移变化特征。由图可得，在各水位流固耦合作用下开挖面失稳时最大水平位移均出现在开挖面下部位置处，并且随着水位上涨，最大水平位移有从底部向中心偏移的趋势。因此，在水下大直径盾构隧道开挖掘进的过程中，应根据河床水位变化对开挖面各部位的泥水压力进行适时调整控制。

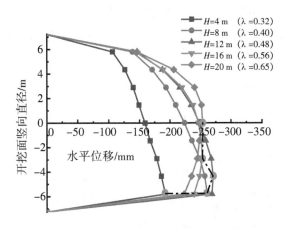

图10-7　开挖面失稳时竖向直径水平位移

（2）开挖面极限支护力比

在不同河床上覆水体水位下，当开挖面上支护力比不同时，大直径盾构隧道开挖面最大水平位移的变化趋势如图10-8所示。

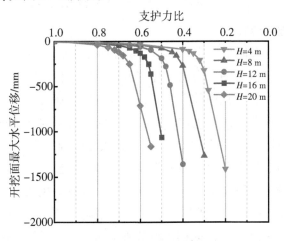

图10-8　开挖面最大水平位移与支护力比

由图10-8可得，在各水位下开挖面最大水平位移随不同支护力比的变化规律基本一致，均可以分为开挖面最大水平位移随支护力比的线性阶段、开挖面塑性发展阶段、开挖面失稳破坏阶段三个阶段。在开挖面失稳前，在相同支护力比下，随着河床上覆水体水位的上涨，隧道开挖面的最大水平位移逐渐增大。根据突变准则找出各曲线的突变点，并结合流固耦合作用下围岩土体内塑性区的发展，确定出相应水位下开挖面失稳的极限支护力比和相应的极限支护力，如图10-9所示。由图可得，随着上覆水体水位的上涨，水下盾构隧道开挖面失稳时的极限支护力比和极限支护力均逐渐增大，水位与二者均大致呈线性变化规律。说明在水下盾构隧道施工时，河床上覆水体水位对开挖面稳定性的影响显著。这与文献[2-4]报道的结论相似：渗流作用对开挖面的破坏模式会产生影响，考虑渗流作用时，总支护压力值与水位近似呈线性增大。这是因为随着水位的升高，开挖面前方土体中的水力梯度增大，较大的渗流力导致开挖面极限支护力增大，Zou 和 Qian[5]也报道了类似的原因。表明在强潮汐环境下进行水下盾构隧道掘进开挖时，应根据水位的涨落实时控制盾构泥水舱内的泥水压力等参数。

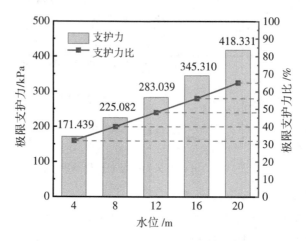

图 10-9 开挖面极限支护力与极限支护力比

（3）开挖面失稳破坏模式

图 10-10 为河床上覆水体水位为 8 m、12 m 和 16 m 时，水下盾构隧道开挖面失稳时围岩土体的总位移和塑性区分布图。由总位移图可知，在水位不同的情况下考虑流固耦合作用，当开挖面失稳破坏时，开挖面前方位移较大区域均呈螺旋状向泥水压力舱内滑动。随着水位升高，螺旋状的倾角呈现增大趋势，开挖面前方的围岩土体滑动范围逐渐增大。由不同水位下围岩土体内塑性区的发展得出，开挖面失稳时前方土体内剪切滑移面充分发展，形成向隧道内滑动的螺旋形滑移块，接近临界支护力时塑性区向上发展到河床表面，形成漏斗状塑性区。水位越高，隧道上部围岩土体的塑性区范围越大，塑性区发展越充分。图 10-10 所揭示的开挖面失稳破坏模式与吕玺琳等[6]的离心试验所得到的结果、王俊等[7]采用离散元方法所得到的结果、Man 等[8]采用上限解所得到的开挖面的失稳破坏形态相似。

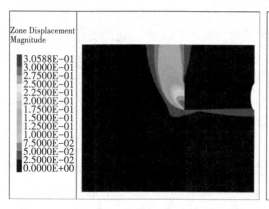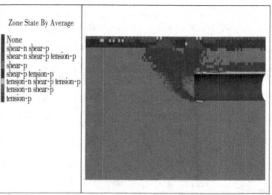

（a）H=8 m

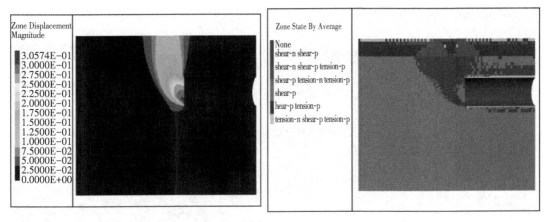

（b）$H=12$ m

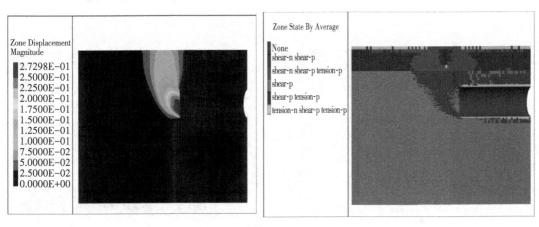

（c）$H=16$ m

图10-10　开挖面失稳时围岩位移与塑性区分布

（4）围岩孔隙水压力和水平应力

图10-11为河床表面上覆水体为8 m、12 m和16 m时，在考虑流固耦合作用的情况下，盾构隧道开挖面失稳时围岩土体内孔隙水压力和水平应力的等值线图。由孔隙水压力图可得，开挖面失稳时前方围岩土体内的孔隙水向泥水压力舱内流动，开挖面前方围岩土体内孔隙水压力的减小区域呈双对数螺旋状分布，越靠近开挖面，孔隙水压力值越低。随着河床上覆水体水位的上涨，开挖面前方围岩土体内孔隙水压力呈现稍微增大趋势。孔隙水压力等值线分布较为密集，该部位的水力梯度较大，渗流力对隧道开挖面稳定性的影响较为显著。在不同水位下，随着隧道开挖面支护力的减小，开挖面前方围岩土体内应力释放，致使该部分土体的水平应力降低较大。随着水位的降低，失稳时开挖面前方围岩土体内的水平应力变小。在不同水位下，开挖面前方及上部围岩土体内应力减小的区域与孔隙水压力减小的区域相似，这是由不同水位下开挖面前方和上部围岩土体内的流固耦合作用造成的。水位越高，开挖面前方及上部围岩土体内应力的分布越复杂，说明水位变化对盾构隧

道开挖面稳定性的影响较为显著。

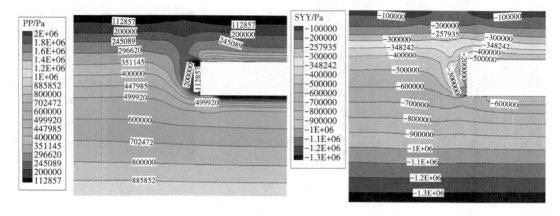

（a）$H=8$ m

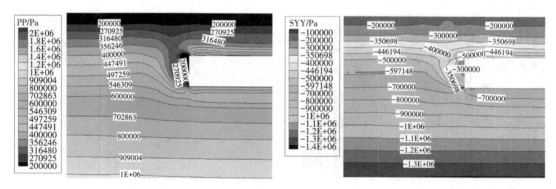

（b）$H=12$ m

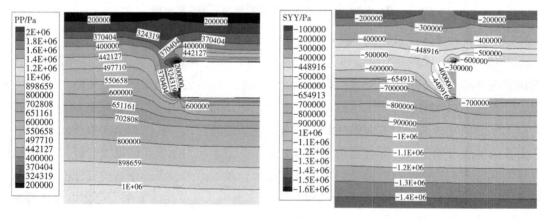

（c）$H=16$ m

图10-11　开挖面失稳时孔隙水压力、水平应力分布

（5）河床表面竖向沉降

图10-12和图10-13分别为在不同水位下开挖面失稳时河床表面横向沉降和纵向沉降曲

线。在不同水位下开挖面失稳时，河床表面横向沉降曲线呈高斯正态分布，并且横向沉降槽宽度较为接近。随着水位的上涨，开挖面失稳时河床表面的横向沉降、纵向沉降呈现增大趋势。河床表面的最大竖向沉降出现在开挖面前方约10 m位置处。水位越高，河床表面该位置处的竖向沉降增大越多，说明在高水压流固耦合作用下水位变化对水下大直径盾构隧道开挖面稳定性的影响较为显著。

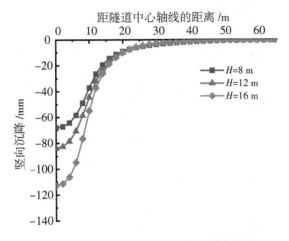

图10-12　开挖面失稳时河床表面横向沉降

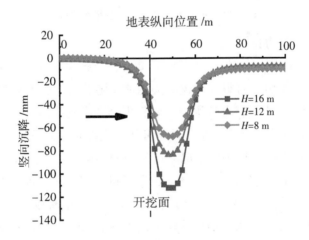

图10-13　开挖面失稳时河床表面纵向沉降

10.3.2　隧道埋深

水下盾构隧道直径为14.5 m，河床表面上覆水体水位为12 m，围岩土体渗透系数为$1×10^{-6}$ cm/s，数值模型的其他计算参数不变。研究当盾构隧道上覆土体厚度分别为10 m、15 m、20 m、25 m及30 m时，隧道埋深对水下大直径盾构隧道开挖面变形特征、极限支护力、渗流场和应力场的影响。

（1）开挖面变形特征

图 10-14 为水下大直径盾构隧道在不同埋深下开挖面失稳时竖向直径的水平位移。由图可知，在不同埋深下盾构隧道开挖面失稳时最大水平位移的位置均出现在开挖面下部。当隧道埋深 C 为 10 m 时，开挖面失稳时竖向直径上各点的水平位移均较大。当隧道埋深 C 大于 15 m 时，由于开挖面上方围岩土体中土拱效应的作用，开挖面失稳时竖向直径上各点的水平位移分布和数值均较为接近。

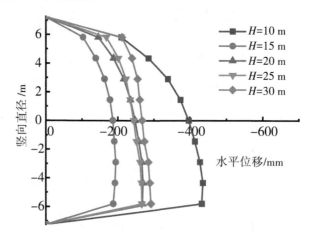

图 10-14　开挖面失稳时竖向直径水平位移

（2）开挖面极限支护力比

在不同埋深下，当开挖面支护力比不同时，大直径盾构隧道开挖面最大水平位移的变化趋势如图 10-15 所示。由图可得，开挖面失稳前，随着盾构隧道埋深的增大，在某一支护力比下，隧道开挖面的水平位移逐渐减小。根据突变准则找出曲线的突变点，并结合围岩土体内塑性区的发展情况，确定相应埋深下开挖面失稳时的支护力比。

图 10-16 为考虑流固耦合作用的情况下，当埋深不同时，大直径盾构隧道开挖面的极限支护力、极限支护力比和最大水平位移。由图可得，在流固耦合作用下，在其他参数不变的条件下，随着大直径盾构隧道埋深的增大，开挖面失稳时极限支护力比呈线性减小，但开挖面的极限支护力逐渐增大。当盾构隧道浅埋（C=10 m）时，开挖面失稳时的最大水平位移较大。当盾构隧道的埋深大于 15 m 时，尤其当覆跨比 C/D 为 1.38、1.72 和 2.07（对应埋深为 20 m、25 m 和 30 m）时，开挖面失稳时的极限支护力和最大水平位移的变化幅度不大，较为接近。这与文献[9]所得到的灰岩地层中隧道埋深对开挖面变形和极限支护力的影响规律一致，但文献[9]并未揭示埋深增大时，开挖面变形和极限支护力与土拱效应间的联系。这是由于开挖面前方围岩土体内的土拱效应使开挖面上方一定位置处形成土拱，土拱下方的土体重力和渗流力等做功相对接近，使开挖面的极限支护力和最大水平位移的增长幅度较小，较为接近。

关于深浅埋隧道的分类标准，《公路隧道设计规范》（第一册：土建工程）（JTG 3370.1—

2018）建议采用荷载等效高度值确定，但在确定隧道垂直均部压力时并未考虑土拱效应的影响。根据本书中水下盾构隧道开挖面失稳时极限支护力和最大水平位移随埋深的变化规律，结合文献可认为，水下盾构隧道的深埋和浅埋分界不宜采用某个定值，可以围岩土体内的土拱效应作用使开挖面上的极限支护压力增长缓慢或不再增大为依据，此时的深度即为水下盾构隧道深埋和浅埋的分界。此后，盾构隧道埋深增大，垂直水土压力虽然增大，但开挖面上的极限支护压力不再增加。在本章的研究中，大直径水下盾构隧道深埋和浅埋的分界可取 15 m。

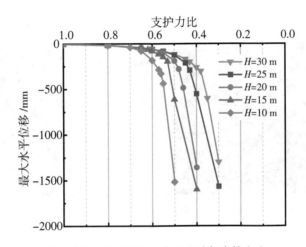

图 10-15 开挖面最大水平位移与支护力比

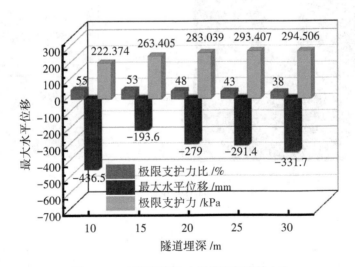

图 10-16 开挖面最大水平位移与支护力比

（3）开挖面失稳破坏模式

图 10-17 给出了水下盾构隧道埋深为 10 m、20 m 和 30 m 时，隧道开挖面失稳时沿隧道轴线纵断面的总位移和塑性区分布。由图可以看出，在不同埋深下，开挖面的失稳破

坏形式均在开挖面前方呈螺旋状，埋深越大，开挖面失稳时前方位移较大区域的螺旋状越明显，并且螺旋状的倾角呈减小趋势。隧道埋深浅（$C=10$ m）时，开挖面失稳破坏时，开挖面前方围岩土体的位移和塑性区能充分发展到河床表面。隧道埋深较深（C分别为15 m、20 m、25 m、30 m）时，由于围岩土体内土拱效应的影响，开挖面前方土体的位移和塑性区未能发展到河床表面，所以失稳时位移和塑性区只出现在开挖面前方及上方一定范围内。

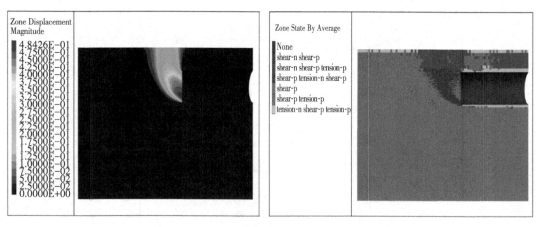

（a）$H=10$ m

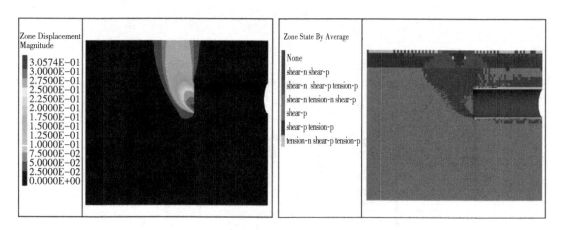

（b）$H=20$ m

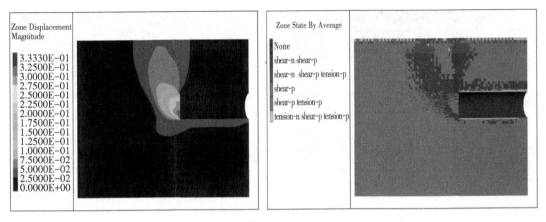

（b）H=30 m

图10-17　开挖面失稳时围岩土体位移与塑性区分布

（4）围岩孔隙水压力和水平应力

图10-18为流固耦合作用下水下大直径盾构隧道埋深分别为10 m、20 m和30 m时，隧道开挖面失稳破坏时围岩土体内孔隙水压力和竖向应力的分布云图。由孔隙水压力图可得，开挖面前方围岩土体内孔隙水压力显著变化的区域为对数螺旋线所围区域，越靠近开挖面处，孔隙水压力值越低。盾构隧道埋深越大，开挖面前方孔隙水压力减小区域形成的对数螺旋线区域越明显。由开挖面失稳时土体水平应力分布图可得出，在不同埋深下，隧道开挖面失稳对开挖面前方围岩土体造成扰动，该区域土体内流固耦合作用显著，该部分土体出现沿着剪切滑移面向泥水压力舱内滑动的趋势，致使该部分土体的水平应力降低较大。在不同埋深下，开挖面失稳前方围岩土体内的应力分布与孔隙水压力分布类似，数值上较初始应力和初始孔隙水压力均小。埋深越大，开挖面失稳时前方土体内的水平应力和孔隙水压力减小区域的对数螺旋形状越明显，说明匀质地层中水下大直径盾构隧道开挖面失稳的对数螺旋形失稳模型更适用于深埋隧道开挖面极限支护力的求解。

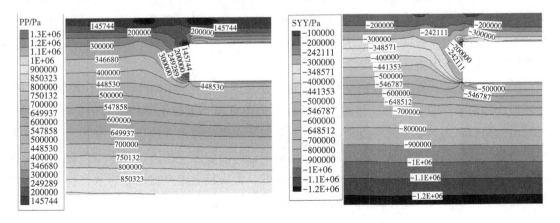

（a）H=10 m

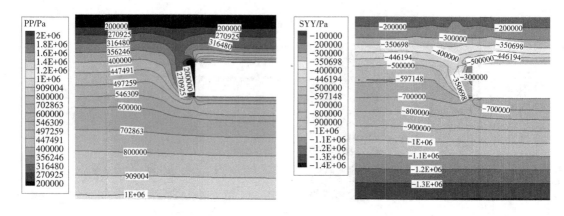

（b）H=20 m

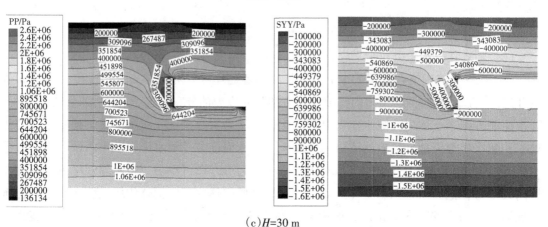

（c）H=30 m

图10-18　开挖面失稳时孔隙水压力、水平应力分布

10.3.3　隧道直径

水下盾构隧道埋深为20 m，河床表面上覆水体水位为12 m，数值模型的其他计算参数不变。研究当盾构隧道直径分别为6 m、10 m、14.5 m时，盾构隧道直径对隧道开挖面变形特征、极限支护力、渗流场和应力场的影响。

（1）开挖面变形特征

图10-19为水下盾构隧道的直径不同时，在考虑围岩土体内流固耦合作用的情况下，开挖面失稳时竖向直径水平位移的变化特征。由图可得，随着水下盾构隧道直径的增大，开挖面失稳破坏时其水平位移逐渐减小，并且最大水平位移出现的位置在开挖面下部有下移的趋势。结合不同直径水下盾构隧道开挖面失稳时的极限支护力，在水下软黏土盾构隧道施工中，小直径隧道围岩土体的自稳能力较好，大直径隧道开挖面较容易失稳，在开挖掘进过程中应密切关注盾构设备的掘进参数等。

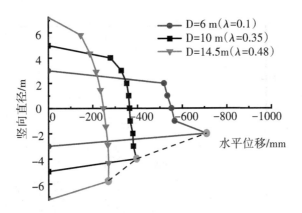

图 10-19　开挖面失稳时竖向直径水平位移

（2）开挖面极限支护力比

不同直径下，当开挖面上支护力比不同时，开挖面最大水平位移的变化趋势如图 10-20 所示。同样的，不同直径下开挖面最大水平位移随不同支护力比的变化也分为线性阶段、开挖面塑性发展阶段和开挖面失稳破坏阶段三个阶段。在失稳前支护力比相同的情况下，开挖面的最大水平位移随水下盾构隧道直径的增大而增大。根据突变准则找出各曲线的突变点，并结合流固耦合作用下开挖面前方围岩土体塑性区的发展，确定出相应直径下的支护力比。图 10-21 为考虑流固耦合作用的情况下，盾构隧道直径不同时开挖面的极限支护力比和相应的极限支护力。由图可得，盾构隧道直径增大时，其开挖面失稳时极限支护力呈缓慢增大，表明大直径水下盾构隧道的开挖面更容易失稳。这与陈孟乔等[10]得到的在高水压条件下开挖面极限支护压力随盾构隧道直径的变化规律一致：随隧道直径的增大，开挖面的稳定性下降，开挖面的极限支护压力增大，但变化趋势变缓。根据王浩然等[2]的研究结果，在渗流条件下随隧道直径的增大，开挖面底部的大主应力方向发生偏转，其与竖直方向的夹角减小，开挖面越容易失稳，所以渗流条件下隧道直径越大，开挖面越容易失稳。

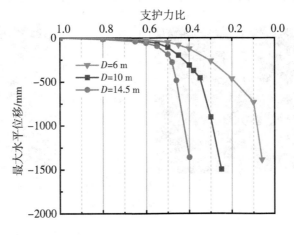

图 10-20　开挖面最大水平位移与支护力比

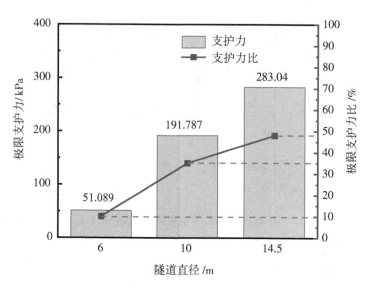

图10-21　开挖面极限支护力与极限支护力比

（3）开挖面失稳破坏模式

不同直径下隧道开挖面失稳时围岩土体的总位移和塑性区分布如图10-22所示。在流固耦合作用下，小直径隧道掘进时（$D=6$ m）对前方围岩土体的扰动小，土体的自稳能力强，仅在开挖面前方较小区域发生土体沉降。随着隧道直径的增大，开挖面前方失稳区域逐渐增大并引起上方土体下沉，大直径隧道（$D=14.5$ m）开挖面失稳破坏时滑移体边界呈螺旋形向泥水压力舱内滑动的趋势越明显。随着盾构隧道直径的增大，开挖面前方的塑性区域逐渐减小，滑移体的倾角逐渐增大，表明在高水压渗流作用下大直径盾构隧道围岩土体的自稳能力较差，比较容易失稳，在软黏土地层中掘进开挖时，应根据水文地质条件对掘进姿态等参数不断进行调节控制。

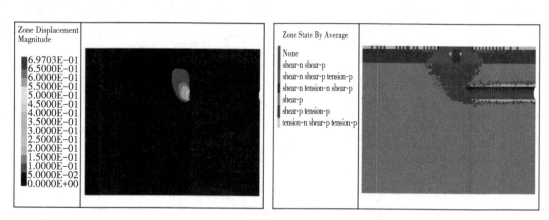

（a）$D=6$ m

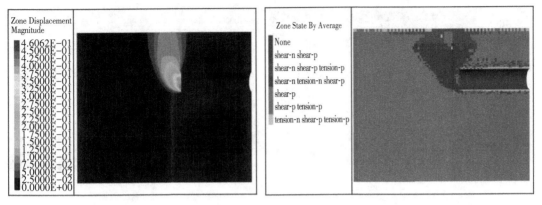

（b）D=10 m

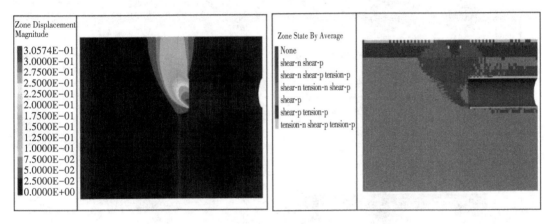

（c）D=14.5 m

图10-22　开挖面失稳时围岩土体位移与塑性区分布

（4）围岩孔隙水压力和水平应力

图10-23为流固耦合作用下水下盾构隧道的直径不同时，开挖面失稳破坏时围岩土体内孔隙水压力和水平应力的分布。由图可得，在不同直径下，由于开挖面支护力的减小，开挖面前方围岩土体受扰动而释放应力，开挖面失稳时开挖面前方围岩土体的孔隙水压力和水平应力均减小，直径越大，开挖面失稳时两者的分布越复杂，在数值上的减小越明显，并且减小区域呈螺旋状。隧道直径越大，开挖面前方孔隙水压力和水平应力的减小区域越大，形成的对数螺旋状越明显。说明水下盾构隧道掘进开挖时，隧道直径对开挖面稳定性和前方围岩土体内流固耦合作用的影响显著。

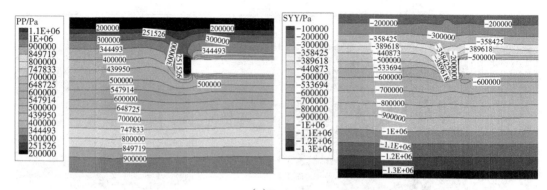

(a)D=6 m

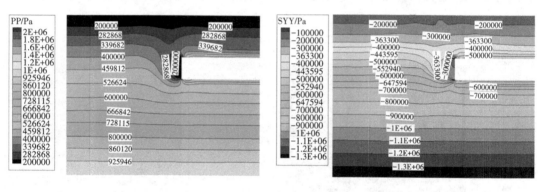

(b)D=10 m

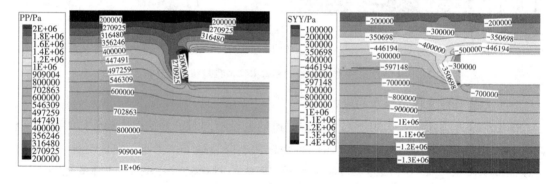

(c)D=14.5 m

图10-23　开挖面失稳时孔隙水压力、水平应力分布

10.3.4　渗透系数

水下盾构隧道直径为14.5 m，埋深为20 m，河床表面上覆水体水位为12 m，数值模型的其他计算参数不变。研究围岩土体渗透系数分别为$1×10^{-8}$ cm/s、$1×10^{-7}$ cm/s、$1×10^{-6}$ cm/s及$1×10^{-5}$ cm/s时对开挖面变形特征和极限支护力的影响。

（1）开挖面变形特征

图10-24为不同渗透系数下水下盾构隧道开挖面失稳时竖向直径水平位移随不同渗透

系数的变化关系。由图可知，当围岩土体渗透系数小于 $1×10^{-6}$ cm/s 时，开挖面失稳时竖向直径的水平位移分布类似，开挖面最大水平位移的位置均出现在开挖面下部。此时，开挖面失稳时竖向直径的水平位移对土体渗透系数的变化不敏感。这与文献[111]中得出的结论较为接近：当围岩土体的渗透系数小于 $1×10^{-6}$ cm/s 时，隧道开挖面失稳时不同渗透系数对应的开挖面水平位移曲线变化不大。但文献[111]中并未分析当围岩渗透系数大于 $1×10^{-6}$ cm/s 时对隧道开挖面稳定性的影响。当围岩土体的渗透系数大于 $1×10^{-6}$ cm/s 时，开挖面失稳时竖向直径的水平位移显著增大，并且开挖面最大水平位移的位置向开挖面上部转移。表明围岩土体的渗透系数以 $1×10^{-6}$ cm/s 为界，土体渗透系数对水下大直径隧道开挖面的稳定性有一定的影响。

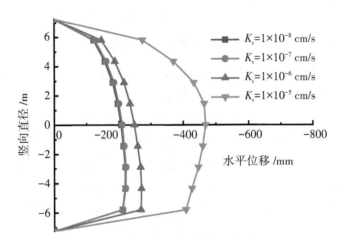

图10-24　开挖面失稳时竖向直径水平位移

（2）开挖面极限支护力比

在不同土体的渗透系数下，当开挖面上支护力比不同时，开挖面最大水平位移的变化趋势如图10-25所示。由图可得，当围岩土体的渗透系数大于 $1×10^{-6}$ cm/s 时，随着渗透系数的增大，在相同支护力比下，隧道开挖面的最大水平位移逐渐增大。当围岩土体的渗透系数小于 $1×10^{-6}$ cm/s 时，在不同支护力比下，开挖面的最大水平位移对渗透系数的变化不敏感。土体渗透系数较小时，孔隙水在土体颗粒间的渗透能力较弱，渗流力对围岩土体做功稳定，所以开挖面最大水平位移对渗透系数的变化不敏感。根据突变准则找出曲线的突变点，可确定出相应渗透系数下水下大直径盾构隧道开挖面失稳的极限支护力比。

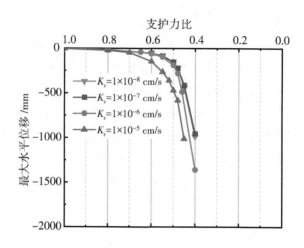

图 10-25　开挖面最大水平位移与支护力比

在考虑流固耦合作用的情况下，渗透系数不同时计算得到的大直径盾构隧道开挖面失稳的极限支护力、极限支护力比、最大水平位移如图 10-26 所示。由图可得，当围岩土体的渗透系数小于 $1×10^{-6}$ cm/s 时，开挖面失稳时其极限支护力比、极限支护力均相等，最大水平位移也变化不大；当围岩土体的渗透系数大于 $1×10^{-6}$ cm/s 时，开挖面失稳时其极限支护力比、极限支护力略大于前者。原因为土体渗透系数较大时，土体颗粒间孔隙水的渗透性较强，渗流力对围岩土体的做功较多。因此，当土体的渗透系数较大时，开挖面的极限支护力和最大水平位移表现出一定程度的增大。总体来说，在流固耦合作用下，土体的渗透系数对水下盾构隧道开挖面稳定性的影响较小。这与文献[11]报道的结论一致：在黏土地层中，渗透系数对隧道开挖面稳定性的影响非常有限。

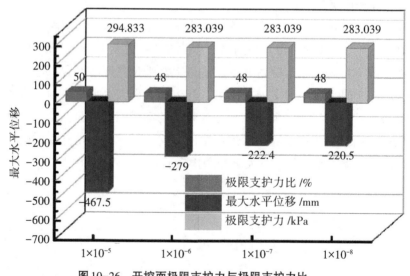

图 10-26　开挖面极限支护力与极限支护力比

10.3.5 内摩擦角

水下盾构隧道埋深为 20 m，河床表面上覆水体水位为 12 m，隧道直径为 14.5 m，数值模型的其他计算参数不变。研究当围岩土体的内摩擦角分别为 5°、10°、15°、20° 和 25° 时，在考虑围岩土体内流固耦合作用的情况下，土体的内摩擦角变化对水下大直径盾构隧道开挖面变形特征、极限支护力、渗流场和应力场的影响。

（1）开挖面变形特征

在高水压流固耦合作用下，内摩擦角不同时水下大直径盾构隧道开挖面失稳时竖向直径的水平位移如图 10-27 所示。由图可得，随着围岩土体内摩擦角的逐渐减小，开挖面失稳时竖向直径的水平位移逐渐增大，并且围岩土体内摩擦角小于 15° 时，开挖面水平位移增大幅度较大；同时，随着围岩土体内摩擦角的减小，开挖面失稳时最大水平位移的位置由开挖面下部经开挖面中心逐渐向上偏移，表明考虑流固耦合作用时围岩土体内摩擦角对大直径盾构隧道开挖面稳定性的影响较为显著。

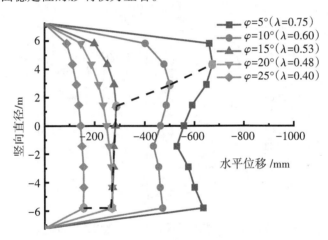

图 10-27 开挖面失稳时竖向直径水平位移

（2）开挖面极限支护力比

考虑围岩土体内的流固耦合作用，在内摩擦角不同的情况下，当开挖面上的支护力比不同时，开挖面最大水平位移的变化趋势如图 10-28 所示。由图可得，在开挖面失稳前，在相同支护力比下，随着围岩土体内摩擦角的增大，水下大直径盾构隧道开挖面的最大水平位移逐渐减小。根据突变准则找出各曲线的突变点，并结合流固耦合作用下围岩土体内塑性区的发展，可确定出相应内摩擦角下开挖面的极限支护力比和极限支护力，如图 10-29 所示。由图可得，在流固耦合作用下，随着围岩土体内摩擦角的增大，水下大直径盾构隧道开挖面失稳时极限支护力比和极限支护力均逐渐减小。

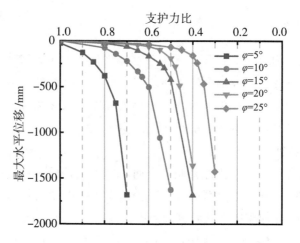

图 10-28　开挖面最大水平位移与支护力比

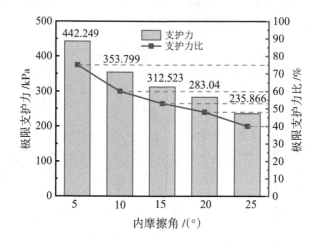

图 10-29　开挖面极限支护力与极限支护力比

（3）开挖面失稳破坏模式

图 10-30 给出了围岩土体内摩擦角为 5°、15° 和 25° 时，在考虑流固耦合作用的情况下，水下大直径盾构隧道开挖面失稳时围岩土体的总位移和塑性区分布。由图可得，在流固耦合作用下随着围岩土体内摩擦角的增大，开挖面失稳破坏时其前方呈明显螺旋状向泥水压力舱内滑动，前方滑移体的倾角逐渐增大，开挖面前方围岩土体的滑动区范围逐渐减小，并且开挖面上最大位移所在区域由开挖面上部向下部发生转移。随着围岩土体内摩擦角的增大，开挖面前方的塑性区域越来越小，并且发展得较为不充分。

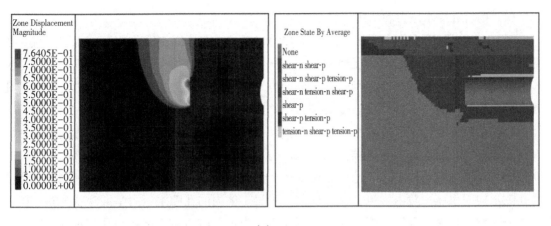

（a）$\varphi=5°$

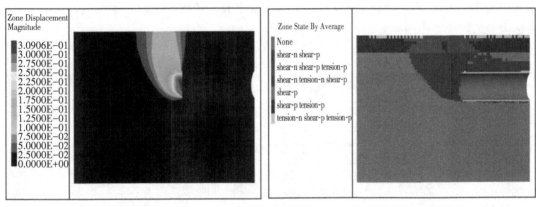

（b）$\varphi=15°$

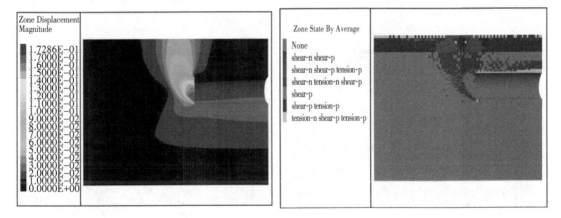

（c）$\varphi=25°$

图10-30 开挖面失稳时围岩土体的变形与塑性区分布

（4）围岩孔隙水压力和水平应力

图10-31为围岩土体内摩擦角为5°、15°和25°时，在流固耦合作用下，水下大直径盾构隧道开挖面失稳破坏时围岩土体内孔隙水压力和水平应力的分布。由图可得，当围岩土体内摩擦角不同时，开挖面失稳时开挖面前方土体向泥水压力舱内滑动，前方土体内的孔隙水压力和水平应力急剧减小。随着围岩土体内摩擦角的增大，开挖面失稳时前方围岩土体内孔隙水压力和水平应力减小的区域增大，并且减小明显；另外，随着土体内摩擦角增大，开挖面失稳时前方围岩土体内孔隙水压力等值线分布较为密集，表明该部位的水力梯度较大，渗流力对盾构隧道开挖面稳定性的影响越来越显著。开挖面失稳时，围岩土体内的孔隙水向泥水压力舱内渗流，开挖面前方围岩土体内的孔隙水压力呈漏斗状分布，围岩土体内摩擦角增大。开挖面失稳时前方围岩土体内水平应力减小区域与孔隙水压力减小区域分布类似，表明围岩土体内摩擦角较大时，水下大直径盾构隧道开挖面失稳时前方围岩土体内的流固耦合作用显著。

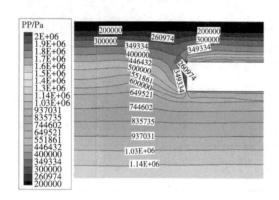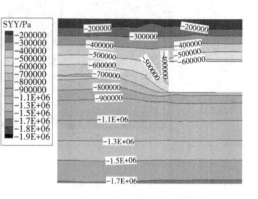

（a）$\varphi=5°$

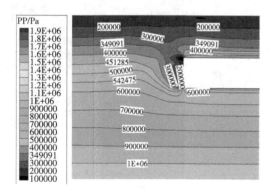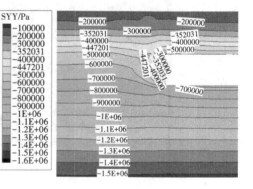

（b）$\varphi=15°$

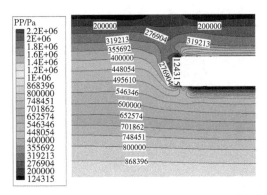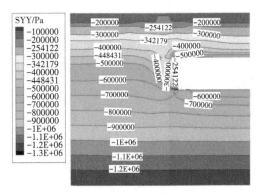

(c)$\varphi=25°$

图10-31 开挖面失稳时孔隙水压力、水平应力分布

参考文献

[1]PAN Q, DIAS D. Face stability analysis for a shield-driven tunnel in anisotropic and non-homogeneous soils by the kinematical approach[J]. International Journal of Geomechanics, 2016, 40(15):2123-2136.

[2]王浩然,黄茂松,吕玺琳,等.考虑渗流影响的盾构隧道开挖面稳定上限分析[J].岩土工程学报, 2013,35(9):1697-1704.

[3]吕玺琳,李冯缔,黄茂松,等.渗流条件下三维盾构隧道开挖面极限支护压力[J].岩土工程学报, 2013,35(A1):108-112.

[4]LV X L, WANG H R, HUANG M S. Upper bound solution for the face stability of shield tunnel below the water table[J]. Mathematical Problems in Engineering, 2014, 2014(1):1-11.

[5]ZOU J F, QIAN Z H. Face-stability analysis of tunnels excavated below groundwater considering coupled flow deformation[J]. International Journal of Geomechanics, 2018, 18(8):1-21.

[6]吕玺琳,周运才,李冯缔.粉砂地层盾构隧道开挖面稳定性离心试验及数值模拟[J].岩土力学, 2016,37(11):3324-3328,3335.

[7]王俊,何川,王闯,等.砂土地层土压盾构隧道施工掌子面稳定性研究[J].岩土工程学报, 2018, 40(1):177-185.

[8]MAN J H, ZHOU M L, ZHANG D M, et al. Face stability analysis of circular tunnels in layered rock masses using the upper bound theorem[J]. Journal of Rock Mechanics and Geotechnical Engineering, 2022, 14(6):1836-1848.

[9]宋曙光.渗流作用下复合地层盾构隧道施工开挖面稳定性及控制研究[D].济南:山东大学, 2016.

[10]陈孟乔,刘建坤,肖军华,等.高水压条件下泥水盾构隧道开挖面支护压力特性分析 [J].岩土工程学报,2013,35(S2):163-169.

[11]张义同,高健,乔金丽,等.隧道盾构掘进土力学[M].天津:天津大学出版社,2010.